Maître Saint-Germain

Manifester ses pouvoirs spirituels

Vivre en équilibre dans un monde en mutation

Pierre Lessard

ARIANE

1209, av. Bernard O., bureau 110, Outremont, Qc,
Canada H2V 1V7
Téléphone : 514-276-2949, télécopieur : 514-276-4121
Courrier électronique : info@ariane.qc.ca
Site Internet : www.ariane.qc.ca

Révision linguistique : Monique Riendeau, Michelle Bachand
Graphisme et mise en page : Carl Lemyre
Première impression : février 2009

ISBN : 978-2-89626-055-3
Dépôt légal :
Bibliothèque et Archives nationales du Québec, 2009
Bibliothèque et Archives nationales du Canada, 2009
Bibliothèque nationale de Paris

Diffusion
Québec : ADA Diffusion – 450-929-0296
www.ada-inc.com
France et Belgique : D.G. Diffusion – 05.61.000.999
www.dgdiffusion.com
Suisse : Transat – 23.42.77.40

Gouvernement du Québec — Programme de crédit d'impôt pour l'édition de livres — Gestion SODEC

Imprimé au Canada

Table des matières

Manifester ses pouvoirs spirituels

PARTIE II

Pratique quotidienne des pouvoirs énergétiques

Conditions naturelles de base pour vivre en équilibre :
Enseignements, exercices et rituels

PARTIE III
Un Monde en mutation

Mot de l'éditeur

Chers amis,

Depuis maintenant plus de 25 ans, les Éditions Ariane explorent ce grand thème de l'éveil de la conscience. Inévitablement, c'est toute notre perception de la réalité qui en a été modifiée. Nos auteurs, tels des guides tout au long de notre parcours, nous ont permis de découvrir divers aspects de la réalité – ses multiples dimensions. Des mondes vivants sur les plans subtils se sont alors révélés à nous. Tant la vie hautement évoluée de cet univers et les Maîtres ascensionnés que les Esprits de la nature ont alors partagé avec nous leur vision de notre parcours, de l'étendue de notre réalité et, en particulier, de notre potentiel. Nous avons désormais pris conscience que la réalité que nous pensions immuable est quelque chose de malléable. Qui plus est, qu'elle est le reflet de notre cheminement intérieur, de nos croyances. Certes, tout cela a nécessité un certain apprivoisement.

Pour plusieurs, la capacité de communiquer avec l'au-delà, de percevoir les mondes subtils ou, encore, de manifester la guérison est perçue comme une sorte de don. Ils savent qu'un jour cela sera sans doute possible pour eux, même si cela leur semble encore lointain. Le livre que vous tenez entre vos mains s'inscrit sur un autre anneau de la spirale. C'est un manuel pratique pour développer vraiment et maintenant vos pouvoirs de manifestation, de guérison et de communication avec les plans subtils.

Ces pouvoirs sont présentés comme faisant partie de notre nature à tous et correspondent tout à fait à notre potentiel d'expression actuel. Mais cela va plus loin en fait, car ce livre nous invite à la pratique proposée – essentiellement un travail visant à hausser notre taux vibratoire – non seulement pour notre propre bénéfice, mais parce que c'est le seul moyen dont nous disposons ensemble pour recevoir l'inspiration nécessaire en vue de sortir l'humanité du bourbier de ses problèmes actuels. Nous ne pourrons pas régler nos problèmes à partir de la conscience qui les a créés au départ. Pour accéder à une conscience nouvelle, nous devons élever notre taux vibratoire. L'équation est claire, à l'instar des directives de Maître Saint-Germain. Ces directives s'adressent à vous, chers lecteurs, dans votre moment présent, là où vous êtes en cet instant. La durée de la transition de l'humanité vers une ère de plus grande paix dépendra de leur mise en application. Bien sûr, votre propre bonheur également. La joie profonde de retrouver votre pouvoir naturel de créer est au cœur de ce manuel.

Certes, je suis un éditeur, mais mon travail va au-delà du simple fait de publier des livres. Chose certaine, je ne peux rester indifférent devant l'implication d'un livre comme celui-ci. Depuis deux ans déjà, je participe à la collecte du matériel pour son contenu et je me sens évidemment très motivé à mettre en pratique ces enseignements. Mais, comme vous le savez, le quotidien a ce don de nous occuper ailleurs – pour toutes sortes de raisons. En ce sens, nous avons pensé qu'un DVD d'accompagnement serait très utile à chacun. Il vous faut savoir aussi, et Maître Saint-Germain commente cet aspect dans ce livre, qu'avec l'expérience, la pratique proposée ici n'exigera pas nécessairement une heure de votre temps chaque jour. À la longue, votre concentration et votre ressenti seront tels que quelques minutes suffiront. En fait, vous développerez une présence à Soi qui vous étonnera. Ceux qui désespèrent de pouvoir respecter une discipline découvriront que le propos de ce livre la transcende pour en faire quelque chose de bien plus fascinant. Avec le temps, la communication et la coopération consciente avec les mondes subtils deviendront alors tout à fait naturelles, et notre réalité en sera le divin reflet.

J'aimerais ici remercier Pierre Lessard, Josée Clouâtre, Christine Falaise ainsi que tous nos collaborateurs pour des moments fort chaleureux vécus tout au long du processus de réception du matériel de ce livre et de la production du DVD.

Marc Vallée
Éditeur

INTRODUCTION

L'être et ses pouvoirs de transmutation

Par sa nature universelle, chaque humain est doté de véritables pouvoirs de transmutation. Il a la faculté de se transformer, ainsi que le pouvoir de s'unir et d'influencer son environnement. Il peut changer son état d'être, son rythme vibratoire et son champ magnétique. Plus l'être choisit de s'exprimer dans l'Amour et la Conscience, plus son évolution l'amène à reconnaître et à utiliser ses pouvoirs réels dans toute leur amplitude. Ainsi, en réalisant le Maître en lui, ses pouvoirs déployés servent sa création, celle de l'humanité et de l'univers.

Les pouvoirs naturels de l'individu sont regroupés en trois grands pouvoirs : celui de la guérison, celui de la création ou de la manifestation, et celui de la communication et de la projection avec et sur les plans subtils.

Ces possibilités soulèvent l'intérêt et l'enthousiasme de beaucoup de personnes. Toutefois, la seule connaissance de ces pouvoirs ne transformera pas leur vie. Bien sûr, la présence et les enseignements lumineux des Maîtres et des Sages (incarnés ou non) ainsi que les rituels et les puissantes expériences d'élévation de l'énergie qu'ils provoquent favorisent des ouvertures de conscience et des états de grâce qui permettent à l'être de se révéler à lui-même. Les connaissances philosophiques et cosmiques ainsi que les expériences énergétiques éclairent et stimulent la pulsion de vie et la reconnaissance du Maître en soi. S'il est vrai que toute cette intensité favorise l'éveil, elle ne provoquera pas l'illumination. L'intellectualisation et le tourisme spirituel peuvent stimuler l'individu à choisir une voie de transformation et de retrouvaille avec sa nature universelle lumineuse et son essence, mais à eux seuls ils n'ont jamais permis la pleine réalisation du maître dans l'étendue de ses pouvoirs réels.

C'est l'intégration de toutes ses connaissances et expériences au quotidien qui transforme véritablement le disciple en maître.

L'être incarné est un germe ayant pour source la *lumière universelle*. Ce germe va croître et se déployer non seulement sur le plan du corps, mais en esprit et dans la vibration de l'amour. Ainsi, dans le germe, ou la graine originelle, tout est déjà présent. Tout votre être est déjà manifesté dans le germe. Il n'y a qu'à le déployer. La graine porte la fibre universelle, la conscience, la vibration amoureuse et le plan d'édification du corps.

Il s'agit simplement de prendre conscience de l'intensité du pouvoir présent dans ce germe qui, tel un arbre émergeant de sa graine avec sa grandeur et sa magnificence déjà inscrites, vous permet de vous élancer vers les sommets qui vous attendent.

Comment pouvez-vous douter de vos pouvoirs en prenant conscience du potentiel évolutif à l'intérieur d'une graine ? Comment pouvez-vous douter de la capacité de votre être à vibrer dans la Pure joie universelle alors que, d'un simple germe, vous avez pu créer un véhicule mû et inspiré par une âme toujours présente ?

Plusieurs individus doutent de leurs véritables pouvoirs, d'autres doutent de leur nature et de leurs dons, et d'autres encore attendent que des pouvoirs leur soient conférés par une force suprême. Ils prient une force supérieure de leur transmettre ces pouvoirs et même de créer pour eux, déniant ainsi qu'ils sont eux-mêmes une expression de cette force suprême. Comment l'âme aurait-elle pu conscientiser ce germe et faire en sorte de s'y manifester s'il n'y avait pas tout le pouvoir de l'univers et de Dieu en lui ? Il vous faut en être conscient pour manifester concrètement vos pouvoirs.

Imaginez le fœtus en croissance dans l'espace intra-utérin. Il sait déjà se nourrir, capter les vibrations de l'extérieur, reconnaître les vibrations de la mère, du père et de son environnement. Il sait déjà ressentir l'amour en provenance de l'extérieur, comme il en ressent aussi les turbulences. Dès les premières semaines de vie, il a le pouvoir de transformer ce qui n'est pas sain pour lui, afin de continuer à croître.

Lorsqu'un enfant se présente sur cette terre, voyez comment il se nourrit de toutes les sources de lumière disponibles pour sa croissance et pour être en relation avec la vie. Lorsque l'enfant atteint l'âge qui lui permet de s'exprimer par la parole, entendez-le vous faire part d'autres mondes, d'espaces subtils, de vies passées. Pourtant, dès le début de sa croissance, l'enfant est amené à occulter sa relation avec le monde subtil et avec ses pouvoirs véritables afin de se conformer à des êtres qui se sentent victimes, emprisonnés et limités par l'incarnation.

Chères Âmes, nous vous proposons ici non seulement un regard, mais une *activation* de vos propres pouvoirs. Il faille bien que vous abandonniez les croyances et les attentes selon lesquelles des forces supérieures se présenteront un jour à vous pour vous offrir moult pouvoirs extraordinaires. Il vous faille retrouver la conscience de vos pouvoirs innés, lesquels sont extraordinaires pour ceux qui ne les ont pas reconnus, mais naturels pour ceux qui savent reconnaître qu'ils sont une expression de l'univers entier.

Les trois grands pouvoirs

Le pouvoir de guérison

La cellule originelle, maîtresse, porte en elle la connaissance de l'univers, les vibrations de son âme, le pouvoir de se reproduire et de manifester un véhicule terrestre accompagné de tous ses corps subtils. Puisqu'il s'est créé, l'être peut donc se recréer et transformer tout ce qui n'est pas équilibré en lui. De plus, il a aussi le pouvoir de transformer toutes ses sources de nourriture pour qu'elles servent parfaitement son évolution physique et subtile.

Il est aussi important de comprendre qu'afin de bien orienter l'utilisation de ses pouvoirs, l'individu doit saisir les sources de ses déséquilibres. S'il a la capacité de se guérir, c'est qu'il peut non seulement stimuler la régénérescence mais aussi éliminer ce qui provoque la dégénérescence. L'autoguérison est un véritable processus de transmutation du déséquilibre physique, émotionnel et mental par la dissolution de ces sources.

Le pouvoir de création ou de manifestation

L'être à la faculté d'attirer dans sa vie et dans son environnement – pour lui et l'humanité – tout ce qui favorise l'équilibre, l'harmonie, la joie et l'amour. Il est une puissance énergétique qui crée naturellement tout ce qui existe dans sa vie. La reconnaissance de son rôle d'acteur-créateur et la désidentification d'avec un personnage victime de l'incarnation lui permettront non seulement de jouir de l'abondance de la vie mais aussi de collaborer concrètement à la création d'une œuvre commune terrestre et cosmique.

Le pouvoir de communication et de projection

C'est la faculté de tout humain d'établir des relations conscientes avec toutes les formes de vie terrestre et subtile.

Au-delà du langage verbal et corporel, l'humain a le pouvoir de communiquer par l'esprit. Non seulement peut-il transmettre ses pensées et capter celles qui circulent autour de lui, mais il peut aussi se projeter vibratoirement pour communiquer et s'unir à des êtres comme lui, mais aussi avec d'autres formes de vie. Ses pouvoirs lui permettent de se transformer afin de découvrir d'autres espaces, d'autres plans de conscience et d'autres dimensions.

Ces pouvoirs sont réels. La sensation de ceux-ci et leur utilisation exigent une intensité et un équilibre énergétique. Les assises des pouvoirs (définis plus loin) permettent de les concrétiser, de les intensifier et de les utiliser avec justesse.

Savoir, vouloir, oser, se taire

Les enseignements de plusieurs loges initiatiques ont mis en évidence l'importance de saisir les termes savoir, vouloir, oser et se taire, et ce, en vue d'une véritable évolution spirituelle.

> *Savoir* réfère à la conscience et à la connaissance de ce que sont l'univers, l'humain et tous les pouvoirs de manifestation de ce dernier. C'est l'éclairage permanent de l'Esprit.
>
> *Vouloir* réfère à la détermination qui se révèle dans la pulsion de vie. C'est la puissante énergie de vie insufflée par la *Présence Je Suis* qui crée en l'humain l'envie d'être et de reconnaître ses pouvoirs pour les mettre au service de l'Amour.
>
> *Oser* réfère à l'action lumineuse créatrice, au pouvoir de transmutation déployé et à l'expression de l'amour.
>
> *Se taire* réfère à la dissolution de l'orgueil au profit de l'émergence de la sagesse. C'est la présence amoureuse de l'être qui goûte la création par le déploiement de ses pouvoirs.

Chacun de ces éléments est imprégné d'une profonde conviction du Maître de lumière qui vibre dans l'être et génère tous ses pouvoirs.

Pourquoi retrouver ses pouvoirs

Les changements majeurs prophétisés pour ce monde sont en cours, bien que plusieurs les attendent toujours ou vivent l'appréhension d'un phénomène à venir. Le rythme vibratoire planétaire s'élève et invite chacun à exprimer maintenant ce qu'il est réellement et à découvrir sa raison d'être sur cette terre. Par ailleurs, l'évolution de l'humanité a provoqué des déséquilibres majeurs dans la nature et les sources de nourriture essentielles à la vie. Ainsi, il devient évident que les structures et les fondements actuels des organisations sociales, politiques et économiques sont contraires à un mouvement d'évolution pacifique et harmonieux. Les individus prennent conscience aussi des contacts possibles avec d'autres formes de vie – visibles ou invisibles – à la surface de cette terre, mais aussi des intraterrestres, des extraterrestres et des plans multidimensionnels. Ils ne peuvent plus s'opposer à l'existence de ces différentes formes de vie sans vivre des contradictions et des contractions. Ils savent qu'ils ont non seulement à reconnaître que la vie existe à l'extérieur de leur milieu habituel mais qu'ils ont à la respecter et à communiquer avec elle pour assurer une vie harmonieuse.

Ainsi, l'ignorance de leurs pouvoirs réels limite l'humanité dans son évolution et dans sa capacité d'une vie équilibrée, car plus les hommes, au sens large du terme, sont conscients de leurs pouvoirs et s'en servent, plus ils sont en communion avec la vie et libres des charges lourdes qui les emprisonnent physiquement et psychiquement, plus ils retrouvent la sensation de liberté universelle.

La guidance donnée pour amener les êtres à se transformer, à retrouver leurs pouvoirs et à se reprogrammer ne se fait pas dans une perspective de peur et de protection d'un monde en changement, mais bien plutôt dans une perspective d'expansion, de participation et de collaboration consciente avec cette transformation de soi et de l'humanité.

Nous vous proposons d'abord de comprendre et d'activer les assises de vos pouvoirs sans lesquelles ces derniers sont illusoires. Puis nous vous présenterons les pouvoirs de guérison et de manifestation qui vous invitent à de réelles transmutations.

Par la suite, nous vous indiquerons une pratique concrète pour l'apprentissage de vos pouvoirs. L'*Éveil énergétique quotidien* et *l'Expression énergétique quotidienne* consistent en un ensemble d'exercices, de rituels et d'expériences d'utilisation de vos pouvoirs en vue de leur intégration dans votre réalité quotidienne.

Ne les considérez pas comme des activités qui s'ajoutent à votre labeur quotidien, mais plutôt comme l'expression naturelle de votre être qui permet une vie équilibrée, harmonieuse et joyeuse dans laquelle chaque situation est une occasion de révéler votre lumière.

Sans cette compréhension, vous auriez l'impression que nous vous proposons beaucoup trop d'éléments à intégrer dans votre vie. Ce ne sont pas des outils supplémentaires, mais des retrouvailles et des reprogrammations d'outils qui sont déjà vôtres.

Partie I

Manifestation des pouvoirs spirituels de l'être humain

Prélude

L'importance de la paix profonde

Choisissez, pour un moment, de ne plus réfléchir. Reconnaissez qu'il n'y a plus à faire, qu'il n'y a qu'à vibrer, qu'à être, uni à la vie qui vous entoure. Peu à peu, du plus profond de votre être, vous ressentirez l'émergence d'une paix, une sensation à la fois de calme et de puissance. C'est la paix de l'âme que vous retrouvez, que vous ressentez. Abandonnez-vous à cette rencontre. Ne l'attendez pas de l'extérieur. Elle est autorisée, recréée et ressentie à l'intérieur de votre être.

Sans cet état de paix, vous aurez tendance à rechercher dans toutes les directions cette lumière qui est en vous, mais voilée par votre distraction. Lorsque cette paix profonde est ressentie, alors l'inspiration se présente aussi afin de guider vos pas vers l'expression la plus juste pour votre incarnation et votre manifestation.

Chères Âmes, nous allons vous entretenir d'une rencontre de l'être avec lui-même, d'une retrouvaille avec sa vibration et sa puissance créatrice. Nous allons vous entretenir de guérison et de création. Obligatoirement, nous vous parlerons de paix, car lorsque l'être reconnaît et retrouve la conscience de ce qu'est un état de paix, et qu'il l'autorise en lui, alors il se guérit. Il se guérit de ce qui l'alourdit, de ce qui le voile, de ce qui le peine, de ce qui le fait souffrir, et il crée les assises les plus lumineuses pour se projeter dans un état de joie et dans l'amour.

Cette présence à vous-même est essentielle pour que vous puissiez réellement être disponibles aux vibrations de la vie autour de vous et œuvrer véritablement. Lorsque vous voulez créer, c'est-à-dire utiliser vos pouvoirs et vos qualités pour transformer votre environnement, cette présence à vous-même s'avère nécessaire. Sinon, qui est le créateur ? À partir de quoi va-t-il créer ? Vous risquez le piège de vous confondre avec votre personnalité, votre identité extérieure.

Chères Âmes, nous allons vous entretenir des véritables pouvoirs de l'humain. Bien sûr, vous avez pu observer et constater différentes expressions du pouvoir, soit les pouvoirs physiques et psychiques. Très souvent, trop souvent, à travers les âges, les pouvoirs réels de l'humain furent confondus avec des pouvoirs visant à lutter et à confronter son prochain ou d'autres formes de vie, à s'approprier des espaces ou à subjuguer les autres autour de lui.

Les pouvoirs réels sont subtils. Leur expression concrète favorise *l'union* à soi et à toutes les formes de vie.

L'humain est venu sur cette terre afin de participer à la création de cet univers. Il est important que vous transcendiez les croyances selon lesquelles il s'est incarné sur la Terre pour épurer ses aspects ombrageux, se libérer de ses charges karmiques ou se pardonner ses fautes. Bien qu'il puisse accomplir cela, tel n'est pas le dessein de son incarnation.

Un humain est d'abord et avant tout une âme, une expression pure de l'univers. Afin d'œuvrer dans les différentes dimensions de l'univers, celle-ci, à partir de l'Esprit universel, a créé un « esprit ». Ainsi, ce duo âme-esprit va se projeter sur divers plans de conscience, dont celui de la Terre.

Pour faciliter votre compréhension, comparons les humains à un soleil ou à une étoile. Cette dernière est une énergie dans l'univers et une source de lumière qui irradie dans maintes directions. Les rayons de l'étoile sont multiples et se propagent dans l'univers. Chaque rayon est une expression de la source lumineuse, de cette étoile qui, elle-même, est une expression de l'univers.

Ces rayons vont suivre des parcours énergétiques, des canaux et des couloirs de la matrice universelle. Certains de ces rayons circuleront de manière continue dans l'univers, et d'autres rencontreront des plans de conscience. Imaginez que l'un de ces rayons soit dirigé vers la Terre. Ainsi, pour permettre l'incarnation, un esprit sera créé et le duo âme-esprit fera en sorte que cette lumière puisse s'inscrire dans la matière.

Cette lumière, ou ce faisceau, s'inscrira dans un germe, dans une première cellule, dans un fœtus. Il y aura là une fusion de l'âme, de l'esprit et du corps, et un être en croissance sera conscientisé. Déjà, vous pouvez saisir que d'autres rayons peuvent être projetés vers d'autres plans de conscience et manifester une autre création. Cela signifie aussi qu'un être peut avoir des vies parallèles. Alors que chacun de vous vit sur cette terre, associé à cette incarnation, une autre forme de vie, dans un autre espace de la même dimension ou d'une autre dimension, peut s'avérer l'expression de la même âme.

Pour l'instant, jusqu'à ce que nous nous intéressions à la projection de l'être vers d'autres plans de vie, c'est votre présente incarnation qui occupera notre attention. Ultérieurement, nous pourrons observer comment, à partir de cette incarnation, l'être peut se projeter vers d'autres dimensions et même entrer en relation avec une autre vie parallèle. Mais auparavant, il doit retrouver sa véritable nature et permettre le déploiement de ses véritables pouvoirs.

Pour le moment, comprenons que la fusion de l'âme et de l'esprit avec le corps crée une véritable intensification de l'énergie dans le fœtus puisqu'il y a là rencontre de la lumière et de la matière. Cette rencontre produit un éclat très intense, une extase qui s'inscrit dans les cellules du fœtus en croissance. Un champ magnétique est alors créé. En fait, il y a alors tant d'intensité que, durant toute son existence, l'être cherchera à la retrouver. C'est dans le déploiement de son essence propre et l'utilisation de ses véritables pouvoirs qu'il y parviendra enfin.

Les pouvoirs de l'être qui servent son mouvement créateur – et celui-ci son union – s'inscrivent sur des bases sans lesquelles rien de significatif ne peut se déployer. L'assise la plus naturelle et la plus fondamentale est la paix intérieure. La paix de l'homme est naturelle. Elle existe en lui et dans chacune de ses cellules, comme elle existe vibratoirement dans tous ses corps puisqu'elle est avant tout une paix de l'âme.

La paix peut être associée à un état qui prédomine lorsque l'être est dans la conscience et la sensation qu'il est UN avec toutes les formes de vie universelles. Lorsque nous invitons les hommes à vibrer dans des états de paix, nous proposons alors une paix avec eux-mêmes et avec leur environnement. Toutefois, les individus identifient souvent leur paix intérieure à la participation ou à la sensation de la paix autour d'eux. Il y a pourtant une nuance importante ici.

Lorsque l'être se présente sur cette terre, il est imprégné d'une pulsion de vie qui représente à la fois sa nature universelle (puisqu'il est une expression ou un mandataire de l'univers) et l'individualité propre à son incarnation. Celle-ci se définit par l'ensemble des pulsions, des dons, des qualités essentielles de l'être et de l'âme qui serviront son mandat réel.

Les êtres se manifestent sur la Terre pour participer à cette grande création universelle qui représente l'Être universel. Dans l'univers, tout est lumière en mouvement et ce mouvement fait en sorte que tout se transforme à chaque instant. Voilà comment nous pouvons observer que l'univers est dans un processus de création infini. Si l'être est universel, c'est qu'il participe lui-même au fait que l'univers se crée et se recrée à chaque instant.

Une fois incarné, l'individu utilise son essence, ses dons et ses qualités essentielles pour se déployer, pour créer, car c'est là sa nature réelle. Il ne s'interroge pas à savoir s'il doit ou non créer. Il est mû par une pulsion de création. Et lorsqu'il y a interruption ou contraction de ce mouvement créateur, l'individu éprouve des malaises importants, car il est alors en conflit avec la raison même de son incarnation.

Si, pour un ensemble de raisons, d'obstacles ou d'entraves, il limite sa création, son état de paix est altéré. Rappelons-nous qu'il est en paix parce qu'il peut suivre le parcours naturel de son âme dans l'incarnation.

Lorsque l'être se présente sur cette terre, de multiples influences peuvent le distraire de sa voie. D'abord, il y a l'émergence des mémoires et des inscriptions génétiques dans un environnement déjà conditionné. Ces influences peuvent faire en sorte qu'il cherche à satisfaire les désirs ou les normes de son milieu au lieu d'écouter son essence et d'exprimer ce qu'il est. Dès lors, il entre en conflit avec lui-même.

Sa vie pourrait ne pas correspondre à ce qu'il est véritablement et à ce que ses dons les plus purs l'invitent à créer. Comme cela est inscrit dans ses cellules, un comportement qui n'est point cohérent avec celui de son essence l'amènera à vivre un malaise. Un homme peut vivre toute une existence, voire plusieurs, avant de comprendre qu'il traîne des frustrations et d'en trouver la source.

La paix profonde est la sensation et l'accueil de l'essence de l'être par l'être. Tant et aussi longtemps que ce dernier, consciemment ou inconsciemment, ne nourrit pas la paix en lui pour qu'elle puisse s'approfondir et se manifester à chaque instant, il ne pourra pas vraiment retrouver, ressentir, comprendre et déployer ses pouvoirs subtils – les plus grandioses.

Ainsi, la paix de l'âme, nécessairement présente en chacun, est la première assise des pouvoirs créateurs de l'homme. Lorsque celui-ci est dans un espace de non-paix, il est séparé de lui-même. Et dans ce cas, il ne se sent pas en union avec ce qu'il est ni avec son environnement et les différentes formes de vie présentes. Il est véritablement séparé, et la séparation mène à la souffrance.

La souffrance des humains et celle de la Terre sont si importantes à cette étape de l'évolution de l'humanité qu'une multitude d'êtres portent en eux la croyance que la souffrance est naturelle sur cette terre. Qui plus est, qu'un être doit souffrir pour se délivrer de ses ombres, possiblement de ses fautes, et atteindre le bonheur. De nombreux individus partagent même la croyance que le véritable bonheur n'appartient pas à cette terre.

Certains vont ressentir une impuissance à se délivrer de la souffrance, à se transformer et à transformer ce monde. Cette impuissance est en soi une mauvaise compréhension ou une ignorance de ce qu'est l'énergie dans l'univers, de ce qu'est un humain et un univers. La voie que l'être empruntera, une voie douloureuse, sera d'une telle souffrance que celui-ci ressentira que sa vie, ou un aspect de sa vie, n'a plus de sens. C'est alors qu'il pourra s'éveiller, ouvrir sa conscience à une autre perspective de l'existence.

En cet énoncé, nous formulons la beauté, la perfection de l'univers. Lorsqu'un être ignore ce qu'il est, qu'il n'est pas conscient de ses pouvoirs et que ses croyances l'entraînent sur des chemins douloureux, ces chemins le conduiront de toute façon vers lui-même et, éventuellement, vers ses véritables pouvoirs. Il y a là un détour, un détour parsemé de douleur, mais cette douleur l'éveillera.

Il est certes beaucoup plus important et beaucoup plus intéressant pour les humains de choisir un sentier de reconnaissance de ce qu'ils sont, de pacification avec eux-mêmes pour l'utilisation de leurs véritables pouvoirs, un sentier de joie.

Ainsi donc, ce serait vous leurrer que de vous communiquer les pouvoirs d'un humain et de vous indiquer que vous êtes libre de vous en servir, sans au préalable vous indiquer les états, les assises à retrouver en vue de cette utilisation. Connaître les pouvoirs est intéressant, mais comprendre et connaître la voie pour les utiliser est beaucoup plus naturel pour l'humain.

Ainsi, à partir de la paix profonde, nous vous présentons d'abord les manifestations de l'énergie qui constitueront les véritables assises des pouvoirs créateurs de l'être. Les pouvoirs créateurs de l'être sur ces assises utiliseront bien sûr la loi d'attraction, la puissance de l'intention et l'état de joie.

UN

Les assises des pouvoirs

Chaque humain sur cette terre est la manifestation incarnée de la divine Présence Je Suis *qui lui confère tous ses pouvoirs réels. Cette présence est le Maître de lumière intérieur, expression de sa divinité, de son infinité, de son immortalité et de sa perfection.*

La Présence Je Suis, *expression de l'âme illimitée dans toute sa magnificence, est omniprésente, omnisciente et omnipuissante.*

Unie à l'univers dans son ensemble, vibrant dans toutes les dimensions de la matrice universelle, elle peut être perçue comme un corps de lumière dont les purs rayons sont la puissance créatrice de l'amour infini.

La Présence Je Suis peut être ressentie au plus profond de vos entrailles. Elle est le sang du Christ, présent dans le hara, votre Graal. C'est l'élixir de votre immortalité, de votre infinité, de votre universalité. C'est la source de votre pouvoir créateur, de votre force physique, psychique, spirituelle et cosmique. Voilà ce que signifie le sang du Christ. C'est l'énergie universelle en résonance avec votre individualité.

L'humain, produit de l'univers, est conscience et amour.

Cette conscience et cet amour ont permis sa manifestation à la fois universelle et individuelle. L'amalgame de l'universalité et de l'individualité est représenté dans cette Présence Je Suis. Vous pouvez ressentir cette présence comme la puissante énergie de vie dans vos entrailles, au niveau du hara (2e chakra), comme l'amour infini émanant de votre cœur et comme la sagesse de votre conscience. Vous pouvez aussi l'imaginer comme une sphère de lumière qui permettra de rallier en vous les dimensions de l'amour et de la conscience universelle.

C'est cette puissante énergie en vous, continuellement unie à l'énergie de l'univers et de la Terre, qui vous permettra de déployer et d'exprimer la beauté universelle à votre façon.

Si le personnage (créé par les peurs et les désirs) est en soi une illusion, la réalité de l'être est le *Je Suis*, une réalité énergétique, cosmique, mais aussi terrestre.

À cette étape de l'évolution de l'humanité, le moment est venu d'émerger de l'océan des émotions. Tandis que le rythme vibratoire s'élève, que l'atmosphère terrestre se transforme, que la nature est en mutation et que d'autres formes de vie se manifestent, il est de la plus haute importance que les humains non seulement reconnaissent leur Présence Je Suis mais s'unissent à elle – l'objectif premier de ce livre et des exercices proposés. Ainsi, à l'instar des Maîtres, ils pourront créer un monde en harmonie et en équilibre.

En d'autres termes, les *personnages* s'adapteront de plus en plus difficilement aux exigences de ces nouveaux environnements géophysiques, sociaux, économiques et énergétiques. Trouver un espace d'harmonisation s'avérera aussi difficile. Pourtant, c'est grâce à la connexion avec le Je Suis véritable que les individus pourront faire face aux changements imminents, s'y adapter et continuer de vivre en équilibre tout en étant présents à une vie plus subtile et aux autres dimensions de la vie universelle.

L'univers, les galaxies ainsi que l'atmosphère terrestre sont composés d'une matrice définissant la circulation de l'énergie. Les humains ayant atteint l'union avec la Présence Je Suis peuvent alors y circuler, que se soit sur les plans plus physiques ou les plans plus subtils. C'est pourquoi nous affirmons la toute-puissance du Je Suis, tant sur la Terre que dans l'espace subtil universel.

La puissante énergie de vie de la Présence Je Suis permet à l'être de s'affranchir et de transcender les limites apparentes, mais illusoires, de l'incarnation. Elle porte une puissance individuelle pour que l'être éprouve une joie réelle à se manifester et à s'unir aux autres de manière complémentaire.

Ainsi, à la source, l'être existant véritablement est le *Je Suis* ; l'autre, le personnage, est en soi un masque. Vous comprendrez alors que tant et aussi longtemps que vous serez séparé ou désuni de votre Je Suis, vous vivrez des déceptions, des désillusions, mais aussi des formes d'autodestruction.

L'être qui n'est pas en relation continue avec son *Je Suis*, son âme, présente une image vulnérable devant les différentes forces de vie.

Lorsque vous avez saisi cela, votre première véritable mission consiste à vibrer de plus en plus dans la Présence Je Suis, à ressentir sa puissance universelle et son orientation en vous. Voilà ce que chacun de vous est venu réaliser ici. Cela ne signifie pas que vous devez occulter vos blessures, nier vos responsabilités ou oublier la structure karmique que vous avez mise en place. Cela veut simplement dire reconnaître ce qu'il y a au plus profond de votre être – qui vous êtes réellement – ainsi que vos pouvoirs véritables.

La reconnaissance du *Je Suis* est aussi un éveil à la présence de l'Esprit en vous, lequel se manifeste par l'énergie de la conscience. L'Esprit peut être représenté par un corps invisible juste au-dessus du chakra de la couronne, dans le corps mental supérieur.

Cette reconnaissance vous permettra de mieux rencontrer les turbulences du quotidien en vous donnant un sens, une orientation, un idéal pour des choix inspirés en ce qui a trait à votre création et à votre unification.

Jusqu'ici, nous avons abordé la constitution de l'humain en termes d'âme, d'esprit et de corps, ce qui renvoie aussi à la Présence Je Suis, au Soi supérieur ou christique et à l'être incarné ou, encore, au Père, au Saint-Esprit et au Fils.

Dans la prochaine section, tout cela sera transposé dans la *trilogie énergétique* de la volonté, de la conscience et de l'amour. Par la suite, nous établirons une correspondance avec les chakras du hara, du cœur et du troisième œil. Lorsque les énergies de ces chakras sont dirigées avec cohérence et maîtrise, les pouvoirs spirituels de guérison, de manifestation et de projection/communication avec les autres dimensions de vie universelle sont aisés, voire naturels.

Ainsi, l'étude des assises en vue de reconnaître et de déployer vos pouvoirs réels, tels qu'octroyés par le Je Suis, vous permettra d'intensifier la trilogie énergétique, d'élever votre rythme vibratoire vers votre fréquence fondamentale, d'amplifier votre champ magnétique et de créer des intentions pures.

La méditation et la contemplation vous y guideront en favorisant des états d'expansion grâce auxquels vous serez mieux à même de ressentir la Présence Je Suis et la guidance de l'Esprit.

1. La trilogie énergétique

La trilogie énergétique, une assise de la projection puissante et cohérente des pouvoirs créateurs, se présente ainsi :

l'énergie de la volonté,
l'énergie de la conscience,
l'énergie de l'amour.

Ces trois manifestations de l'énergie permettent une véritable sensation, une compréhension et une utilisation concrète des pouvoirs de l'individu. Sans l'intensification de ces énergies, la connaissance seule n'en permettra qu'une utilisation minime, voire très superficielle.

La trilogie énergétique est créée par l'union des trois expressions de l'énergie dans l'être, soit la volonté, associée au chakra du hara, l'amour, associé au chakra du cœur, et la conscience, associée au chakra du troisième œil. Comme je l'ai expliqué précédemment, cette trilogie est aussi une autre représentation incarnée de la trinité de l'être.

Il est fondamental d'en arriver à ressentir les vibrations. Concrètement, nous proposons à chacun, dès le réveil, de retrouver consciemment la sensation de cette trinité. Pas simplement en tant que concept spirituel – et encore moins religieux –, mais en tant que ressenti réel. Vous savez fort bien que par le passé plusieurs voies religieuses ont plutôt proposé aux hommes d'ignorer leurs sensations pour se laisser simplement diriger par une force extérieure Or, les sensations permettent d'être en relation avec la vie, avec l'énergie circulant en soi, l'expression de l'énergie universelle. En se coupant des sensations, en ne les autorisant pas, les êtres se rendaient vulnérables aux connaissances extérieures et à l'influence de ceux qui les véhiculaient. Cependant, comme tout cela n'est pas naturel, ils ont tout de même cherché à les vivre secrètement. Il y eut donc des abus, des utilisations malsaines et la création de tabous. Par ailleurs, cet éloignement d'un élément fondamental à l'individu, la séparation d'avec les sensations, a intensifié l'impression de séparation entre l'âme et le corps. Cela a donc intensifié les peurs et entraîné l'individu dans tout un ensemble d'expériences émotives qui, elles, ont été bien ressenties.

Le chemin religieux alors proposé amenait les hommes à s'éloigner de leurs sensations profondes et à vivre plutôt des émotions. Et aujourd'hui, la majorité des humains ressentent la vie à partir de leurs émotions, en particulier sous forme de tristesse, de colère, de frustration, d'impatience, et de quelques joies occasionnelles. Ils définissent ainsi l'existence par l'émotion. Ce faisant, ils ne peuvent ressentir l'aspect pourtant le plus naturel de la vie, c'est-à-dire l'énergie créatrice qui, de leur hara, s'élève vers le plexus, le cœur et la couronne. En d'autres termes, plutôt que de vivre dans la sensation d'une vie qui se déploie, ils limitent leur impression de la vie à ce qu'ils captent émotivement.

Il est donc important de retrouver l'intensité des sensations que leurs corps physique et subtil ont le potentiel de vivre. Cela les guidera nécessairement vers la sensation de l'énergie, l'inspiration et la rencontre du subtil dans l'univers. Ainsi, la connaissance pertinente perçue par inspiration est nécessairement guidée par les sensations.

Notre but est la sensation des trois aspects de l'être. La trinité est, bien sûr, celle de l'âme, de l'esprit et du corps. L'être libre est dans la sensation de cette trinité en lui.

L'énergie de la volonté

Revoyons d'abord et avant tout comment l'énergie de la création se manifeste chez l'individu par l'énergie de la volonté, celle d'exister. Chaque humain se présentant sur cette terre, qu'il en soit conscient ou non, est à la recherche d'une intensité existentielle, laquelle peut adopter différentes formes. Certains recherchent cette intensité dans une relation affective ; d'autres, dans l'effervescence au travail ou l'activité physique. D'autres encore s'efforcent de la trouver par une collaboration au mieux-être de ce monde. Tous les hommes aspirent à cette intensité, même s'ils ne l'expriment pas ainsi.

Or, vous serez sans doute étonné de l'apprendre, mais l'intensité tant souhaitée est associée à une forme extatique vécue lorsque l'être s'est propulsé dans l'incarnation.

Imaginez le duo âme-esprit se propulsant dans l'incarnation. Cela rappelle en quelque sorte un objet entrant dans l'atmosphère terrestre. Cette atmosphère crée alors une résistance, et il faille soit une puissance importante pour pénétrer l'atmosphère, soit un angle particulier qui permet à cet objet, par son rythme, sa force et sa vélocité, d'y entrer. Lorsqu'il y a pénétration, il y a une friction telle que des éclats de lumière se manifestent. Nous empruntons cette métaphore pour vous amener à saisir que lorsque le duo âme-esprit se manifeste dans l'incarnation, lorsqu'il y a une conscientisation du fœtus, il y a aussi cette intensité nécessaire, laquelle produit un état extatique en l'être qui se conscientise. Cet état extatique, cette énergie déployée, est si important que la mère porteuse attentive et dans la sensation non seulement de son corps, mais aussi de sa propre énergie, pourra ressentir qu'il y a un passage.

L'intensité vécue à ce moment est associée à une véritable communion entre la dimension physique, concrète et matérielle de la chair, de la matière de ce fœtus, et la dimension lumineuse subtile. En d'autres termes, l'énergie se manifeste alors tant dans la matière que dans la lumière et l'individu en est non seulement témoin, mais il la ressent en totalité. Un champ magnétique important se crée aussitôt. La puissante énergie de la Présence Je Suis s'est inscrite en lui.

Ce moment est fort important, car cette intensité extatique sera désormais inscrite dans toutes ses cellules. L'être qui va naître, croître et se déployer durant toute une vie recherchera cette intensité, même inconsciemment. Il pourra en avoir perdu le sens ou la mémoire consciente, mais la mémoire cellulaire l'influencera. Parfois, il la cherchera dans la passion amoureuse ou celle du jeu, même extrême. D'autres tenteront de la retrouver dans la voie spirituelle.

Rappelons-nous que l'humain est, par sa nature même, un créateur. Ainsi, par des états d'intériorisation, il peut ressentir l'extase en ressentant l'union avec le Tout. Il peut aussi ressentir cette sensation d'union avec le Tout par le déploiement de sa puissance ou de son mouvement créateur dans une forme d'*extériorisation*. L'état d'ouverture à l'universel, donc d'ouverture à la fois aux plans cosmique et terrestre à partir de laquelle rejaillit une sensation de plénitude, peut être ressenti et obtenu par l'intériorisation et le parcours méditatif de même que par l'extériorisation et le parcours créateur. Et dans un parcours comme dans l'autre, l'être aura non seulement à comprendre, mais à ressentir qu'il s'agit de l'union de divers aspects de lui-même et de la vie qui l'entoure, non d'une dispersion ou du recours à des outils extérieurs en vue de provoquer artificiellement une intensité. C'est une reconnexion avec l'intensité de son propre mouvement énergétique.

Par la contemplation et la méditation, l'individu s'unit à la vie autour de lui, et cette union va progressivement lui procurer des sensations de plus en plus intenses, jusqu'à l'amener à vivre des joies, des états de grâce et des extases. S'il est vrai que divers enseignements spirituels ont proclamé l'intériorisation comme étant la voie réelle pour goûter l'intensité extatique, celle de l'extériorisation, de la manifestation et de l'expression créatrice de l'être est une voie tout aussi vraie. Chacun est appelé à emprunter les deux voies.

Cela suit un mouvement naturel : l'inspiration et l'expiration, le ressourcement et la création. D'une part, l'humain veut se nourrir, physiquement, psychiquement, émotivement, intellectuellement et spirituellement. Cette progression du type de nourriture l'entraîne nécessairement vers sa nourriture naturelle, de plus en plus subtile, celle de la lumière. L'être s'imprègne de la vie, devient l'hôte de la vie, de la lumière, et s'en réjouit.

Ainsi, l'activité du ressourcement correspond à l'inspiration. Vous cherchez à vous nourrir d'air, du prâna, essentiel à votre vie. L'inspiration vous apporte nourriture et bien-être, car elle permet non seulement la croissance, mais le développement équilibré de tous vos organes, de tous vos tissus, de toutes vos cellules.

Toutefois, vous savez fort bien que vous ne pouvez pas qu'inspirer. Il vous faille aussi expirer, émettre votre souffle. L'expiration correspond au deuxième type d'activités, soit la création et l'expression de l'être. En étant bien nourri, celui-ci cherchera inéluctablement à offrir en retour. Son offrande à la vie est sa création.

Ainsi, la recherche de l'intensité est en soi associée à une volonté profonde qui va bien au-delà de vouloir vivre ceci ou d'obtenir cela. L'énergie de la volonté est une expression de l'énergie vitale qui permet à l'homme d'exister. La force de vie ou volonté de vivre présente en chacun est beaucoup plus intense que vous ne pouvez l'imaginer. Peu importe qu'un individu vive un déséquilibre physique important, que se soit une dégénérescence cellulaire majeure ou autre chose, car s'il n'y avait pas cette volonté de vivre, de vivre la joie, l'union, très rapidement la dégénérescence prendrait le dessus en peu d'années. Alors, lorsque vous observez quelqu'un en déséquilibre, même très avancé, sachez que la force de vie est présente en cette personne.

La quête de l'intensité est donc une expression de la volonté, laquelle est une expression de la force de vie, de la pulsion de vie. Votre être a eu recours à l'énergie vitale pour naître et croître, et il continue à l'utiliser pour dépasser tous les obstacles – pour tenter d'aimer et d'être aimé. Sans cette force de vie, il n'y a tout simplement plus de vie.

Notre but ici est de mettre en évidence que c'est par cette même pulsion de vie que l'homme pourra créer et se guérir. La volonté est une expression du *Je Suis* véritable. Souvent, on associe cette force au cœur, ce qui n'est pas erroné. Toutefois, la dimension divine, christique et universelle de l'être se manifeste dans l'incarnation avant tout par l'énergie de vie, aussi appelée *énergie de la kundalini*. Celle-ci s'élève des entrailles jusqu'au cœur et la couronne. La sensation d'exister, de parcourir un chemin à la recherche de l'amour, est aussi l'expression du *Je Suis* véritable. Elle se manifeste par l'énergie de la volonté (la puissance pour créer).

La source de la volonté n'est donc pas cérébrale ; elle se situe plutôt dans le hara (bas du ventre). Pour utiliser ses pouvoirs, l'individu doit ressentir cette énergie puissante de la volonté et l'intensifier. (Voir le chapitre Éveil énergétique quotidien.)

L'énergie de la conscience

La deuxième expression énergétique qui constitue les assises des pouvoirs créateurs de l'être est l'énergie de la conscience, liée au troisième œil. Celle-ci est associée à l'Esprit (le Soi supérieur). En affirmant que l'âme (le Je Suis) se projette dans l'incarnation par l'intermédiaire de la création de l'Esprit, nous entendons que le mouvement créatif universel est ainsi orienté, qu'il a un sens et une structure. En créant l'Esprit, l'âme a donné une direction à son mouvement créatif.

La volonté est l'énergie qui permet le déploiement de l'être. La conscience lui donne une orientation, une direction afin, bien sûr, d'apporter un sens à tout cela. Ainsi, l'Esprit universel se manifeste par l'Esprit de l'être et, de ce fait, ce dernier a alors accès à la connaissance de l'Esprit universel.

La notion de connaissance intellectuelle, une connaissance acquise reconnue par la société humaine, nous est familière. Elle est diffusée, entre autres, par les discours et les écritures. Or, à la source, cette connaissance est souvent inspirée d'une connaissance subtile, même si les individus en sont inconscients. Cela explique les impressions et les intuitions qui les guident, même s'ils n'ont pas conscientisé une structure ou une logique à cet effet.

La conscience est donc ce qui permet d'être en relation avec la connaissance subtile donnant un sens à sa vie. Ce sens est essentiel afin de croître en harmonie, en équilibre et en santé. Dès que l'être, dans une sphère de son existence, vit une perte de sens, il ressent un inconfort et une contraction.

Il se sentira totalement équilibré lorsque chacune de ses pensées, de ses paroles, de ses actions et chacun de ses gestes auront un sens, c'est-à-dire qu'ils collaboreront à un parcours le guidant vers ses idéaux, déterminés par sa conscience. Nous rappelons que la conscience est présente non seulement dans le cerveau, mais aussi dans toute la structure cellulaire.

Ainsi, il est important de viser à un état d'être où les différents aspects de la vie ont un sens. Plus l'individu intensifiera ce choix, plus il sera à même de développer ses pouvoirs. En d'autres termes, si un ou plusieurs aspects de la vie d'un être n'ont pas de sens, ce dernier aura de la difficulté à utiliser ses pouvoirs.

Pour utiliser ses pouvoirs, l'être doit ressentir cette énergie puissante de la conscience et l'intensifier. (Voir le chapitre Éveil énergétique quotidien.)

L'énergie d'amour

L'amour est la troisième expression de l'énergie qui constitue les assises des pouvoirs réels de l'être. Il est associé au chakra du cœur. L'amour est en soi une énergie de création. L'individu ressentira un amour profond pour lui-même lorsqu'il se reconnaîtra et s'autorisera à s'exprimer selon ce qu'il porte profondément en lui. Rappelons-nous que son essence est l'ensemble des dons, talents et qualités naturels qui existent en lui, même s'il en est inconscient, pour servir son mandat d'incarnation. Sa pulsion de vie, ou énergie de la volonté, stimulera son essence pour qu'il la reconnaisse.

Nous avons souvent transmis l'importance de vous aimer. Vous l'avez lu et entendu de tous les Maîtres et les Sages. Qu'en avez-vous saisi ? L'amour de soi est-il une forme d'acceptation complaisante des difficultés de l'être, de ses caprices et de ses désirs, des traits de caractère, des contractions de la personnalité, de l'individu tel qu'il se présente, ou bien plutôt une reconnaissance de tout ce qu'il porte intérieurement comme lumière et beauté ? Une conviction qu'il est de nature universelle avec des talents et des qualités essentiels grâce auxquels il peut transformer les désirs et les traits de caractère de sa personnalité afin qu'ils servent justement cette essence ?

Voilà, bien sûr, qui a plus de sens, car si l'amour de soi invite l'individu à cesser de se juger, de se culpabiliser ou d'être dans le déni de lui-même, il ne signifie pas non plus qu'il doive passivement accepter son côté ombragé. L'amour de soi, c'est la redécouverte et la reconnaissance de ses aspects lumineux, et l'autorisation sans jugement de les déployer afin de dissoudre ses ombres.

Au risque d'en choquer certains, nous affirmons que sans l'amour de soi, l'amour des autres est toujours limité. Certes, un être peut aimer les autres, mais si cet amour est pur, il sera de ce fait une incitation à redécouvrir l'amour de lui-même. Il y a toutefois souvent un piège à cet amour des autres, car il cache un besoin de reconnaissance extérieure. Chaque être a à se reconnaître lui-même et, par cette reconnaissance, à s'offrir à lui-même l'expression de tout ce qu'il est.

Lorsque l'humain s'autorise à être avec ses talents et sa beauté, alors il se crée de la joie. Rappelez-vous que le besoin premier de l'humain est la reconnaissance du fait qu'il existe dans cet univers. Et lorsqu'il se sert de ses talents et qu'il déploie son essence, il se sent créateur. Et parce qu'il se sent créateur, il peut, même inconsciemment, ressentir qu'il est universel, car c'est la nature même de l'univers que d'être créateur. Il y aura une identification à l'universel, et cette reconnaissance l'amènera à ressentir la joie.

L'amour est une énergie de création qui entraîne l'individu vers la joie pure et profonde, vers des états de grâce, et éventuellement vers des extases.

L'amour d'un autre peut servir l'être à se reconnaître, car lorsqu'il aime l'autre, il aime sa propre lumière et sa beauté, et il peut alors ressentir, par cet amour, qui il est. Cependant, l'amour d'un autre n'est pas suffisant. Il faille que l'être s'aime lui-même afin de permettre une expansion totale de l'énergie d'amour. Cette reconnaissance de lui-même, de qui il est véritablement, intensifie l'énergie de l'amour et lui permettra d'utiliser pleinement ses pouvoirs. (Voir le chapitre Éveil énergétique quotidien.)

Intensification de la trilogie énergétique
En intensifiant la trilogie énergétique en lui, l'être fortifie les assises de ses pouvoirs réels. Pour ce faire, il en prendra d'abord conscience, puis il portera son attention sur l'énergie qui vibre en lui et qu'il peut ressentir physiquement et psychiquement. Enfin, il choisira de se laisser guider et inspirer par elle.

Chaque jour, en portant attention à ses idéaux et à ses choix primordiaux, et en s'unissant à eux, il s'ouvrira à l'énergie de la conscience.

Chaque jour, en ressentant la puissance de l'énergie dans son hara, il goûtera sa pulsion de vie, s'imprégnera de son essence, et l'énergie de la volonté s'élèvera.

Chaque jour, en reconnaissant et en nourrissant sa conviction qu'il est universel et qu'il a son essence propre, il créera de plus en plus librement pour sa plus grande joie et celle des autres. Il sentira en lui l'énergie de l'amour et l'émanera.

Voilà comment les assises puissantes de la trilogie énergétique permettent à l'individu de retrouver, de ressentir et d'exprimer ses pouvoirs. Allons maintenant plus avant dans ce processus en clarifiant de quelle manière l'intention, associée à l'élévation du rythme vibratoire – jusqu'à atteindre la fréquence fondamentale individuelle – et à l'amplification du champ magnétique, permettra véritablement à l'être d'entrer dans les processus de guérison, de création et de projection de sa vibration.

Ces trois processus constituent la manifestation des pouvoirs énergétiques d'une personne. Ces trois types de pouvoirs sont innés. Toutefois, rappelons ceci : pour que la personne puisse les exercer, elle devra intensifier chacune des expressions de son énergie, soit la volonté, la conscience et l'amour :

Amour/cœur : reconnaissance de sa divinité, union à l'ensemble.
Conscience/troisième œil : faire sens, inspiration et direction.
Volonté/hara : pulsion de vie, source et puissance générée.

2. Le rythme vibratoire

L'humain peut utiliser ses pouvoirs subtils à chaque instant de sa vie. Cependant, c'est son rythme vibratoire, c'est-à-dire le mouvement de son énergie et la fréquence de ses émanations, qui en détermine l'intensité et la puissance. Si son rythme vibratoire n'est pas suffisamment élevé et que son champ magnétique n'est pas assez ample, il aura de la difficulté à reconnaître ses pouvoirs, à s'en servir et, bien sûr, à obtenir des résultats.

Un rythme vibratoire élevé assure d'être plus perceptif et sensible aux connaissances subtiles. Toutes les facultés sensorielles et extrasensorielles de l'humain seront alors stimulées et favoriseront une plus grande intensité. À un rythme vibratoire élevé, l'énergie circule plus librement et plus naturellement, et l'individu en ressent un grand bien-être, une harmonie et une puissance.

L'élévation du rythme vibratoire favorisera donc l'utilisation des pouvoirs et une création concrète. Ce rythme s'élève lorsque l'être :

- se désidentifie, un moment, de son personnage, de ses désirs et de ses soucis pour s'identifier à sa dimension lumineuse ;
- intensifie l'énergie à chacun des trois constituants de la trilogie énergétique, soit la volonté, la conscience et l'amour ;
- favorise la pratique méditative et contemplative, qui facilite la centration et l'expansion ;
- met en place une pratique de vie équilibrée et consciente à chaque instant.

Par sa constitution, l'homme est une âme et un esprit. Il est lumière vibrant à un rythme très élevé. Leur union dans le corps crée une contraction qui est accentuée par l'identification de l'être à son incarnation. Le rythme vibratoire diminue en proportion de cette identification et, de ce fait, l'humain perd les sensations de sa dimension subtile.

Toutefois, même si l'homme a souvent oublié ou nié sa dimension lumineuse, se plaçant ainsi dans un aspect contracté de lui-même, il a néanmoins vécu certains moments de joie et de satisfaction et, de ce fait, il exprime des résistances à élever son rythme par peur de perdre les sensations associées au corps, aux émotions, etc. C'est en devenant conscient qu'il peut tout autant se réjouir des sensations agréables de la vie terrestre sans que cela soit une entrave à son évolution ou à son rythme vibratoire, qu'il abandonnera alors ses résistances et son attachement à certaines choses.

Les sensations qui créent les plaisirs de l'incarnation peuvent non seulement continuer à exister, mais qui plus est, comme elles guideront l'humain vers la sensation de lui-même et du subtil, ce dernier n'aura plus à en abuser et à supporter l'effet de l'abus !

Ne croyez pas que pour élever son rythme vibratoire dans la voie du Maître il faille nier l'incarnation. Ce serait vraiment une mauvaise interprétation. Nier l'incarnation signifierait se diviser, rompre, et c'est justement cette division qui crée la souffrance. Il ne s'agit pas de rejeter l'incarnation pour s'élever à un état d'Esprit, mais plutôt unir l'être incarné à l'Esprit.

L'élévation du rythme vibratoire est simple et procure un bien-être physique et subtil, alors que la contraction provoquée par une diminution du rythme crée des inconforts et des douleurs. Ainsi, l'élévation vers un état plus élevé, sans nier le corps, est beaucoup plus satisfaisante qu'une contraction dans la matière qui alourdit physiquement et psychiquement.

Plus l'être élève son rythme vibratoire, plus il pourra se dissoudre dans l'espace méditatif et moins il sera envahi par les sollicitations de la pensée ou du corps. Plus il s'élève par la pratique de la contemplation, plus il réussira à s'unir à la nature et à bénéficier des connaissances subtiles que celle-ci fera rejaillir en lui.

Plus un être s'élève en vibration, plus sa création est pure et représente ce qu'il est vraiment. Il est alors de moins en moins assujetti aux conditions de l'incarnation qu'il a fait siennes, mais qui sont illusoires. Il pourra vivre des éveils importants et accéder à une vision de l'espace multidimensionnel. Cela lui permettra de vivre dans une réalité beaucoup plus vaste.

Imaginons une personne à la fois mue dans son quotidien par une envie de vivre quelque chose de plus grand et sollicitée par ses peurs, ses contractions et ses désirs. Disons, à titre d'exemple, qu'elle vibre à un rythme de 3 sur une échelle hypothétique de 20. Maintenant, imaginons que cette personne choisit consciemment, pour un moment, de laisser se dissoudre tous les aspects plus ombrageux de son être et de vivre dans un espace plus libéré, et que cela élève son rythme à 10. Durant les périodes de méditation et de contemplation, le rythme pourrait même s'élever progressivement de 10 à 12 et jusqu'à 14. Par la suite, en reprenant ses activités quotidiennes, son rythme, au lieu de redescendre à 3, va se maintenir autour de 3,5 – éventuellement à 4 et plus.

Voilà comment sa disponibilité à une pratique quotidienne visant à élever son rythme vibratoire permettra non seulement à la bande supérieure de son rythme, mais aussi au rythme vibratoire de sa vie quotidienne, de progresser.

Si l'individu choisit d'inscrire dans sa vie une pratique régulière de méditation, de contemplation et d'activités expansives, son rythme vibratoire moyen et supérieur s'élèvera et il sera alors de plus en plus éveillé et conscient de ses possibilités dans la vie de tous les jours.

En atteignant la fréquence de 20, il vibrera alors à la hauteur de sa fréquence fondamentale, c'est-à-dire dans l'expression totale de lui-même et dans toute sa puissance.

Dès maintenant, il est possible à chacun d'élever son rythme vibratoire et de constater les résultats de ses pouvoirs. Cependant, si son rythme est trop bas, l'individu risque d'être déçu. C'est pourquoi nous insistons sur la pratique. Ainsi, l'être en constatera non seulement les résultats, mais aussi et surtout une sensation de joie. Car, au-delà des résultats, c'est la joie et le bonheur associés au nouvel état d'être qui prédomineront. L'être sera de plus en plus stimulé par ses dons et le fait que les personnes autour de lui se réjouiront de ses *émanations*.

Et, un jour, lorsqu'il deviendra un Maître, il savourera entièrement ce qu'il est en tant qu'être incarné et être de lumière. Il se réjouira de tout ce qu'il est et de tout ce qu'il accomplit pour son entourage humain et sur d'autres plans de vie.

3. La fréquence fondamentale

Ainsi, c'est par la pratique de l'élévation du rythme vibratoire, favorisée par la contemplation et la méditation, que l'homme atteindra sa fréquence fondamentale individuelle.

Cette fréquence est celle de son essence. Nous vous avons déjà transmis que chaque être, même s'il est de nature universelle, a une essence individuelle. En d'autres mots, chacun est distinct par l'ensemble de ses qualités, de ses dons et de ses talents. Son essence exprime la teinte, la couleur et le parfum de sa pulsion de vie, de même qu'une force énergétique s'exprimant tant physiquement que subtilement.

En s'incarnant, le duo âme-esprit manifeste à la fois l'universalité et l'individualité de l'être. Il se présente donc avec une fréquence qui lui est propre. C'est grâce à celle-ci qu'il peut entrer en relation avec les autres et même avec d'autres formes de vie. Ainsi, par l'intermédiaire de cette fréquence, il peut accéder à des portails de communication sur différents plans de conscience, différentes dimensions, avec différentes formes de vie.

Vous allez constater que la fréquence fondamentale d'un individu lui permet non seulement de s'exprimer, de manifester ce qu'il est véritablement, et d'émettre sa vibration pure, mais aussi de mieux percevoir les vibrations des formes de vie universelles autour de lui.

Pour plus de précision, ajoutons ceci : lorsqu'un être vibre à sa fréquence fondamentale – au moment où la lumière du duo âme-esprit rencontre la matière dans le fœtus –, il peut entrer alors en relation avec diverses formes de vie, que ce soit celles que l'on retrouve dans la nature (animale, végétale ou minérale), de ce monde et d'autres mondes, extraterrestres comme intraterrestres.

Par contre, les inscriptions mémorielles présentes génétiquement et l'ampleur des influences de la société feront en sorte qu'inconsciemment souvent, mais très concrètement, l'être cherchera à s'identifier à son milieu et à vibrer sur la fréquence de masse. Dès lors, il diminuera son rythme vibratoire et sa capacité de réception et de communication avec le subtil.

Chaque humain est en soi une expression de l'univers tout entier. Ce dernier se manifeste à chaque instant par de multiples formes de vie. Chaque manifestation universelle est en soi une expression holographique. Ainsi, vous portez en vous l'univers tout entier, tout comme chacune de vos cellules porte la connaissance et la vibration de tout votre être incarné. Chaque cellule est une représentation de votre être, lequel est une représentation de l'univers.

L'univers se manifeste donc par l'union de toutes ces cellules. Nous pourrions ensemble imaginer que chaque cellule a une fréquence qui lui est propre, une expression de la fréquence globale de l'univers. Chaque particule unie aux autres particules constitue l'univers dans sa fréquence universelle. Par conséquent, chaque humain s'exprime naturellement à une fréquence particulière qui lui permet de s'harmoniser avec chacune des autres fréquences pour constituer le Tout.

Un exemple de fréquence est celle du rythme cardiaque. C'est là une analogie intéressante, car le cœur physique, par son battement, permet à l'individu de se sentir uni. Observez comment les humains retrouvent un calme, une paix dans un mouvement répétitif associé aux battements du cœur.

En se présentant sur terre, l'individu vit d'abord l'union avec un autre être, car il est dans le corps physique d'une femme. Et dans ce corps physique, il ressentira la fréquence de cet être et, bien sûr, le battement de son cœur. Puisque, en s'incarnant, l'être peut avoir l'impression de se séparer du Tout, il cherchera un nouvel univers dans le corps de sa mère.

Entendez ceci de nos paroles : l'être, avant de s'incarner, existe dans l'univers entier. Il n'a pas cette sensation d'individu séparé. Il est dans une expression d'union totale. Dans l'incarnation, parce qu'il se manifeste dans un corps physique, il peut avoir, à cause de sa densité, la sensation d'être désuni et séparé. La période de gestation lui permet de retrouver la sensation d'union. Le battement de cœur de la mère, qui représente sa fréquence, sera ce à quoi il pourra s'associer pour retrouver la paix.

Le battement du cœur est l'une des façons d'émettre sa vibration. Une façon fondamentale par laquelle l'humain manifeste son existence et communique avec les autres. Le cœur physique qui bat est lui-même en association avec le thymus et les autres glandes supérieures du corps.

Les humains sont tous à la fois identiques et différents, à l'instar des flocons de neige que vous pouvez si bien observer. Identiques de par leur nature et leur manifestation concrète, et différents par une forme légèrement nuancée l'une de l'autre. Cette nuance est leur individualité. Elle est aussi associée à une fréquence unique.

Nous vous l'avons souvent transmis : l'humain est une antenne qui accueille et reçoit les vibrations de toutes les formes de vie qui l'entourent. Chaque forme de vie est en soi une énergie en mouvement. Comme cette énergie est en mouvement, elle crée et émet des vibrations. L'être est donc une antenne qui reçoit des vibrations et en émet. Ces vibrations sont reçues et émises à une fréquence précise, propre à chacun, mais suffisamment similaire pour favoriser la communication, la communion. Toutefois, la distinction dans la fréquence permet à chacun d'être une expression unique tout en étant une expression du Tout – différent et UN en même temps.

Le fait de vouloir s'unir à un Tout et d'être UN, en cherchant aussi à être unique, est peut-être un paradoxe existentiel ou l'expression d'une multitude de particules qui forment d'abord un Tout. En cela, l'envie et la pulsion d'être unique ne doivent pas être condamnées dans un parcours qui se veut spirituel. Elles doivent être comprises de telle sorte qu'elles puissent s'exprimer sans pour autant créer de l'opposition, de la division et de la concurrence.

Voyez comment l'évolution de votre humanité a toujours été associée à une forme de concurrence et de comparaison entraînant de l'opposition. Si les hommes sont l'expression d'un Tout parfait, donc eux-mêmes parfaits, pourquoi entrent-ils dans un mouvement d'opposition, de division et de concurrence ? Simplement parce qu'ils saisissent mal cette pulsion d'unicité, laquelle fait en sorte qu'ils cherchent à se manifester de façon unique. Il est fort intéressant de noter que cette pulsion à exprimer et à déployer son caractère unique servira de catalyseur pour retrouver l'union. Et cela se fera par la découverte de la fréquence fondamentale. Ainsi, il est tout aussi important d'honorer la pulsion d'être unique que la volonté d'être UN et uni au Tout.

Pour l'individu très identifié à l'incarnation, la pulsion de l'unité ressentie peut entraîner une angoisse de se perdre ou de se dissoudre dans le Tout. C'est souvent ce qui explique la peur de la mort, par exemple. Car, au-delà de la peur de souffrir avant la mort ou de la peur de l'inconnu d'un voyage cosmique possible, il y a aussi une peur d'exister dans un tout indifférencié. De même, la difficulté de s'abandonner dans l'espace méditatif et de permettre l'augmentation du rythme vibratoire y trouve sa source.

Dans chaque cellule, on retrouve cette pulsion de l'unicité susceptible de provoquer la peur du tout et la crainte d'être trop identifié à l'incarnation. Ces peurs peuvent alors engendrer des conflits intérieurs. Éventuellement, tout cela tend vers un équilibre.

Ainsi, chaque être vibre sur une fréquence propre à partir de laquelle il peut capter et émettre. Or, ce qui est à la fois magnifique ici, mais insécurisant pour certains, c'est qu'étant donné la nature universelle de l'être, celui-ci a la possibilité de vibrer sur plusieurs fréquences, donc de transformer sa fréquence. Cela signifie aussi qu'il peut *oublier* sa fréquence dans cette capacité de la changer.

Alors, quelle est la raison première de retrouver sa fréquence fondamentale ? Quel en est le bénéfice ? Cela se résume dans la relation continue que celle-ci procure avec le Soi, dans l'accès ininterrompu à son inspiration. Être à l'écoute sans être dans l'effort de l'écoute.

Une autre analogie vous permettra de saisir une nuance importante ici. Lorsqu'une radio émet dans votre langue maternelle, vous comprenez le contenu même si vous êtes occupé. Si, toutefois, la radio diffuse dans une langue que vous connaissez, sans la maîtriser, il y a de fortes probabilités que vous passiez à côté du message principal, à moins d'être particulièrement attentif. Il en est de même avec votre fréquence. Même sans concentration dirigée, vous pouvez capter une inspiration dans la mesure où vous êtes dans votre mouvement créateur naturel.

Or, si vous captez ainsi l'inspiration, c'est que vous êtes aussi en relation continue avec chacune de vos cellules (en plus de l'âme). Que signifie recevoir et émettre à partir des cellules ? Comprenez que ces dernières ont été créées par une première cellule, une cellule fondamentale ou maîtresse qui porte en elle la vibration de votre esprit, de votre âme, et le plan pour tout le corps. Et de cette cellule maîtresse, toutes les autres sont nées. Or, vos cellules savent ce qui est juste pour votre corps. Par exemple, les cellules d'un tissu de votre épaule savent qu'un mouvement de votre bras et de votre épaule est juste et qu'il assure la circulation. Toutefois, elles savent aussi qu'un autre mouvement n'est plus juste, qu'il crée une tension et que cela peut provoquer là une contraction, sinon une déchirure. Non seulement vos cellules le savent, mais elles vous le communiquent.

Les cellules de votre corps vous indiquent ce qui est juste pour ce dernier, et ce, de manière tout à fait naturelle. Chez tous les humains qui sont à l'écoute et qui ont retrouvé leur fréquence fondamentale, cette écoute n'exige pas une attention particulière, car cette attention est acquise. Il n'y a pas là nécessité d'une interrogation profonde ni d'une intériorisation pour s'unifier aux cellules et demander ce qui est juste. Tout cela est immédiat, instantané, naturel, parce que vous êtes alors à votre fréquence fondamentale, donc à la fréquence la plus naturelle de chacune de vos cellules.

Ainsi, chacun peut s'assurer d'un équilibre et d'une harmonie par une relation de communication avec les cellules de son corps. Dans ce nouveau monde qu'ils sont à créer, les humains vont de plus en plus apprendre à se guérir par un tel rapport naturel et constant avec le corps. Par la suite, ils vont apprendre à ne plus le détériorer comme par le passé.

La guérison est en soi associée à un mouvement naturel de régénérescence cellulaire. Or, ce mouvement est facilité lorsque l'être tend vers sa fréquence fondamentale, dans un parcours conscient d'élévation de son rythme vibratoire.

Déjà, en étant plus sensible à sa fréquence naturelle, l'individu a une communication avec ses cellules beaucoup plus spontanée et naturelle. Bien sûr, la fréquence fondamentale fait en sorte que l'être est beaucoup plus conscient de chacune d'elles et va ainsi augmenter, intensifier sa capacité d'autoguérison. Dans le retour à la fréquence fondamentale, l'être va vers une guérison beaucoup plus accélérée puisque sa communication avec ses cellules est beaucoup plus naturelle. D'une part, il peut communiquer avec ses cellules, mais d'autre part, il les entend lui transmettre ce qui est juste ou ne l'est pas. Elles sont comme des voix intérieures qui le guident spontanément et naturellement dans un rapport constant avec lui.

De manière générale, les humains ont créé une fréquence à partir de laquelle ils communiquent à un premier niveau, dans un langage, des physionomies, des mouvements, par une codification. Nous dirons qu'il y a ici un accord inconscient, tacite, d'utiliser une fréquence, comme si vous étiez tous des postes émetteurs ayant désormais à syntoniser la même fréquence pour s'assurer d'être entendus. Cela semble extraordinaire, n'est-il point ? Pour vous assurer d'être chacun entendu au premier niveau, vous allez quitter la fréquence qui vous permet d'émettre les subtilités, les nuances et les raffinements de votre être afin de communiquer à ce premier niveau. Vous vous êtes standardisé ou identifié à une norme, et tous ici ont l'impression de pouvoir communiquer.

Toutefois, cela occasionne pour les individus la perte des échanges subtils et des nuances de qui ils sont. Ils ont alors l'impression d'être sans pouvoirs ou de les avoir perdus. Actuellement, ils émettent tous sur une même fréquence, avec les mêmes codes, mais curieusement ils ne se comprennent pas. Vous voyez comme tout cela est paradoxal ! C'est simplement que la vibration de chacun n'est pas comprise.

Retrouver sa fréquence fondamentale est d'abord un choix.

La fréquence fondamentale permettra à l'intention d'être réellement créatrice. Elle est associée au battement du cœur physique, donc aussi au thymus, et à trois glandes : l'épiphyse (pinéale), l'hypophyse (pituitaire) et la glande thyroïde. Ces glandes sont associées à la couronne, au troisième œil et au centre d'expression. Elles sont en soi en harmonie avec le cœur, lequel manifestera votre choix réel et votre conviction de qui vous êtes. C'est à partir d'un choix du cœur que vous serez en mesure d'émettre à votre fréquence véritable.

Ce choix suppose un respect et un amour profond de qui vous êtes. Non par rapport à vos caprices, à vos désirs et à vos besoins, mais dans votre nature véritable universelle et votre individualité. Il vous faudra apprendre à ne pas confondre votre unicité avec vos traits de caractère. Par individualité, nous entendons ce qui vous distingue dans votre puissante expression de vie.

À partir de là, nous vous suggérons de vous octroyer des moments pour élever volontairement votre rythme vibratoire (la partie II de ce livre est conçue dans ce but). Au début, prenez le temps de méditer afin de favoriser des états d'expansion. En élevant ainsi votre rythme vibratoire chaque jour, vous pourrez éventuellement créer un véritable moment de bascule. En d'autres mots, vous pourrez vivre une expérience de transcendance dans votre fréquence. Nous dirions que c'est là une première phase vers l'illumination. Cette pratique régulière facilitera, bien sûr, de plus en plus la chose. Plus vous créerez ces moments, plus vous en maîtriserez la dynamique.

Viendra un moment où vous vivrez une bascule de fréquence, c'est-à-dire un choix intérieur, vibratoire qui fera en sorte que vos glandes – l'épiphyse, l'hypophyse et la thyroïde – s'harmoniseront avec l'espace de la poitrine, du cœur, et manifesteront leur pleine fréquence. Dès lors, dans un lieu physique ou un espace subtil, guidé par votre Maître intérieur ou un Maître de lumière, vous ferez en sorte d'exprimer réellement votre choix de vibrer sur votre fréquence fondamentale.

Ce ne sera pas une question de technique, mais de vibration. Vous sentirez une ouverture du cœur, une sensation d'amour pur pour vous. La retrouvaille de la fréquence fondamentale est en soi ressentie comme une bascule amoureuse. Il y a vraiment, physiquement, une sensation de transformation, d'explosion dans la poitrine.

Ainsi, plus vous êtes présent à vous-même et dans une expression consciente, plus vous vibrez à une fréquence qui vous est naturelle. Vos pouvoirs de guérison et de manifestation seront alors en croissance jusqu'à ce que vous retrouviez votre fréquence individuelle fondamentale. À ce moment, vos pouvoirs de communication et de projection seront tous éveillés.

4. Le champ magnétique

Lorsque les vibrations de l'âme-esprit conscientisent le fœtus, un éclat de lumière d'une intensité associée à l'extase crée autour de l'être un champ magnétique. Celui-ci consiste donc en un champ énergétique issu de la lumière émanant de l'être.

Le champ magnétique pourrait être compris comme la somme de toutes les vibrations exprimant la puissance de l'être. C'est un halo d'énergie qui diffère des corps subtils. Les couleurs de l'aura caractérisent le champ magnétique.

Vous avez sans doute déjà constaté, lorsque vous étiez fort présent à vous-même, donc disponible à votre environnement, que toute la vie s'exprime par des vibrations, par des ondes. L'énergie en mouvement crée ces vibrations. Ainsi, toute vie émet un champ magnétique pouvant être ressenti, qu'il s'agisse de l'humain à vos côtés ou de l'animal qui approche. Vous êtes en mesure de ressentir la vie, pas simplement de la voir ou de l'entendre, mais de capter ses vibrations. Il en va de même pour les végétaux et les minéraux, quoique la conscience et les rythmes diffèrent dans ce cas. Les pierres, par exemple, émettent des ondes différentes selon leur provenance et leur parcours, même si elles sont de composition semblable.

Ainsi, les sensations éprouvées pour une personne sont dues aux ondes émises par son champ magnétique, lequel permet de capter les vibrations de l'environnement.

Imaginez-vous en train d'entrer dans une salle dépourvue d'éclairage où il n'y a aucun mouvement, aucune sonorité ni aucun parfum. Un humain y est présent, mais immobile. Si vous n'êtes pas distrait ni préoccupé, mais bien présent à vous-même, vous serez en mesure de ressentir la présence de vie dans cette salle. En vous approchant, vous sentirez même les vibrations circulant dans les corps subtils de cet humain, en lien avec son champ magnétique.

Le champ magnétique varie en intensité selon l'état, le rythme vibratoire et la fréquence fondamentale de l'être. Il explique l'attraction, vers lui, d'ondes, de personnes, de formes de vie et de situations, mais aussi de son attirance vers elles. Non seulement ce champ attirera des connaissances subtiles, mais il permettra aussi de les *emmagasiner*. L'être pourra par la suite, selon son éveil de conscience et ses facultés, utiliser ces connaissances ou les projeter vers un autre espace. Le champ magnétique agit aussi comme un accélérateur de vibrations ou de particules lumineuses. Il en intensifie la projection.

Ainsi, plus le champ magnétique est ample et intense, plus les intentions seront propulsées avec cohérence et puissance dans les matrices subtiles terrestres et multidimensionnelles. C'est aussi par l'intensité de son champ magnétique que l'être pourra attirer une *réponse* à ses intentions, à ses pensées, à ses demandes. La réponse à une intention se présente potentiellement sous de multiples formes, en fonction de la synchronicité avec d'autres émanations ou intentions émises par d'autres individus. De cette manière, pour maximiser le potentiel d'une intention, l'être, en amplifiant son champ magnétique, assure une projection adéquate.

Amplifier son champ magnétique

En général, l'amplification du champ magnétique se produit en intensifiant la lumière en soi par :

- l'identification à cette lumière, la reconnaissance du Maître de lumière en soi, et par le choix de s'unifier à toutes les sources lumineuses ;
- la fusion des trois corps (voir le chapitre 4.6) qui constitue le renouvellement de l'expérience intense de la fusion de la lumière à la chair vécue au moment de la conscientisation ;
- la projection de faisceaux d'énergie du cœur et du troisième œil créant un triangle de force en mouvement (voir le chapitre 5.1) ;
- une méditation et une contemplation qui permettent l'unification avec sa propre lumière et la lumière d'autres formes de vie terrestres et universelles.

Par cette pratique énergétique et spirituelle, la fréquence de l'être sera de plus en plus en phase avec sa fréquence fondamentale et le champ magnétique sera alors libre d'agir selon l'usage désiré.

L'intensité et l'ampleur du champ magnétique définissent les réels pouvoirs de transmutation de l'être. Le chapitre 3.1,2 abordera ce thème de manière beaucoup plus explicite.

5. L'intention libérée du désir

Une intention est un ensemble de vibrations qui émanent de l'individu, dans une orientation précise et définie, afin de favoriser son déploiement. Elle correspond à la flèche que l'archer dirige vers sa cible. D'une part, cette flèche devra être bien sculptée et orientée; d'autre part, ce qui la propulsera devra avoir la puissance nécessaire pour atteindre le but visé.

De même, l'intention aura à être claire et épurée de toute forme de désir, d'attente et même de dépendance. Elle aura à représenter l'être quant à son idéal et son but, et quant à son mouvement créateur. Il apparaît donc important de distinguer une intention d'un désir. L'intention sera idéalement propulsée d'un champ magnétique bien déployé et intense.

Les intentions sont multiples, infinies. Souvent, elles sont confondues avec les désirs, lesquels ont peu de puissance (voir aussi le chapitre 1.7) puisqu'ils sont souvent engendrés par les peurs et les blessures. L'intention met en œuvre la loi d'attraction par le processus de création de synchronicités. Les vibrations émises rencontrent celles émanant d'autres êtres et d'autres formes de vie. De ces rencontres vibratoires découleront naturellement des situations, des rencontres et des événements. Ainsi, le processus de création de synchronicités en est un qui génère des situations à partir des multiples vibrations émises.

L'intention définie devient une expression vivante qui cherche à répondre à la loi d'attraction. Elle fera en sorte d'attirer vers l'être – ou l'être vers – l'objet, le lieu, l'expression même de son intention. Alors, bien sûr, lorsque les intentions ne sont pas émises à partir d'un état d'équilibre énergétique ou de la puissance manifestée par un champ magnétique en expansion, l'individu est attiré par des éléments en relation avec le désir, ou les attire à lui. Même si cela peut, à un premier niveau, vous sembler intéressant, il demeure que le désir naît d'une insatisfaction associée à une forme de blessure. De ce fait, ce qui est attiré est inévitablement en résonance avec cette blessure. Cela a l'avantage de permettre une meilleure compréhension de cette blessure et, bien sûr, d'entraîner une prise de conscience sur le chemin de l'évolution. La souffrance servira alors l'être. Cependant, tout en favorisant une transformation, elle n'est pas nécessaire. D'autres éléments participent à la transformation tout en étant agréables à vivre. L'humain a trop souvent associé la souffrance au processus évolutif et conclut à la nécessité qu'il fallait souffrir pour trouver finalement la joie et le bonheur. Tant et aussi longtemps que les hommes porteront ces croyances, elles se manifesteront ainsi.

Le désir

Le désir est en soi l'expression d'une insatisfaction profonde ou superficielle née d'un besoin plus ou moins vrai ou d'une blessure. Une attente envers quelqu'un, une organisation ou même une situation qui n'obtient pas de réponse satisfaisante peut aussi faire naître un désir. Nous entendons que tout désir est en corrélation avec une insatisfaction, laquelle occasionne une recherche compensatoire. Le désir est donc associé à une forme plus superficielle ou éphémère de satisfaction. Il correspond à un ensemble d'éléments sur lesquels un être projette la source de son bonheur. En d'autres termes, lorsqu'un individu porte en lui des désirs, c'est qu'il a consciemment ou inconsciemment identifié que l'obtention, ou la présence, des éléments souhaités dans sa vie le rendra heureux. Il s'agit donc d'une projection. Il projette son attente de joie vers un objet ou une situation. Par conséquent, une projection, une forme d'attente, est associée au *désir*.

Par *projection*, nous entendons, dans le désir, une pensée associée à ce que l'élément désiré puisse, par son pouvoir, créer un état intérieur différent. L'être accorde ainsi un véritable pouvoir, souvent inconsciemment, à l'objet de ses désirs. Ce faisant, le désir l'entraîne vers une perte de ses pouvoirs, car l'objet du désir devient trop souvent le symbole de la joie ou du bonheur recherchés. L'individu projette sur l'objet le pouvoir de le rendre heureux, ce qui crée de l'attachement et des dépendances.

Libérée de toute association au désir,
l'intention pourra être vraiment puissante.

L'intention

L'intention doit être claire. Les pensées, les sensations ou les mots qui la définissent devront être précis. Ils représentent la clarté de l'être dans son but. L'individu formule son intention en étant transparent vis-à-vis de lui-même, de telle sorte qu'elle ne soit pas un désir maquillé, d'apparence noble. Ainsi, il évitera de se leurrer lui-même. Il formulera l'intention sans y inscrire d'ambiguïtés dissimulant un besoin de compenser. Bien qu'une intention puisse être générale ou philosophique, comme celle d'être dans l'amour ou guidé dans la justesse, elle aura tout avantage à être bien définie afin d'éviter le piège du vœu pieux et de représenter fidèlement le choix inspiré de la personne.

L'intention doit être pure. Elle sera nécessairement associée à l'expression créatrice de l'être. Elle est créée pour attirer des objets, des situations, des événements et des individus qui favoriseront le déploiement, l'expression des talents et des dons de la personne. En outre, cette expression amènera l'être à retrouver une joie véritable qui l'unira à sa communauté humaine et universelle. L'être la définit à partir de la trilogie énergétique, de telle sorte qu'elle fasse sens, c'est-à-dire qu'elle réponde à ses véritables idéaux et buts.

Ouvrons maintenant une porte sur l'importance des ***idéaux***. Nous vous avons transmis que l'énergie d'amour en est une de création. Pour favoriser la joie réelle, cette création doit être orientée vers l'unification des hommes, vers leurs idéaux. Chacun est invité à choisir ses idéaux en fonction de ce qui le fait vibrer, au-delà des structures, des règles, des valeurs, des croyances inscrites en lui, inculquées ou présentes depuis les premières inscriptions mémorielles ou génétiques. L'individu aura dans son parcours de rééquilibre à retrouver des idéaux qui agiront tel un phare.

Les idéaux sont grandioses et n'ont pas à être atteints. Ils éclairent le chemin, permettant d'effectuer des choix primordiaux et de créer des buts qui, eux, sont atteignables. Ces buts balisent la voie éclairée par les idéaux. C'est ainsi que la conscience, l'Esprit, guidera chacun à établir ses idéaux et à définir ses buts de telle sorte que lorsqu'il voudra créer et choisir une voie d'expression, que ce soit par ses vibrations subtiles, ses pensées, ses gestes, ses actions ou ses activités, il pourra mettre en relation les éléments et voir si le tout a du sens ou non. Sur la voie de la maîtrise, sur le chemin vers l'équilibre et l'harmonie, toute intention créée devra être en phase avec les idéaux afin de collaborer véritablement à cette voie.

Imaginons, par exemple, qu'un individu ait ressenti que son mandat d'incarnation était celui d'un artiste représentant la beauté de l'univers et, de ce fait, éveillant les autres à leur propre beauté, alors que son salaire provient de son travail de manœuvre. S'il choisit de délaisser ce travail pour se concentrer sur son art, il craint le manque de ressources financières. Dans un tel cas, plusieurs nourriront la pensée magique que tout se présentera à point, que le pécule nécessaire arrivera au moment opportun, sans autre implication, mais plusieurs aussi vivront de grandes désillusions. En dirigeant ici l'intention sur l'obtention d'argent comme but, il y a alors ambiguïté, car cette intention n'est pas claire. Le véritable choix intérieur de cet homme est d'orienter sa vie vers des activités au cœur de son mandat. Ainsi, ce n'est pas l'argent qu'il doit ici inscrire au centre de son intention, mais le fait de se voir dans le déploiement de ses dons et de voir la joie qui en résulte. Il s'agit de ressentir l'équilibre et l'harmonie émergeant de l'expression de son art.

Autre exemple. Une personne veut offrir des soins énergétiques et, dans ce but, elle a besoin d'un espace pour un cabinet. Elle conçoit alors d'agrandir sa demeure à cette fin, ce qui nécessite un investissement. Nous y revoilà, n'est-il point ? Puisque ce monde est construit sur cette base, le réflexe de cette personne est de placer une intention en vue d'obtenir de l'argent. Il y a là encore déviation. Son intention réelle est d'offrir des soins dans un milieu correct pour elle. Cela peut signifier que son cabinet soit situé ailleurs que chez elle. Selon ses croyances, ses normes, quelquefois ses peurs et ses désirs, elle voit la chose d'une certaine façon. Mais cela peut adopter plusieurs formes. Son intention est limitée à une chose, l'obtention d'argent, non à l'expression profonde de se déployer dans les soins. Il y a là une intervention liée à la création des synchronicités. Autrement dit, la personne choisit elle-même comment les choses doivent se passer. Elle pourrait toujours obtenir de l'argent, mais si les permis de rénovation n'étaient pas autorisés… !

Nous citons des exemples afin que vous saisissiez que l'intention doit être véritablement claire, en fonction de ce qui fait sens dans la voie vers vos idéaux. Nous insistons actuellement sur l'intention, car elle s'inscrit dans les pouvoirs de l'être. Lorsque nous affirmons que « le Maître peut attirer ce qui est nécessaire à sa transmutation », le point de départ de tout cela est l'intention. Dans votre parcours actuel vers la voie du Maître, il est important de saisir la nature de l'intention véritable. Au-delà du mental et même du ressenti, elle doit répondre à tout le processus de maîtrise. Veillez à ce que l'intention ne soit pas une nouvelle distorsion sur le parcours pour vous libérer de maints blocages et attachements. Cette notion n'est pas là pour vous faire revivre des peurs, des attaches ou des croyances. L'intention vraie est l'expression d'une liberté intérieure associée à la conviction de la perfection de cet univers. Elle n'est pas une pensée magique que tout se réalise par soi-même. Encore une fois, la distinction entre la pensée magique et la véritable création est la suivante : dans la pensée magique du dernier exemple, la personne a choisi d'être une soignante et elle abandonne tout derrière en se disant que « tout va arriver parfaitement ». Et elle a raison, tout va arriver parfaitement, mais non pas selon la perfection qu'elle a imaginée. Tout se produira parfaitement pour qu'elle puisse entrer à nouveau dans une voie qui a un sens. Elle n'obtiendra donc pas nécessairement les résultats escomptés.

Dans un processus créateur authentique, l'être n'aura pas de fixation ni de compulsion vers l'argent, une demeure ou toute autre forme. Vous savez, donner des soins n'exige pas avant tout une demeure précise. Les soins demandent une ouverture du cœur où deux êtres se rencontrent. Cela peut se faire dans une grotte, sur une plage, dans le cabinet d'un ami. Ainsi, si la fixation porte sur une demeure, la personne limite les occasions et les couloirs d'expression.

La véritable création se situe dans l'intention et une multitude d'expressions que nous appelons le *rêve éveillé*.

Afin que son intention soit une flèche fine, pointue et orientée avec précision, la personne élèvera son rythme vibratoire, intensifiera la trilogie énergétique volonté/conscience/amour et amplifiera son champ magnétique.

6. La méditation et la contemplation spirituelle

La manifestation de vos pouvoirs exige de solides assises, dont un rythme vibratoire élevé. Cette élévation du rythme vibratoire favorisera la méditation et la contemplation, lesquelles, en retour, seront des inducteurs d'états expansifs. Par ailleurs, la méditation et la contemplation vécues sur une base régulière permettront à l'être d'élever son rythme vibratoire. En d'autres mots, plus il ira vers cette pratique, plus il maintiendra un rythme optimal. Ainsi, au cours d'activités quotidiennes ne favorisant pas nécessairement un état d'expansion, il pourra tout de même bénéficier d'un rythme vibratoire relativement stable, et ce, dans le but de maintenir une présence à lui-même et une utilisation juste de ses pouvoirs.

La méditation

La méditation permet à l'individu de retrouver la sensation de l'état d'union avec le Tout. Elle fait en sorte qu'il intègre son quotidien dans une réalité plus vaste, universelle. La méditation l'amène non pas à faire le vide, mais à faire le plein, à être présent à tout. Pour cela, son attention ne peut être dirigée sur rien qui puisse solliciter son mental. En méditant, il ne se distinguera pas de ce qui existe, se permettant simplement d'en élargir le spectre en lui. L'espace méditatif dans lequel il vibre est potentiellement un espace infini qui renferme l'univers.

Trop souventes fois, les êtres confondent la méditation avec un moment d'intériorisation, d'imagerie mentale ou même de réflexion. Par son intention de vibrer dans l'espace infini de l'univers, l'individu cherche à exister en tant qu'être de lumière incarné. C'est là un espace de sensations du Soi et non pas de pensées, de réflexions, de visualisations. Si des images ou des voix intérieures se présentent à lui, c'est qu'il a atteint un rythme élevé. Il ne s'agit pas de simples pensées ni de son imagination. L'individu se nourrit de la connaissance subtile qui s'imprègne en lui de façon naturelle sans qu'il la recherche. Il se nourrit de la lumière avec laquelle il vibre de plus en plus intensément.

Il lui est possible de dédier sa méditation à des êtres ou à des causes, mais il ne peut méditer sur un sujet, car cela signifierait qu'il y réfléchit. Il peut toutefois demander que de sa méditation émergent des inspirations ou des connaissances sur un sujet précis.

La méditation agit sur l'hypophyse, l'épiphyse et le cerveau en général en permettant une intensification de la capacité à saisir la réalité et à réorganiser naturellement ses propres systèmes. Elle intensifie l'émissivité et la réceptivité des ondes tout en favorisant un état de détente. L'être sentira à la fois plus de légèreté et d'intensité dans tous ses corps, particulièrement dans son corps mental supérieur, qui aura été ainsi stimulé.

En vibrant dans un espace méditatif, l'être facilite la réception de connaissances sans interprétation ou analyse immédiate, ce qui assure une intimité avec une connaissance pure, avec l'univers. Ainsi, plus il médite, plus il élève son rythme vibratoire et il a une compréhension, une sensation naturelle de qui il est, de ce que représentent ses pouvoirs réels.

La contemplation spirituelle

La contemplation est la création d'une relation vibratoire, d'une union, avec la conscience supérieure d'un être. Il peut s'agir d'un élément de la nature terrestre ou d'une présence multidimensionnelle. Elle est en soi un prélude à certaines formes de transmutation. Il est important de distinguer la *contemplation spirituelle* de la contemplation vulgarisée qui correspond davantage à une observation.

La contemplation spirituelle exige une élévation du rythme vibratoire et amène l'être à pénétrer un autre champ magnétique – celui de l'objet de sa contemplation. Si, par exemple, un individu contemple un arbre, c'est qu'il porte une intention très claire de s'unir non seulement à la vie dans l'arbre mais aussi aux deva de la nature végétale. Cette union avec l'arbre permet à la conscience et à la puissance de la vie dans l'arbre de se manifester en lui, et à sa conscience et à sa puissance de vie de se manifester dans l'arbre. Il y a une unification de deux formes de vie, ce qui laisse place à une intensification de leur énergie vitale.

Alors, pourquoi la contemplation est-elle si importante et si puissante ? D'une part, parce que la contemplation quotidienne de moult formes de vie extérieures accentue votre sensation d'union avec le Tout. D'autre part, elle permet à la dimension lumineuse et consciente de l'objet de votre contemplation de continuer à vivre en vous, et inversement, à partir de l'union vibratoire. Il s'agit d'une véritable union énergétique.

Plus vous contemplez une forme de vie, plus vous vous rendez compte de rencontrer toute sa dimension cosmique. Et, progressivement, vous ressentirez de plus en plus le Tout.

La sensation de la puissante énergie de vie que vous partagez avec les autres formes de vie crée de véritables assises pour vos pouvoirs de création.

7. La loi universelle d'attraction, la création de synchronicités, la visualisation

La loi universelle d'attraction

Tout ce que porte en lui un individu crée des vibrations qui émanent de lui et irradient autour de lui. Ces vibrations, qui répondent à la loi universelle d'attraction, attireront vers lui ou l'attireront vers l'équivalant de ce qui les créent.

Selon votre dicton, « l'être récolte ce qu'il a semé ». Toutefois, il vous faille comprendre, pour que cet énoncé soit vrai, que l'être ne peut semer que ce qu'il porte en lui. Il y a ce qu'il sème consciemment et ce qu'il sème inconsciemment. Qu'il en soit conscient ou non, il récolte selon ce qu'il est dans son entièreté. Il peut transmettre des paroles gentilles, amoureuses, lumineuses durant une très longue période, et pourtant récolter des douleurs et des souffrances. Plusieurs d'entre vous ont expérimenté cela. Est-ce à dire que cet énoncé est faux ?

L'individu récolte ce qu'il a semé, et ce qu'il a semé est ce qu'il **est**. Par ces termes, nous entendons que tout ce qu'il porte en lui émane de lui, et non pas simplement ce qu'il croit être ou ce qu'il choisit de faire paraître.

Chacun porte en lui une fibre universelle, une lumière, un amour et une conscience, un ensemble de dons et de qualités qui définissent son essence et orientent sa pulsion de vie, son mandat d'incarnation. Il porte aussi tout un ensemble d'inscriptions mémorielles individuelles et collectives, et des inscriptions génétiques. Sans compter des croyances générées par les influences de son environnement familial, éducationnel, social, religieux et politique. Ainsi, bien que l'essence lumineuse et amoureuse dont il est porteur soit une véritable puissance créatrice, il peut aussi avoir des blessures, des frustrations, de la colère, de la tristesse, des zones d'ombre destructrices. Et même s'il n'a pas l'impression ni l'intention d'émettre concrètement ces frustrations, elles émanent tout de même de lui. Même s'il joue un rôle et se crée un personnage aimable et gentil, si, à l'intérieur de lui, il a des frustrations, des attentes et des besoins insatisfaits, cela émane tout de même de son être et attirera des circonstances, des situations et des personnages qui le lui refléteront tôt ou tard. Il attirera l'équivalent de ce qu'il porte. Si un individu se consume intérieurement d'insatisfactions et de frustrations ou de peurs, même si ses paroles extérieures sont d'apparence sage, cachant ce feu qui le consume, il attirera tout de même ce qui représente véritablement ses vibrations.

Lorsqu'un individu formule une intention, elle est, bien sûr, imprégnée de toute sa détermination, de son amour et de sa conscience, mais elle est aussi teintée de toutes ses charges, même s'il ne le veut pas. Et cette intention inscrira dans le processus de création universel non pas seulement l'aspect que celui-ci veut présenter, mais l'ensemble de ce qu'il est. Or, l'ensemble de sa récolte, soit tout ce qu'il attirera à lui sur une longue période, correspondra à tout ce qu'il émet. Toutefois, une des situations attirées pourra correspondre non pas à l'ensemble, mais à une ou quelques-unes de ses vibrations, et non pas nécessairement à ce qui correspond à son intention du moment.

Il est primordial de bien comprendre la loi d'attraction. Bien que plusieurs ne soient pas en accord avec elle, il ne s'agit pas d'une loi humaine. Il est impossible de la modifier, car c'est une loi universelle. Et toute l'énergie, de lumière et d'ombre, qui vibre en l'homme et autour de lui s'inscrit par ses vibrations sous la loi universelle d'attraction.

Maintenant, si cette loi ne peut être modifiée, l'être peut changer ce qu'il porte en lui et ce qui influence ses vibrations. Trop souvent, celui qui est porteur de tristesses, d'attentes et de frustrations va chercher à l'extérieur, dans la matière ou les relations, à combler son besoin, mais il ne peut réussir ainsi. Il aura à modifier la compréhension de ses vrais besoins, à aller vers une véritable sensation de qui il est sur cette terre pour réorienter sa route et faire en sorte que ce qu'il porte, et ce qu'il veut émettre, corresponde vraiment à son être.

En d'autres termes, ni les intentions ni les actions d'un individu ne peuvent camoufler ce qu'il est réellement. Ses vibrations renferment l'ensemble de ses pensées, de ses intentions, de ses paroles, de ses gestes et de ses actions. Et tout cela représente les inscriptions mémorielles, génétiques, les croyances et les blessures encore actives en lui qui ont encore une influence puisque non dissoutes encore.

Un processus de création de synchronicités s'inscrit au cœur de la loi d'attraction.

La création de synchronicités

Les synchronicités sont un ensemble de signes ou d'événements dont l'association fait sens pour un individu ou une collectivité.

Elles sont en soi créées par le jeu de toutes les émanations de tous les êtres incarnés et non incarnés. Tout ce qui émane de toutes les formes de vie y est rassemblé. Et tout comme si, par métaphore, nous vous disions : « Un Esprit central accueille toutes les intentions et toutes les émanations, et crée des scénarios pour qu'elles puissent entrer en correspondance », tout un ensemble de situations, de signaux, de rencontres se créent pour présenter à l'être en tant qu'individu l'aspect qui émane de lui, consciemment ou non.

Chacun d'entre vous a pu constater, depuis le début de son incarnation, que certains événements, certaines situations ou rencontres semblent fort bien synchronisés, comme si l'incarnation lui proposait un maître de jeu, un directeur de ce grand théâtre. La synchronicité des situations, des événements et des personnages sur votre parcours est en soi le rapport juste entre ce qui émane de vous et ce qu'il vous est possible d'en retirer.

Tout, dans cet univers, est synchronisé et répond à un même appel, à une même conscience. Tout est orienté. Les synchronicités existent pour que vous puissiez vous observer et vous comprendre. Elles sont le résultat de la convergence des énergies dans l'univers, lequel se présente comme une grande matrice universelle où tout peut sembler préorganisé en raison de ces synchronicités, mais où **rien** n'est organisé à l'avance. La compréhension de ce mouvement créateur universel enraye la vulnérabilité que la croyance en la fatalité crée chez certains humains.

En d'autres mots, vous êtes quelquefois conscient d'événements d'un synchronisme étonnant. Vous constatez aussi qu'il y a beaucoup de synchronicités. *Beaucoup* n'est pas le terme juste. Il n'y a **que** des synchronicités. Que vous soyez observateur ou acteur, **tout** ce qui se présente à vous, intérieurement et subtilement, extérieurement et concrètement, est synchronicité. Autrement dit, rien ne se manifeste au hasard, ni dans la forme, ni dans le moment, ni dans l'intention, et pourtant rien n'a été préprogrammé à l'extérieur de vous.

Chaque pensée, chaque action, chaque réflexion, chaque état d'être, chaque désaccord émet un stimulus, une onde qui circule dans cette matrice. Cette intelligence énergétique fera en sorte de créer tout un ensemble de scènes grâce auxquelles vous pourrez retrouver l'intention primordiale, et toutes ces scènes seront d'un synchronisme parfait même si ce dernier n'est pas apparent pour vous. Par exemple, la rencontre d'une personne à qui vous avez pensé quelques heures auparavant est le résultat du processus de création de synchronicités. La pensée de cette personne a-t-elle émergé de vous, ou d'elle ? Celle-ci a-t-elle pensé à vous, ce qui a fait que vous avez ensuite pensé à elle, ou avez-vous pensé à elle d'abord, attirant sa présence ? En outre, pourquoi avez-vous pensé à elle ? Vit-elle une situation similaire à la vôtre ? Est-elle en relation avec une information qui serait utile à votre évolution, ou l'inverse ?

Une chaîne énergétique fait en sorte qu'à un moment précis deux êtres seront attirés vers un même lieu, car ce qu'ils portent en eux ou ce qu'ils vivent leur apportera une compréhension d'eux-mêmes ou de la vie.

La vie sur terre est le résultat d'une multitude de chaînes énergétiques. Selon vos émanations, la grande matrice universelle a créé un scénario dans lequel votre rencontre mutuelle laissait place à une évolution. Toutefois, cette grande matrice universelle n'est pas dirigée par un être. Elle est une intelligence énergétique universelle.

Ce que nous vous proposons vise à comprendre ce mécanisme de synchronicités comme une grande mosaïque, une grande toile collective organisée par une intelligence universelle à chaque instant. Ainsi, chaque choix que vous pouvez effectuer est accueilli et redistribué de sorte qu'il y ait un mouvement collectif optimal, bien que ce ne soit pas évident pour vous. Car si ce processus sert votre évolution, il sert évidemment celle de l'humanité et de l'univers.

Chaque élément dont vous captez la synchronicité vous révèle un message, vous apporte une compréhension qui n'est pas toujours définie mentalement. Les formules déjà prédéfinies pour expliquer certaines synchronicités ne sont pas intéressantes, car elles balisent de manière trop limitative les actions susceptibles d'en découler. Si les événements ne sont pas préprogrammés, les explications de leur occurrence n'ont pas avantage à l'être.

La visualisation (et pensée magique)

Pour que l'être reconnaisse ses pouvoirs de création et puisse réellement les utiliser sans se leurrer, il lui faille comprendre le processus de création dans l'univers.

Il est le véritable créateur de sa vie à partir de sa pulsion de vie, et sa puissance créatrice est un joyau dont il sous-estime très souvent l'ampleur et l'intensité. Ses pouvoirs de manifestation s'expriment par des intentions. L'intensité de sa conviction amplifie ses pouvoirs, et la visualisation (sa vision intérieure) lui permet de donner une forme à son intention, à ce qu'il veut manifester ou attirer à lui.

La visualisation ou l'imagerie mentale aide l'individu à canaliser et à orienter son énergie vers ce qu'il souhaite créer. Dans l'exercice de ses pouvoirs de guérison, il recourra à la visualisation pour mieux ressentir la communication avec les cellules et imager sa volonté, par exemple. Dans l'utilisation de ses pouvoirs de manifestation, il se servira de la visualisation pour mieux ressentir et orienter vers leur cible les faisceaux de lumière qu'il crée, pour définir l'objet à attirer ou la situation à provoquer.

La visualisation est une aide qui accompagne l'intention, elle-même imprégnée de l'énergie de la trilogie énergétique. La puissance des pouvoirs de création est le résultat de l'intensité de l'énergie de la volonté, de la conscience et de l'amour.

Cependant, **la visualisation n'est pas un pouvoir et elle n'a pas de puissance en elle-même.**

La croyance au pouvoir de la visualisation est un piège important, car elle peut entraîner l'être dans la pensée magique que toutes les images qu'il crée et projette se manifesteront, qu'il n'a qu'à attendre les résultats, convaincu qu'ils se présenteront. La visualisation et la pensée magique, non basées sur une centration de l'être et son énergie, peuvent causer de grands torts. Par exemple, un individu pourrait visualiser qu'il est guéri de sa maladie et, de là, mettre un terme au processus de guérison, provoquant ainsi une détérioration importante de son état. Un homme pourrait aussi quitter le boulot qui lui procure un revenu, après avoir visualisé le travail de ses rêves se présenter à lui, ce qui pourrait le placer, ainsi que sa famille, dans une situation précaire. Quelqu'un d'autre pourrait visualiser qu'une nourriture malsaine se transforme en une nourriture vivante parfaite et, ainsi, causer des torts importants à son corps.

Les pouvoirs de guérison et de manifestation sont bien réels, et tous les humains ont la capacité de se guérir sur le plan énergétique. Tous ont le pouvoir de manifester l'emploi de leurs rêves, de provoquer une transmutation de la nourriture, mais non à partir d'une simple visualisation ou d'une pensée magique ou positive.

Les pouvoirs créateurs utilisent la visualisation dans la mesure où ils sont en phase et soutenus par de véritables assises :

- l'intensification de la trilogie énergétique : les énergies de volonté, d'amour, de conscience (voir le chapitre 4.7) ;
- l'élévation du rythme vibratoire et les retrouvailles de sa fréquence fondamentale (voir les chapitres 3.1,1) ;
- l'amplification de son champ magnétique (voir le chapitre 3.1,2) ;
- l'expression d'une intention claire et pure délivrée de tout désir ;
- la méditation et la contemplation ;
- l'expression en accord avec la loi d'attraction, et l'observation des synchronicités.

DEUX

Le pouvoir de guérison

L'être libre est celui qui pose son regard avec amour sur toutes les formes de vie qui se déploient et participent à une création collective. Il est libre parce qu'il choisit d'orienter son regard, son attention. Il est libre par sa nature. En comprenant de plus en plus ceci il peut vivre sur cette terre dans une harmonie et un équilibre croissants – ce qui lui permet d'aller vers une guérison.

Vous pouvez facilement observer et ressentir que cette terre est souffrante, que cette humanité est souffrante, de même que les hommes qui la composent. Vous ressentez aussi que cette souffrance est maintenant d'une telle ampleur que cela provoquera une réaction amenant tôt ou tard les humains à s'unir pour en transformer la cause.

La guérison, tant de la Terre, de l'humanité que de chaque individu, est en soi un processus d'unification. Le processus de guérison en est certes un de retrouvailles de soi et du Soi dans un mouvement d'union. S'il n'y a point de division, de séparation, il n'y a point de déséquilibre, de malaise, de douleur et de souffrance. Les souffrances individuelles composent la souffrance collective et les souffrances collectives sont associées à la souffrance de la Terre elle-même et de toutes les formes de vie de la nature.

Tout humain, puisqu'il s'est créé sur cette terre, physiquement et psychiquement, a en lui les capacités de retrouver l'équilibre, de se recréer et de renaître à lui-même dans une expression de la santé. C'est dans un parcours de joie que l'être pourra guérir ses maux, ses douleurs, ses blessures.

L'humain est venu sur cette terre pour collaborer, par son expression, au grand mouvement créateur universel. Il est venu vivre la joie pure et l'extase en déployant son essence dans l'union aux différentes formes de vie qui se manifestent ici. Voilà le dessein premier de l'incarnation. Certes, cela n'est pas de souffrir en tentant de se libérer des causes de la douleur. Toutefois, en raison des inscriptions mémorielles et génétiques, des croyances, des blessures passées et des attachements, l'être vivra des déséquilibres douloureux. Il est important qu'il puisse retrouver la voie et les capacités de transcender la douleur et la souffrance.

Néanmoins, comme il a été dit précédemment, la souffrance que l'être vivra dans son corps ou dans sa psyché, bien qu'elle soit pénible et non nécessaire à la vie sur cette terre, aura tout de même la possibilité de jouer un rôle. Lorsque la souffrance sera plus importante que les petites satisfactions qui la créent, l'individu ressentira que des éléments n'ont pas de sens dans sa vie et il cherchera à se transformer.

Le processus est simple. Lorsque vous allez vers une voie, lorsque vos attitudes, vos comportements et vos états y sont tous orientés et que vous sentez que vous n'êtes pas heureux, que vous souffrez, et que vos souffrances sont plus importantes que les petites joies découlant de vos choix, il est tout à fait naturel pour vous de vouloir changer.

Tant et aussi longtemps que l'individu se contentera de satisfactions superficielles et éphémères, il nourrira inconsciemment la souffrance et celle-ci s'intensifiera jusqu'au jour où il choisira le changement. Souvent, les événements extérieurs intensifient cette souffrance. Ce peut être un accident ou le départ d'un proche. La souffrance qui s'intensifie est un appel aux changements et à l'utilisation des pouvoirs de guérison, qui sont, nous le rappelons, tout à fait naturels.

Imaginons que vous marchez dans une forêt en suivant un parcours solitaire dans l'intention de réfléchir à un projet. Il vous faudra tout de même nourrir votre corps et vous assurer que tous vos corps sont en équilibre pour participer de manière optimale à votre projet. Si votre corps physique se blesse, il faudra bien le guérir afin de continuer votre réflexion. Vous n'êtes pas allé dans la forêt pour vous guérir ; toutefois, il faudra bien y arriver afin de poursuivre votre projet, votre but réel. Il en est de même de l'incarnation. L'humain n'est pas venu sur cette terre porteur d'un but de guérison. Cependant, la guérison fait partie de la voie qui lui permettra d'être beaucoup plus libre dans l'exercice de ses autres pouvoirs.

Bien sûr, le pouvoir de guérison débute par la capacité de l'être à se nourrir avec justesse, à puiser à même les nourritures disponibles, physiques et subtiles, les éléments susceptibles de hausser son rythme vibratoire. La pratique vers ce but est appelée « reprogrammation alimentaire ». Nous aborderons aussi non seulement la faculté de se régénérer, mais celle de ressentir, de comprendre et de transformer les sources du déséquilibre. Ces sources sont généralement dues à des déséquilibres d'ordre émotionnel et mental. L'individu aura à comprendre en premier lieu ce qui a créé sa dégénérescence, soit les sources de ses déséquilibres, pour optimiser sa régénérescence.

Il est important, dans ce processus de guérison, de saisir que le déséquilibre naît d'un conflit intérieur, d'une forme de négation de soi. Cela peut être associé à un thème karmique ou à une interprétation particulière de sa vie actuelle. Quels que soient les pouvoirs énergétiques et spirituels de la personne, *le processus de guérison signifie qu'elle devra nécessairement être ouverte à des changements d'attitudes, de comportements et d'états intérieurs.*

Nous vous invitons donc d'abord à identifier les principales sources du déséquilibre à partir du besoin de reconnaissance en chaque être, puis à voir comment cela permet un regard novateur sur le processus de guérison et, enfin, à soutenir ce processus par la reprogrammation alimentaire – physique et subtile.

1. Les sources des déséquilibres

Les capacités de l'être à se guérir sont associées à sa disponibilité à transformer ses états intérieurs, à redéfinir ses idéaux, à abandonner des croyances et à modifier ses comportements et ses attitudes. Ainsi, il pourra non seulement par ses pouvoirs stimuler la guérison des tissus, des organes ou des systèmes affectés, mais faciliter le processus continu de régénérescence cellulaire.

Pour bien saisir ce processus de guérison dans sa globalité et dans chacun de ses éléments, nous vous proposons d'abord de tourner ensemble notre regard vers les causes des déséquilibres.

Nous vous invitons à faire en sorte que dans cette observation et ce qui en résultera, il n'y ait point de jugement ni de culpabilité envers vous-même. Le déséquilibre, chez l'individu ou dans la collectivité, a plusieurs causes, plusieurs sources reliées à la vie actuelle de la personne, à son histoire dans un continuum d'incarnations (son karma), et à l'histoire et l'état actuel de l'humanité.

On ne peut identifier un déséquilibre comme quelque chose d'isolé n'ayant qu'une cause physique. Chaque déséquilibre s'inscrit dans un mouvement beaucoup plus global où l'histoire de chacun est importante et où la collectivité dans son ensemble est impliquée. Voilà pourquoi la guérison de l'individu est aussi en relation avec la guérison de la collectivité, qui plus est, avec la guérison de la Terre entière et toutes ses formes de vie.

Puisque la santé est intimement reliée à ce dont se nourrit l'individu – sur tous les plans –, elle est aussi associée à ce que la collectivité et cette planète lui offrent comme nourriture. Le processus de guérison est à la fois complexe par la multitude des éléments qui interviennent, et simple par le fait que la personne n'a pas à tout comprendre, mais plutôt à oser être à l'écoute des sensations intérieures qui la guident vers une recherche de joie et d'amour privilégiant la santé. Si le processus de guérison est complexe, la santé est simple. C'est pourquoi il est souvent plus joyeux de porter un regard sur la santé et ce qui aide à la faire rejaillir que sur tous les processus de guérison complexes.

Les sources des déséquilibres que nous exposerons ici méritent certainement une observation beaucoup plus en profondeur que ce que nous présenterons dans notre parcours sur les pouvoirs de guérison. Nous dirigeons ici votre attention sur l'importance de considérer les pouvoirs de guérison selon une perspective spirituelle. Au lieu de favoriser des compromis de fond qui camouflent ces pouvoirs et créent un équilibre précaire et éphémère sous des apparences de satisfactions superficielles, cette perspective entraînera une véritable transformation de la relation de l'être à lui-même et à son environnement. Nous ouvrons donc la porte à un traité spirituel sur les sources réelles des déséquilibres, leurs effets sur la psyché et leur dissolution.

1. Le besoin de reconnaissance et les peurs

Le besoin de reconnaissance non satisfait est la source de tous les maux, de tous les déséquilibres physiques, émotionnels ou mentaux.

Le besoin de reconnaissance naît d'une sensation de séparation, de division, d'abandon. Lorsque le fœtus est conscientisé par la vibration de l'âme-esprit, la fusion de la lumière à la chair provoque un éclatement extatique. Par la suite, la sensation du corps dense et limité provoque un instant – qui pourra durer toute une vie – une sensation de contraction dans la matière, de séparation de l'univers vaste, infini et subtil. De là, va naître le besoin de reconnaissance qu'*il est* et qu'il fait partie du Tout.

Le besoin de reconnaissance est en soi un besoin d'union.

Il ne s'agit pas de reconnaissance de la personnalité. Dans les structures actuelles de vos sociétés, les individus sont souvent provoqués dès leur jeune âge afin de se déployer dans un environnement concurrentiel encourageant la performance et créant la comparaison et l'opposition entre eux. Dans ce cadre, plusieurs chercheront une reconnaissance de leur image, de leur ego, en fonction des résultats ou comparaisons obtenus. Ce type de reconnaissance ne satisfait pourtant jamais le besoin existentiel de reconnaissance.

La recherche réelle et inconsciente de l'être est plutôt celle d'une reconnaissance de sa nature universelle et de son droit d'exister égal à tous. Cette reconnaissance est une véritable expression de l'amour.

Il est paradoxal d'observer comment chacun cherche à être aimé pour ce qu'il est, non pour ce qu'il fait, alors qu'il tente pourtant avec acharnement de faire ce qu'il croit devoir faire pour être aimé. Cet énoncé présente véritablement une clé de compréhension de ce qui crée le déséquilibre et favorise l'équilibre, la santé et la joie.

Le besoin de reconnaissance existe en chaque humain avant même sa naissance. C'est un besoin universel, mais qui a aussi ses particularités, son essence. C'est, pour l'humain, un besoin de sentir qu'il est accueilli comme un membre de la grande famille des âmes de l'univers, tout en ayant sa teinte particulière.

Cette reconnaissance est attendue de la mère, puisque cette dernière a pour rôle premier d'accueillir physiquement et spirituellement l'enfant. Elle aura à l'accueillir dans une reconnaissance de sa source et de son individualité, et à faire en sorte qu'il puisse aussi, par le regard reconnaissant de la mère, se reconnaître lui-même. Le besoin de reconnaissance souhaitée et projetée vers la mère est en fait une recherche de reconnaissance de l'humanité entière et de l'univers. Voilà pourquoi, sa vie durant, l'individu recherche cette reconnaissance tant de sa famille biologique que de ses amis, de ses collaborateurs et des Maîtres de lumière qui le guident. Pour lui, elle est en soi une sensation d'exister et d'être aimé pour ce qu'il est.

Or, cette reconnaissance ne pourra pas être obtenue totalement de l'extérieur si elle n'est pas d'abord obtenue de soi. Si l'enfant recherche cette reconnaissance de la mère, c'est qu'il cherche dans le regard et la vibration de celle-ci les inducteurs l'autorisant à s'accueillir lui-même. Par le véhicule de sa mère, il entre en relation avec l'humanité tout entière et, sans s'en rendre compte, de façon très inconsciente, il cherche une autorisation d'aimer ce qu'il est.

Nous insistons sur ce point, car cette compréhension stimulera une autorisation et une propension à se reconnaître soi-même, et de là à accepter son incarnation et son individualité. Nous pourrions nous étendre longuement sur les voies de la guérison, mais les pouvoirs de guérison ne pourront réellement s'éveiller sans l'amour de soi. L'être aura à retrouver et à accepter en lui ses véritables dons, ses véritables qualités ainsi que sa véritable pulsion de vie – dans la façon qu'elle cherche à s'exprimer. Tant et aussi longtemps qu'il cherchera à s'adapter à ce qu'il croit devoir être, il créera un écart entre sa nature véritable et son personnage. Et si l'adaptation peut créer des inconforts, la *suradaptation* ouvre les portes à une multitude de formes de déséquilibre.

Tant et aussi longtemps que l'être n'est pas en harmonie avec lui-même, tant qu'il ne s'autorise pas à répondre à ce qui le fait vibrer, toute voie de guérison sera partielle, incomplète et ne pourra le mener à la santé réelle. Lorsqu'il est séparé de lui-même et qu'il refuse, ou occulte, consciemment ou inconsciemment, le fait d'être ce qu'il est et de s'exprimer selon sa pulsion de vie, il connaîtra des insatisfactions profondes. Son besoin de reconnaissance ne pourra être satisfait. Car si on le reconnaît et qu'il n'est pas dans sa pulsion de vie, que reconnaît-on ? Même si l'individu est inconscient du processus, il sentira une insatisfaction.

Imaginez que vous êtes un artiste, mais que toute votre vie vous avez renoncé à votre art. Que va-t-on alors reconnaître de vous ? Une personnalité agréable, votre caractère, vos performances, et quoi encore ? Bien sûr, vous êtes heureux de cette reconnaissance et cela vous apporte une certaine joie, mais profondément en vous, il y a tout de même une insatisfaction. Que vous en soyez conscient ou non, l'insatisfaction existe en vous. La force de vie, la pulsion de vie est l'expression de l'essence qui est vraiment associée à vos caractéristiques propres. S'il n'y a pas de réponse à cela, vous vivrez des insatisfactions. Bien sûr, vous aurez un ensemble de petites joies, mais aussi des insatisfactions profondes qui généreront des malaises et éventuellement des maladies.

Peur existentielle et peur fondamentale

Le besoin de reconnaissance non satisfait, de son existence réelle tant dans l'univers que sur terre, est à l'origine de la peur existentielle et de la peur fondamentale de l'être.

La peur de ne plus exister, qui se manifeste souvent dans celle de mourir, dans la peur de la nuit ou du sommeil, et dans la résistance à la méditation, est en soi la peur d'être désagrégé dans le Tout.

La peur fondamentale est celle de ne pas remplir son mandat d'incarnation. Ces peurs *sources* provoqueront inévitablement de multiples contractions qui déséquilibreront l'être tant physiquement que psychiquement.

2. Conflit avec soi

Nous observons que la très grande majorité des humains sont porteurs d'un conflit, lequel est un véritable saboteur, car il fait en sorte que les humains ont trop souvent l'impression que le passage sur cette terre en est un de douleurs, dans le but de se préparer à un monde meilleur. Ce conflit intérieur influence les rapports entre les hommes et fait en sorte que la vie sur cette terre semble limitée, d'où la difficulté d'accéder à la magnificence de cet univers, comme si les êtres étaient emprisonnés. Ce faisant, ils vivent des contractions qui se transforment en déséquilibres et en maladies.

Quelle est donc la cause de ce blocage ? Avant même la naissance de l'être, au moment de sa conscientisation, la sensation de sa nature universelle et de son essence individuelle s'inscrit dans ses cellules. Par ces termes, nous entendons qu'il y a inscription cellulaire de son mandat dans l'incarnation, soit ce qu'il est venu faire et réaliser sur terre pour collaborer à l'évolution universelle et vivre une joie pure.

Comme il a été discuté précédemment, chaque être se présente sur cette terre imprégné d'une essence propre. C'est ainsi que chaque humain ressent au plus profond de lui-même une pulsion de se déployer selon ses dons, dans une voie qui le fera vibrer dans la joie et l'amour. (Par *don*, nous entendons un aspect de l'être à partir duquel il s'exprime avec une joie spirituelle profonde, et non une faculté exceptionnelle en comparaison des autres.) C'est en fait ce qu'il a à offrir – comme lui seul peut le faire – à la grande œuvre collective.

Après la naissance, les inscriptions mémorielles karmiques se manifesteront inévitablement sous la forme de contractions, de peurs et d'insécurités, tout cela étant le fruit d'interprétations, à différents niveaux, des expériences passées. Ainsi, même si l'être est mû par une essence qui lui est propre, il subira l'influence de ces charges karmiques en plus des influences de son milieu familial, éducationnel, social, religieux, économique, politique, etc., qui affecteront son besoin de reconnaissance.

Il y a donc à la fois une pulsion de vie créative et des peurs. L'individu a besoin d'une reconnaissance de ce qu'il est véritablement, un être de lumière incarné, et ses expériences passées par moments l'en écartent. L'influence de son environnement peut diminuer ou augmenter cet écart, et cela crée un véritable conflit intérieur.

Plus l'être sera uni à ce qu'il est véritablement, plus il pourra se déployer et sentir la force de l'énergie universelle en lui, et plus il pourra laisser se dissoudre son passé. Il renaîtra et retrouvera son état véritable d'être de lumière incarné. Toutefois, l'ampleur des inscriptions et des influences pourra l'éloigner un temps de son essence véritable. Ainsi, au lieu de se déployer dans ce qu'il est, il cherchera davantage la reconnaissance de son milieu et se niera lui-même.

Comprenez-nous bien. Il est sain pour un individu de s'intégrer et de s'harmoniser à son milieu. Cela aussi est dans sa nature. Il est bien naturel de vouloir être aimé et d'aimer dans une quête d'intégration sur plusieurs plans. Toutefois, si, pour ce faire, l'individu se dénie lui-même, alors il vivra des frustrations au lieu de satisfactions profondes. Il aura des attentes, sans doute des dépendances, par rapport à ce à quoi il veut répondre.

Cela l'entraînera vers de la tristesse ou de la colère, vers des réactions devant ses insatisfactions. Son besoin de reconnaissance sera insatisfait et la peur de ne pas être uni augmentera et se manifestera sous différentes formes d'insécurité. Il cherchera à se sécuriser par la possession ou par le pouvoir et le contrôle des autres.

Ses frustrations se manifestant alors par la tristesse, la colère et tout un ensemble d'émotions, elles affecteront son corps physique, créeront des contractions, et rompront le mouvement naturel de l'énergie en lui. L'écart entre ce qu'il est devenu et ce qu'il a le potentiel de créer entraînera des frustrations et une diminution du rythme vibratoire, tant sur le plan mental que sur les plans émotionnel et physique. Cela ébranlera sa puissance créatrice, en plus de lui faire vivre des malaises physiques ou psychiques.

Voilà comment l'être se sabote en niant son essence ou en refusant d'entrer en relation avec elle et de la déployer. Bien sûr, il en est souvent inconscient à cause de l'ampleur des charges, des inscriptions en lui et des influences de son environnement.

Le conflit se définit par l'opposition ou l'écart entre sa pulsion naturelle et ce qu'il exprime dans l'existence. Il veut tant être aimé qu'il occulte ce qu'il est véritablement pour être ce qu'il croit qu'on attend de lui. Il peut, pendant des décennies, se nourrir ainsi d'illusions et avoir l'impression que sa vie lui procure des satisfactions – affectives, sociales, professionnelles, alimentaires, sportives, culturelles. Une vie d'illusions de bonheur.

Toutefois, intérieurement, il peut toujours ressentir sa pulsion profonde, laquelle crée un malaise, est l'expression du conflit en lui. Souvent, il cherchera à fuir ce malaise. À la longue, il créera une tension nettement supérieure à toutes les autres sources extérieures compensatoires. Consciemment ou inconsciemment, il se jugera lui-même. Il fournira un effort continu pour donner un sens à sa vie. Son système nerveux sera continuellement sollicité, et il pourrait vivre des dépressions, des débordements émotifs et maintes tensions dans le corps physique.

Ainsi, le conflit intérieur est créé par le non-respect de la vibration de l'âme, une vibration qui le guide dans son mouvement créateur. Lorsque l'individu est et fait ce qu'il croit devoir être et faire pour plaire à son entourage, il n'est pas l'expression du *Je Suis* véritable, de l'être de lumière qu'il est, mais bien plutôt une création artificielle qui répond à une structure illusoire, un personnage. Son existence est réduite. Étant un pantin de lui-même, il sera nécessairement agité et développera des frustrations.

L'énergie pure en lui représente le *Je Suis* véritable, l'âme ou l'être de lumière qui existent en lui. Quand cette énergie n'est pas en circulation libre, c'est que la personnalité, le personnage et tous les besoins de l'être la bloquent. De ce fait, ce dernier est, jusqu'à un certain point, consumé intérieurement. Ses éclats de colère ou de tristesse, par exemple, sont des réactions dont le sens est tout aussi illusoire que ce qui les crée.

Si non seulement l'être vit le conflit, mais est dans l'ignorance de celui-ci, sans possibilité aucune de l'observer, il va donc développer une propension importante à stimuler de la dégénérescence cellulaire.

Le cancer, souvent expliqué par des causes extérieures, est aussi un effet fréquent du conflit intérieur.

La dégénérescence cellulaire est un processus naturel chez l'humain ou toute autre forme de vie de la troisième dimension. C'est un processus universel de vieillissement engendré par l'usage ou la friction. Les cellules se détruisent et se récréent. Les frustrations nées d'un conflit intérieur accélèrent le processus de dégénérescence et causent des malaises physiques ayant une incidence sur la psyché. La désorganisation psychique entraîne une désorganisation physiologique, laquelle aura une influence sur les émotions et le mental. Par conséquent, le rééquilibre d'un aspect amène le rééquilibre d'un autre aspect.

Comme le conflit intérieur est créé par une non-reconnaissance de la pulsion créatrice et que cette pulsion prend naissance dans le hara, il affectera nécessairement les gonades, soit les glandes de la reproduction (ovaires et testicules). Il agira aussi sur l'ampleur et la qualité de votre expression, perturbant potentiellement le rythme de la glande thyroïde ou les organes qui lui sont associés. Ainsi, un conflit non conscientisé et non résolu provoquera des déséquilibres dans la région du hara et des glandes et organes associés. Un dysfonctionnement ou déséquilibre des ovaires, de l'utérus ou des testicules est intimement lié au conflit intérieur.

Le conflit avec les autres

Souvent, afin de trouver satisfaction, l'être se tourne vers autrui dans l'espoir de voir combler ses attentes de bien-être. Évidemment, même s'il est aidé, ses attentes véritables restent sans réponses satisfaisantes. Sa frustration donnera lieu à des conflits avec son milieu. Bien sûr, l'individu pourra toujours justifier ses conflits par des causes extérieures. Néanmoins, ceux-ci seront la cause de grandes émotions. Ces fortes émotions, exprimées ou non, entraîneront rapidement des déséquilibres émotionnels, mentaux et physiques.

Les compensations

Dans une tentative de réduire ses insatisfactions, l'être cherchera des compensations – souvent inconsciemment –, mais ces dernières ne combleront pas son besoin d'intensité ou de reconnaissance. Plusieurs types de compensations (nourriture, drogue, sexe, sport extrême, travail, etc.) pourront lui donner l'illusion d'une satisfaction. Étant donné qu'elles seront superficielles en comparaison de sa véritable recherche, il pourra facilement en abuser dans l'espoir d'intensifier sa satisfaction jusqu'au point du déséquilibre physique ou psychique.

Ici, nous voulons mettre en lumière que c'est d'abord et avant tout la non-réponse à la pulsion de vie qui crée les insatisfactions. D'une part, celles-ci entraînent des abus dans la manière de vivre, lesquels abus offrent des satisfactions, certes, mais sont éventuellement destructeurs. D'autre part, elles provoquent des conflits qui génèrent des émotions destructrices si elles ne sont pas conscientisées, mais fort révélatrices le cas échéant.

Les conflits intérieurs ou avec les autres, et les comportements compensatoires qu'ils engendrent, sont fort destructeurs. Nous ne faisons ici que les identifier afin qu'ils soient reconnus comme une source majeure de plusieurs déséquilibres fondamentaux.

3. La vulnérabilité et l'autodestruction

Le processus de dégénérescence, résultat de déséquilibres, s'amorce dans vos sociétés actuelles, durant les premières années de la vie, donc de façon assez paradoxale tout au long de la croissance. L'enfant qui se développe dans le milieu de vie de vos sociétés, en fonction de l'évolution de votre humanité, enregistre inconsciemment qu'il est fort difficile d'être soi-même, voire impossible. Il enregistre qu'il faille s'uniformiser et s'adapter à une forme de vie qui n'est pas dans sa nature profonde. C'est alors que débute le déséquilibre, avec ses conséquences.

Bien que cette vision puisse vous sembler fort pessimiste, rappelez-vous que l'être s'est créé lui-même. Dès lors, il a la possibilité de se recréer à partir de toutes ses capacités énergétiques, de ses pouvoirs de guérison et de création.

Il faut savoir, par contre, que la pulsion de vie en lui est si forte, si puissante, que si la réponse obtenue est insatisfaisante, s'il n'est pas complice avec elle, il sera enclin à s'autodétruire. Vraiment, c'est en retrouvant une complicité avec une pulsion de vie qui se déploie que l'individu va non seulement se guérir, mais découvrir un parcours vers la joie réelle, pure, vers l'amour et la réalisation de son être.

Vous avez aussi à reconnaître que même si les pressions de la famille et de la société sont lourdes à porter et n'incitent pas l'être à se reconnaître, si celui-ci s'abandonne à l'état de victime, à un processus d'autosabotage, alors, bien sûr, il devient vulnérable à plusieurs parasites. Par vulnérabilité, nous entendons une fragilité devant d'éventuelles oppositions ou intrusions, laquelle fragilité se crée de plusieurs façons.

La vulnérabilité quant aux véritables pouvoirs de guérison découle de ce qui suit.

D'abord des doutes de l'individu quant à sa nature universelle et de ses craintes de ne pas être à la hauteur, ces dernières étant, bien sûr, un effet de la non-reconnaissance.

Du fait de ne pas s'autoriser à être dans la sensation de soi, ce qui empêche l'intensification du rythme vibratoire et du champ magnétique. L'individu n'a pas su communier avec lui-même, à s'aimer profondément pour relâcher toutes les formes de déni, de culpabilité et de jugement.

De la difficulté à ressentir la joie. Parce qu'ils souffrent physiquement et émotivement, les individus attendent d'être guéris avant de se permettre des instants de joie. Or, c'est l'état de joie amoureuse qui est au cœur du remède de la guérison.

De l'attachement au déséquilibre, à la blessure. Cela peut vous sembler choquant, mais le fait qu'une personne trouve un bénéfice à son malaise, souvent inconsciemment, empêche sa guérison. S'il n'y avait pas de bénéfice au déséquilibre, ou si ce dernier n'était pas né de sources qui apportent un bénéfice, la personne agirait beaucoup plus rapidement en vue de sa transformation. Dans la mesure où la souffrance devient plus importante que les joies, même superficielles, rattachées à un choix, l'être choisira la guérison. Mais il faille d'abord qu'il prenne conscience du bénéfice associé à son déséquilibre ou à ses choix. Quelles joies ou petites satisfactions, quels petits bonheurs, même éphémères, retrouvera-t-il dans sa maladie, son déséquilibre ou sa cause ? L'attention des autres, la délicatesse des gens autour de lui, l'aide qui fait en sorte qu'il est moins seul ? Pour d'autres, au contraire, le malaise devient une raison de se retirer, car il y avait un inconfort à être en collectivité. Ils justifient ainsi leur retrait. Certains se sentent plus conformes à leur entourage dans la souffrance. Ces exemples ne s'appliquent évidemment pas à tous, mais ils illustrent la notion de bénéfices du malaise. Identifier les bénéfices permet de se détacher de la maladie. Tant et aussi longtemps que l'individu n'a pas identifié les bénéfices de son déséquilibre, il aura de la difficulté à s'en détacher. Cela est un élément majeur. Toutefois, si les bénéfices sont inconscients ou camouflés, il peut aussi résister inconsciemment à les découvrir. Ainsi, l'attachement au déséquilibre est un indice des bénéfices qu'il dissimule.

La vulnérabilité découle aussi de la volonté de ne se guérir que physiquement. Or, le déséquilibre physique est la conséquence d'un déséquilibre émotionnel, psychique. Ce choix peut être de l'ignorance, de la résistance associée à une culpabilité ou de la peur des changements nécessaires. Ainsi, lorsque l'individu porte en lui une intention de guérison physique, cette intention doit être aussi associée à l'intention d'être, dans le processus de guérison physique, amené à comprendre ce qu'il a à transformer sur le plan psychique. L'individu doit être dans une intention de disponibilité à comprendre, à modifier ses attitudes, ses états d'être et ses comportements. La non-disponibilité au changement est un frein important au processus de guérison physique.

Elle vient aussi du fait de croire à la prédisposition ou à la programmation de la maladie, soit à la thématique karmique, laquelle est bien responsable d'inscriptions génétiques et mémorielles prédisposant à des déséquilibres – par exemple, certaines maladies héréditaires et malformations ou certains comportements. Il y a une relation directe entre un thème karmique individuel et un déséquilibre. La relation plus indirecte existe tout de même entre le déséquilibre de l'individu et le karma familial ou collectif. Cependant, cela ne doit pas justifier une attitude de victime et une passivité relative à l'utilisation des pouvoirs de guérison. La maladie n'appartient pas à l'individu, mais à une interprétation et à une croyance inscrites en lui. Voilà pourquoi, dans le processus de guérison, il peut être amené non seulement à prendre conscience d'une inscription, mais aussi à retrouver en lui l'énergie pour la changer et ne pas résister au changement. L'appropriation d'un déséquilibre, souvent observée dans le langage de l'individu, participe souvent à son intensification et presque toujours à sa difficulté de dissolution.

La vulnérabilité vient aussi des désirs, qui prennent souvent une place importante dans le processus de guérison. Pourtant, ainsi que le chapitre sur l'intention et le désir le démontre (voir 1.5), les désirs vulnérabilisent l'être en court-circuitant son véritable pouvoir. La première base des pouvoirs est la trilogie énergétique. Elle nous révèle que la véritable puissance existe lorsque l'être répond à sa pulsion de vie dans la conscience et l'amour, et qu'ainsi il vivra la pure joie. Or, en croyant que la satisfaction de ses désirs lui apportera la joie, il accorde un pouvoir illusoire à ces désirs. Dans l'attente de cette satisfaction, il risque de négliger l'intensification de son énergie et, évidemment, cela le vulnérabilise. Dans un processus de guérison, si l'individu est centré, par exemple, sur le désir qu'un remède ou des vacances le guérissent, il peut négliger d'intensifier l'énergie en lui qui en favoriserait l'efficacité. D'autre part, l'intention pure de guérison signifie que l'être sera déjà orienté vers l'intensification de son processus créateur une fois la santé retrouvée. Cette intention permet une véritable inscription sous la loi d'attraction. Le désir de guérir n'offre aucune puissance.

Ce regard sur les désirs est important puisqu'il explique comment votre humanité est prisonnière de la troisième dimension. En quelques énoncés, nous sommes à vous transmettre la vulnérabilité de cette humanité qui perd ses pouvoirs au profit de ses désirs, qui est totalement submergée dans l'océan de l'émotivité. Quoique la majorité des humains soient prisonniers d'un regard intellectuel, ce sont tout de même leurs peurs et leurs insécurités qui les conduisent dans la recherche de possessions, du pouvoir et dans une forme de dépendance.

Ainsi, plusieurs éléments font en sorte que l'être peut être vulnérable, qu'il peut provoquer les déséquilibres d'une part et neutraliser un véritable processus de guérison d'autre part.

L'être peut tout guérir, mais va-t-il le faire ? Sa capacité de guérison ne peut être évaluée que par une capacité énergétique, bien sûr. La guérison est un processus qui met en relation tous les aspects de l'individu, soit les aspects physique, émotionnel, mental, énergétique et spirituel.

Sa vulnérabilité énergétique et psychique entraîne une vulnérabilité physique, soit un affaiblissement de son système immunitaire. L'irrespect de l'environnement provoque des transformations majeures de la faune et de la flore ainsi qu'une augmentation du taux d'humidité donnant lieu à une prolifération importante de nouveaux microbes et microparasites. Pour répondre à ces intrusions, les humains auront à transformer leurs états intérieurs pour retrouver leurs pouvoirs.

Ainsi, l'être au cœur d'un processus spirituel, celui de la maîtrise, qui connaît ses défis karmiques ainsi que les différentes voies de guérison énergétique doit aller au-delà de cette connaissance. Il doit concrétiser les changements d'état, d'attitude et de comportement qui témoigneront non seulement de sa connaissance et de sa compréhension des façons dont il se sabotait et se détruisait, mais de la manière dont la régénérescence totale de son être fait partie intégrante de ses pouvoirs.

4. Les émotions

L'expérience de l'incarnation dans la troisième dimension est intimement associée aux émotions chez l'humain. Il est donc intéressant de comprendre ce *qu'est* l'émotion et quel est son rôle, au lieu de tomber sous son joug.

L'émotion est une sensation, le fruit d'une interprétation du regard. Elle n'est *pas* créée par l'expérience elle-même. Son registre est fonction des croyances, des connaissances et des valeurs inscrites chez l'individu. L'émotion est donc créée par ce dernier. C'est son interprétation d'un événement qui décidera si une sensation est d'ordre émotionnel, en fonction de la réaction spontanée qui a lieu dans le corps des émotions et le corps mental, suivant les inscriptions présentes. Il ne faille pas confondre les émotions avec les sentiments nobles de la joie pure ou de la paix de l'âme.

Ainsi, l'interprétation qui fait naître l'émotion peut être illusoire puisqu'elle dépend d'une vision limitée de la réalité. Dans la compréhension spirituelle du travail sur soi, l'émotion qui engendre un inconfort ou même une douleur est créée à partir d'une blessure ou d'une contraction déjà existante. Son rôle réel consiste à encourager une relation équilibrée de l'individu avec son environnement. Elle le guide vers les inscriptions en lui à éclairer et à réinterpréter selon une perspective plus universelle. Elle l'aide à prendre conscience de ses ombres.

Une émotion de colère ou de tristesse à l'anniversaire que ses amis ont oublié lui révèle un aspect de sa dépendance. Elle peut aussi le guider à reconnaître et à dévoiler des aspects de lui qui ne demandent qu'à vibrer plus intensément. Par exemple, une émotion de joie à l'écoute d'un poème déclamé par un enfant peut lui révéler un aspect de sa tendresse.

Toutes les émotions provoquent immédiatement une sensation ressentie dans le corps physique, un déséquilibre émotionnel et physiologique. Elles génèrent une chaleur et une transformation du sang et de tous les liquides du corps. Lorsque l'émotion est extériorisée et comprise, les corps se régularisent naturellement.

Les émotions fortes et désagréables créent un affaiblissement dû aux réactions chimiques qu'elles déclenchent dans le sang. Elles peuvent avoir des effets nocifs sur plusieurs organes, particulièrement le cœur et le foie, ainsi que la rate, le pancréas et les poumons. Les émotions non exprimées et non comprises peuvent provoquer des stagnations énergétiques et sanguines affectant des organes, des tissus et des cellules. Elles créent aussi une contraction importante du système nerveux central et périphérique en plus de l'inconfort psychique qui les accompagne.

Lorsque les émotions ne servent pas à reconnaître les croyances et les peurs limitatives qui encombrent l'être, elles donnent lieu à des déséquilibres psychiques et physiques. Plus de 90 % des maladies sont d'origine émotionnelle. Évidemment, les émotions douloureuses seront créées par l'être qui porte en lui des attentes nées de son besoin de reconnaissance non satisfait ou de son essence non exprimée. Elles seront la source de déséquilibres possiblement majeurs, tel le cancer.

Les émotions représentent un merveilleux outil pour l'être sur la voie de la maîtrise. Elles lui permettent de dévoiler les interprétations, les croyances et les programmations limitatives qui l'alourdissent et diminuent son rythme vibratoire. Toutefois, s'il s'en nourrit pour l'illusoire intensité qu'elles créent en lui, elles collaboreront à sa destruction.

5. La nourriture

L'intelligence cellulaire dont le corps humain est doté lui permet de transmettre naturellement à l'individu ses besoins en nourriture, tant en quantité qu'en qualité. Le corps reconnaîtra les aliments qui ne lui conviennent pas, en les rejetant s'ils ne sont pas assimilables ou en l'indiquant par un malaise immédiat ou à long terme. Ainsi, lorsque l'être est en communication avec son corps, il ressent que certains aliments sont véritablement nocifs pour lui. D'autres aliments peuvent cependant être très sains (les fruits, par exemple) lorsqu'ils sont absorbés seuls, ou ils peuvent altérer le processus de digestion s'ils sont associés à d'autres. D'aucuns correspondent mal ou pas du tout aux besoins du corps (les sucres, par exemple). La réaction aux associations malsaines et aux aliments inadéquats variera d'un corps à l'autre quant à l'intensité du déséquilibre, à sa forme et au temps requis pour se manifester.

Les denrées alimentaires semées, cultivées, récoltées et préparées sans conscience et sans amour sont non seulement moins nourrissantes, mais possiblement plus difficiles à assimiler. L'absorption d'une telle nourriture pendant une longue période pourra entraîner des états d'apathie sur le plan psychique, une vulnérabilité du système immunitaire, un ralentissement du processus de régénérescence cellulaire et une accélération du vieillissement.

La nourriture modifiée génétiquement par l'homme est aussi difficilement assimilable. La nature a toujours transformé génétiquement les aliments qu'elle offrait. Cette transformation naturelle a lieu progressivement dans le temps, selon le rythme d'évolution des diverses formes de vie avec lesquelles les aliments sont en interaction. Le corps de l'homme se transforme aussi et s'adapte aux transformations naturelles. Lorsque les hommes non seulement apportent des modifications dans les structures génétiques des aliments, mais les précipitent, ils ne respectent pas les rythmes de transformation et d'adaptation du corps humain, notamment du système digestif. Le rythme vibratoire des aliments ainsi transformés est diminué. Des déséquilibres digestifs s'ensuivront et des difficultés d'assimilation et d'intégration des nutriments affaibliront l'individu tout en causant des douleurs. L'estomac et les intestins sont particulièrement touchés par la nourriture modifiée, et, de façon générale, la qualité du sang. Si la modification génétique a lieu progressivement, sur un nombre réduit d'aliments, dans l'amour et le respect de la nature et des humains, et dans un but humanitaire et d'équité, alors la vibration de l'aliment transformé permettra une meilleure assimilation. Toutefois, la recherche actuelle d'enrichissement et de contrôle dans un cadre de concurrence et de performance sans égard pour l'équilibre humain fait en sorte que les aliments modifiés non seulement créent des ralentissements et des douleurs dans le processus de digestion, mais contribuent à la formation de toxines qui encombrent le corps et favorisent la détérioration des tissus.

Le corps de l'humain et son rythme vibratoire se sont transformés de telle manière que la nourriture animale ne leur correspond plus. À l'instar des humains, les animaux réagissent aux tensions créées par la non-reconnaissance à leur égard, à l'absence de liberté et de communication, aux modifications génétiques de leur nourriture, etc. Ils portent dans leur chair de plus en plus de déséquilibres et de substances toxiques pour l'homme, et celles-ci contribueront entre autres aux tensions du système nerveux, aux déséquilibres artériels et à la dégénérescence cellulaire.

La diminution du rythme vibratoire des aliments et l'altération de leurs caractéristiques provoquent une diminution de leur qualité nutritive. La surconsommation d'aliments peut s'avérer une recherche inconsciente de plus de nutriments ou, encore, un comportement compensatoire. Elle est une source de déséquilibres physiques et émotionnels majeurs.

6. L'environnement naturel

Votre environnement naturel est à ce jour fort souillé par votre quête de confort, de satisfactions et votre recherche de pouvoirs et de performances. Or, la vie humaine sur cette terre existe grâce à la nature. La détérioration de la faune et de la flore a, bien sûr, une incidence directe sur la qualité de la vie humaine et sur la santé de chacun.

Une proportion importante des maladies et des déséquilibres tant chez les individus que dans la nature est causée par les transformations imposées à la nature par l'homme. Ainsi, la nature a de plus en plus de difficulté à jouer son rôle.

C'est néanmoins l'absence de complicité et de communication subtile entre les hommes et la nature, et ses deva, qui perturbe le plus l'équilibre humain et planétaire.

À travers les âges, les hommes furent éclairés, guidés et inspirés par la conscience de la nature. La perte de cette complicité est en soi une perte de grandes connaissances et de grandes sagesses qui assuraient aux hommes une vie plus équilibrée et harmonieuse. De plus, une communication subtile avec le monde végétal et minéral donnait accès à des connaissances sur l'utilisation médicinale des plantes et des pierres.

Une description de toutes les maladies provoquées par le déséquilibre de la nature serait ici trop longue à fournir. Un traité complet sur les rôles de chaque élément de la nature quant à l'équilibre de la vie terrestre et aux répercussions sur la santé serait nécessaire pour expliquer tous les déséquilibres, toutes les maladies causés tant par l'irrespect de la nature que par l'ignorance de ce qu'elle peut offrir aux hommes. Quelques exemples devraient vous inciter grandement à modifier vos comportements et vos manières de vivre afin de participer au retour de l'équilibre de la nature et aux bénéfices qui en découleraient pour chacun.

L'air pollué par toutes les émanations toxiques perturbe non seulement les poumons mais aussi la capacité des tissus à se régénérer. Une réduction de la capacité naturelle de régénérescence cellulaire et une vulnérabilisation du système immunitaire sont causées par le faible taux de prâna dans l'air des grandes cités. Des substances chimiques parasites émises par les grandes industries et vos divers moyens de locomotion, entre autres dans l'air, impulsent des états apathiques et dépressifs. La circulation limitée et non naturelle de l'air dans les grands édifices, les avions et de plus en plus dans les demeures stimule la prolifération de microbes qui, à partir des voies respiratoires, s'imprègnent dans les tissus humains.

Le sol est de plus en plus souillé par tout ce qu'on y enfouit. Son taux de fertilité diminuant, des substances chimiques sont employées pour le stimuler. Les semences ne sont plus naturelles, mais manipulées. La qualité nutritive et la vitalité des produits de la terre diminuent. Ces derniers n'assurent plus la vitalité chez l'homme, qui aura alors tendance à en consommer davantage. Dès lors, cela affectera le fonctionnement de ses organes, et il perdra souplesse et tonus.

L'eau dévitalisée par sa relation avec l'air pollué et le sol souillé voit son rythme vibratoire et sa capacité régénératrice diminuer. Elle est moins nutritive, et elle transporte plus de microbes. La détérioration de la qualité de l'eau et l'inconscience de son rôle véritable par chacun font en sorte que l'homme y perd le plus naturel des remèdes.

Les ondes sont les émanations de toutes les formes de vie visibles et invisibles. Elles sont émises et captées par les hommes. Elles influencent leur rythme vibratoire, leurs états intérieurs et leurs pensées, et de là leurs attitudes et comportements. Elles s'inscrivent naturellement dans le processus de création de synchronicités de la loi d'attraction. La prolifération des ondes émises par les appareils électroniques crée des tensions, particulièrement sur l'hypophyse et le système nerveux. Les ondes peuvent diminuer le rythme vibratoire et influer sur le système circulatoire et reproducteur.

Tout comme la vie est puissante chez l'humain, elle l'est dans la nature. Dès que l'homme acceptera de rétablir la complicité et l'écoute de la nature, dès qu'il modifiera ses comportements pour la respecter davantage, la nature retrouvera son équilibre et offrira inconditionnellement son amour en jouant son rôle. Ainsi, au lieu d'être une source de déséquilibre, elle assurera la santé.

7. Conclusion

Les sources de déséquilibre sont multiples et de natures diverses. Elles sont si nombreuses et importantes que l'humanité entière est en souffrance : les hommes souffrent, la nature souffre, la terre souffre. Ces souffrances provoquent des désillusions et de grands conflits à l'échelle planétaire. La majorité des humains ont conclu que la souffrance est naturelle sur cette terre. Provoquée par l'inconscience des hommes, la nature révèle maintenant toute sa puissance.

Les brèches dans l'atmosphère terrestre ont permis l'imprégnation de puissants rayons d'énergie qui élèvent son rythme vibratoire. L'intensité de la douleur provoque les hommes à transformer leurs attitudes et leurs comportements, de même que les structures avilissantes et irrespectueuses de la vie qui furent édifiées.

L'intensification du rythme vibratoire, le réveil de la nature et l'éveil de plusieurs êtres ont provoqué l'avènement d'une conscience nouvelle sur cette terre qui générera un mouvement de transformation d'une telle ampleur que le monde entier sera en mutation. Toutes les sources de déséquilibre seront identifiées et les véritables pouvoirs de guérison émergeront sur terre.

L'amour, la conscience et la volonté amèneront les hommes à reconnaître la beauté de leur individualité et à revivre une fraternité humaine. Cela permettra à chacun de dissoudre la majorité des sources de déséquilibre et de retrouver tous ses pouvoirs de guérison pour recouvrer la santé physique et psychique.

2. Le processus de guérison

Tous les humains ont la capacité de s'autoguérir. Tant et aussi longtemps qu'ils sont porteurs de vie, ils peuvent activer le processus de guérison, soit enrayer la maladie, mettre un terme au processus de destruction et retrouver la santé.

Le processus de guérison est l'expression de pouvoirs réels à reconnaître et à utiliser, et non pas un ensemble de pensées magiques.

La guérison, tant de la Terre, de l'humanité que de chaque individu, est en soi un processus d'unification. Le processus de guérison en est un de retrouvailles de soi et du Soi dans un mouvement d'union. S'il n'y a point de division de l'être avec lui-même, avec les autres, et avec des formes de vie différentes, alors il n'y a point de déséquilibre ni de souffrance. Les souffrances individuelles composent la souffrance collective, laquelle engendre la souffrance de la Terre elle-même ainsi que celle de la nature. L'être fait partie d'un tout et il est le Tout.

Des choix d'états intérieurs, d'attitudes et de comportements clairs et orientés sont essentiels quand il est question d'autoguérison :

- *La volonté*

Pour amorcer un processus de guérison, l'humain doit retrouver la sensation de sa puissance créatrice, sa volonté profonde de vivre, sa détermination à la vie. L'énergie de vie, la pulsion de vie, c'est d'abord et avant tout la volonté non pas intellectuelle, mais la volonté énergétique et cellulaire de vivre. C'est la force de vie, celle qui permet à l'être de poursuivre son parcours malgré les obstacles et même de transcender ces derniers. La volonté de vivre est ressentie dans les entrailles de l'être.

- *La conviction*

Le véritable processus de guérison est aussi une conviction. L'humain a à porter la conviction de ce qu'il est véritablement, soit un être universel, une âme et un esprit, une énergie de lumière. Il doit être convaincu de porter en lui les connaissances subtiles permettant sa transformation, soit une réelle transmutation et une régénérescence cellulaire. La conviction n'est pas la pensée magique que tout va se guérir simplement dans l'attente, parce que l'individu en a le désir. Ce n'est pas une croyance aveugle aux résultats, mais une conscience de la source, de la nature et des pouvoirs de l'humain.

- *L'amour*

L'amour de soi, l'amour de la vie qui vibre en chacun est essentiel à la guérison. Il est à la fois compassion dans la reconnaissance de sa beauté, de sa lumière et de sa puissance, et respect profond de sa propre recherche d'amour. Aimez donc inconditionnellement l'être en vous qui veut aimer.

Volonté, conviction et amour, voilà les ingrédients de tout processus de guérison, les éléments de tout processus de vie, voilà ce qui permet à l'individu d'évoluer vers la santé, la maîtrise et la joie pure.

L'être n'est pas venu sur cette terre dans le but de se guérir ou rechercher la santé. Les déséquilibres et les maladies sont des erreurs de parcours. Il n'y a pas de faute, il n'y a pas de culpabilité, mais il y a une erreur de parcours, et le processus de guérison est celui de la vie qui rectifie l'erreur de parcours. Ce n'est pas un processus parallèle, mais le retour de l'être dans la voie de la création.

Le processus de guérison impliquera les pouvoirs de l'individu qui font appel à une véritable et concrète implication de sa part, et non pas seulement à un vœu ou à une pensée spirituelle. L'élévation du rythme vibratoire requis a lieu lorsque l'individu centre vraiment son attention sur sa dimension lumineuse, non sur ses tracas et ses ombres. Sans nier ces derniers, il offre une place prépondérante à l'aspect créateur et amoureux en lui-même.

L'intensification de la trilogie énergétique requise signifie une attention particulière et soutenue aux énergies de l'être qui permettront sa guérison. Ainsi, pour l'individu en processus de guérison, il est important de comprendre et d'établir la corrélation entre la trilogie énergétique et l'action de chacun des centres énergétiques (chakras) correspondant.

L'intensification de l'énergie de la volonté suppose une relation avec le hara, le deuxième chakra, celui de la création et de la force de vie. Le hara est intimement associé aux glandes de la reproduction, les ovaires et les testicules. La respiration consciente ou la respiration expansive favorisent la sensation d'intensité dans le hara.

L'intensification de l'énergie de la conviction ou de la conscience suppose une relation avec le troisième œil, le sixième chakra associé aux glandes hypophyse et hypothalamus. La respiration expansive, la respiration consciente, la détente du système nerveux, la méditation et la visualisation créatrice favoriseront la sensation d'intensité au troisième œil.

L'intensification de l'énergie de l'amour suppose une relation avec le cœur, le quatrième chakra associé au thymus. La respiration expansive, la reconnaissance et la conviction de ses qualités profondes, le respect de sa propre recherche de joie pure, la présence à la beauté et à la perfection du monde et l'union fraternelle favoriseront la sensation d'intensité sur le plan du cœur.

Le processus de guérison exige de l'individu qu'il canalise son énergie dans l'affirmation d'une intention claire et pure représentant véritablement son orientation et ses choix primordiaux. Puis cet individu doit être conscient que l'intention formulée et projetée s'inscrira dans un processus global de synchronicités qui répond à la loi universelle d'attraction. En d'autres mots, il se délivre du contrôle exercé sur lui par ses blessures mémorielles, tout en se gardant de tomber dans la pensée magique que les choses se transformeront sans son engagement.

* * *

Le processus de guérison nécessite la retrouvaille de la joie dès le début du processus et tout au long de l'utilisation des outils de guérison. Il est aussi intimement relié à la nourriture physique et subtile :

- *La nourriture physique et l'eau*

Puisque la guérison signifie une vivification de l'être, les aliments les plus vivants et les plus sains selon l'intelligence cellulaire auront à être choisis. L'eau que vous buvez est certes le premier et le plus important des remèdes pour le corps physique. Le processus de guérison vous invite donc à boire de façon consciente. Vous n'allez pas boire ainsi n'importe quelle eau ? Vous allez plutôt vivifier et dynamiser cette eau en la magnétisant à votre fréquence amoureuse.

- *La nourriture prânique*

De même, le prâna, souffle de vie, sera essentiel pour intensifier la régénérescence cellulaire et la libre circulation de l'énergie dans les corps subtils qui assurent la santé et la croissance.

- *La nourriture émotionnelle*

De quoi l'individu va-t-il se nourrir émotionnellement ? Se nourrit-il de ses souvenirs tristes ? Cherche-t-il sans cesse à revivre en lui le passé qui l'a blessé ? Porte-t-il continuellement son attention sur des situations extérieures qui créent en lui des émotions en résonance avec ses propres blessures ? Ou bien, sans occulter ses blessures, cherchera-t-il à se nourrir de ce qui crée des sensations joyeuses permettant de les guérir ?

- *La nourriture intellectuelle*

De la même façon, quelle est sa nourriture intellectuelle ? Quelles sont les connaissances qu'il recherche et autorise ? Quelle place va-t-il leur offrir en lui ? Ces connaissances ont-elles un sens ? Viennent-elles nourrir son mouvement créateur, ou bien l'inhiber ? Viennent-elles le confronter ? Atténuer son envie, sa volonté de vivre ? Viennent-elles créer des désillusions en lui ou le stimuler ? De quelles connaissances intellectuelles l'être se nourrit-il ?

- *La nourriture de lumière*

Le processus de guérison fait aussi appel à la nourriture que sont les rayons du soleil, et ce, pour intensifier la capacité énergétique de transformation.

* * *

Le processus de guérison est en soi le choix d'une vie intense, dans la conscience et la création. Chaque expérience, chaque moment et chaque situation sont autant d'occasions d'être plus vivant, plus créateur. Votre création est aussi l'offrande de ce qui est le plus lumineux en vous à la vie qui vous entoure.

Il est important que l'être puisse aussi reconnaître qu'il s'est créé à partir d'une seule cellule, d'un germe né de l'union de l'homme et de la femme. Il y a eu croissance d'un fœtus qui fut conscientisé par un duo âme-esprit. À partir de cette cellule, l'être a pu faire croître un humain dans tout ce qu'il représente physiquement et psychiquement.

Cela signifie que l'être porte en lui toute la connaissance et l'énergie subtiles nécessaires à sa croissance. En d'autres termes, comme il s'est déjà créé, il a le pouvoir de se recréer. Si vous semez la graine d'un chêne dans le sol et si cette graine est nourrie par le sol, l'eau et la lumière, elle se déploiera et créera un chêne. Ici, nous comprenons bien que la nourriture permettra, stimulera ce déploiement, mais cela signifie aussi que dans la graine il y a toute la conscience du chêne ou, en d'autres mots, tous les plans du chêne.

Il en est de même pour l'humain. À partir de la graine originelle conscientisée par le duo âme-esprit, l'amour et la nourriture abondante essentiels lui seront offerts tout comme une graine en terre, et cette graine naîtra, se déploiera et poursuivra sa croissance jusqu'à l'âge adulte.

Cela signifie que, dans la première graine, il y a la connaissance et tout ce qu'est l'être. S'il y a la connaissance qui a permis la création, elle est toujours présente pour favoriser la guérison de cet être. Si des tissus furent endommagés à cause de certaines actions, pensées, émotions ou comportements, l'être a toute la capacité d'apporter une modification – une guérison – à ces tissus qu'il a lui-même créés.

Dans le processus de guérison, la conviction que l'individu porte en lui toutes les connaissances, toute l'énergie et tout l'amour pour se guérir est essentielle. Elle lui permettra d'utiliser naturellement ses pouvoirs tout en étant accompagné des trois médecines, celles des hommes, de la terre et de l'univers.

1. Les trois médecines

Le processus de guérison est en soi une action d'autoguérison qui fait appel à l'une ou plusieurs de ces trois médecines.

Une médecine est un ensemble de connaissances subtiles ou intellectuelles qui amènent l'être à connaître et à comprendre son corps et sa psyché, à en assurer le fonctionnement et le développement, et à favoriser le retour et la conservation de la santé. Ainsi, tout être est médecin pour lui-même, car il porte en lui les connaissances, qu'il en soit conscient ou non. Il est essentiel que l'individu se détache totalement du concept ou de l'attente qu'une médecine, ou un médecin extérieur à lui, assure sa guérison. Lorsqu'il attend qu'une médecine, ou celui qui la pratique, le guérisse, il abandonne ses pouvoirs de guérison et devient dépendant d'un soin, d'un remède ou d'un ensemble d'individus. Cette dépendance va à l'encontre même du principe de la guérison, puisqu'à la base la santé est assurée par l'autonomie de l'individu.

Toutefois, si ce dernier vit un déséquilibre ou une maladie, cela signifie que des connaissances en lui, ou leurs applications, sont profondément enfouies, occultées, sinon incomprises. Alors, il a avantage à être accompagné par un pratiquant de l'une ou l'autre, ou plusieurs, des médecines qui le guident dans son processus. L'intervenant portera en lui l'intention pure que l'individu qu'il accompagne vers sa guérison puisse retrouver son autonomie. Tous ont avantage à comprendre l'apport potentiel de chaque médecine et à faciliter leur fusion.

- ***La médecine énergétique***

La médecine de l'univers est énergétique. Elle fait appel à l'intelligence cellulaire de l'individu et à ses facultés énergétiques, soit à ses pouvoirs de guérison.

Elle utilise les énergies universelle, tellurique et individuelle. Elle est éclairée et accompagnée des Maîtres de lumière. Tous les humains sont porteurs de la connaissance dans leurs cellules, de telle sorte qu'elle leur est totalement naturelle. Ils n'ont donc pas à l'intellectualiser pour l'appliquer, sa justesse se manifestant par des sensations.

- ***La médecine naturelle***

La médecine de la terre est celle de la nature. La nature offre à l'humain la nourriture nécessaire à ses corps physique, éthérique, émotionnel et mental.

Que ce soit la lumière du soleil, le prâna et l'oxygène dans l'air, l'eau des rivières, les fruits de la terre et la terre elle-même, les vibrations des pierres ou l'apport des animaux, la nourriture est abondante. Si elle l'est pour que l'humain puisse croître et vivre en équilibre sur cette terre, elle lui offre aussi la même abondance pour l'accompagner à se guérir. Ainsi, la deuxième médecine est celle de la terre, des plantes, de la nature. Elle offre ses herbes et ses huiles à l'humain qui a choisi d'être en relation avec la nature. Nous entendons que la médecine des herbes, des plantes, celle de la terre, a toujours existé ici. Plus l'humain est en relation harmonieuse avec la nature, plus il peut non seulement ressentir quelles herbes, quelles plantes, quelles huiles sont justes pour lui, mais aussi être dans un état et un rythme vibratoire qui permettent l'union, l'association et l'effet approprié de ces herbes en lui. Et ces effets sont plus importants encore lorsque l'individu est disponible, ouvert, en relation vibratoire amoureuse avec la nature.

- ***La médecine conventionnelle***

La médecine des hommes est la médecine nouvelle, basée sur les observations et les déductions des humains quant au fonctionnement de leur propre corps. C'est une médecine de connaissances intellectuelles et d'interventions concrètes en évolution et en transformation continue. Les interventions s'appuient sur des théories issues d'observations, de recherches et d'expériences ayant permis la création d'outils d'analyse et d'évaluation des déséquilibres, et de remèdes issus de la transformation d'éléments naturels. L'homme est sur le seuil de la compréhension du corps humain. D'une part, s'il a pu observer sa structure, ses systèmes, ses composantes, il commence à peine à comprendre son fonctionnement réel et les relations entre les glandes, les hormones et les réactions qu'elles provoquent. D'autre part, il amorce tout juste une prise de conscience quant à la relation entre le corps physique et l'aspect émotionnel ou mental de son être, sans avoir encore reconnu la relation entre les circulations des divers fluides dans le corps physique et celles de l'énergie et des vibrations dans les corps subtils. Cette jeune médecine évoluera rapidement et intensément au cours du prochain siècle, car les médecines ancestrales, associées à la dimension énergétique de l'être retrouveront leur espace dans la conscience de cette humanité.

- ***L'apport des trois médecines***

Les trois médecines peuvent accompagner l'individu qui fait appel à elles autant pour des déséquilibres d'ordre physique, qu'émotionnel ou mental.

Elles peuvent stimuler la production de remèdes par le corps lui-même (sécrétion d'enzymes, production d'influx nerveux ou de courants d'énergie, par exemple), à partir de suggestions de transformations d'habitudes et de comportements, et d'exercices très précis. Elles peuvent aussi employer des remèdes extérieurs pour susciter l'émergence des outils intérieurs d'autoguérison en les stimulant ou en réduisant temporairement l'inconfort, la douleur ou le déséquilibre en agissant sur son effet.

Toute action sur l'effet du déséquilibre, sur la douleur entre autres, n'a de sens que si elle favorise le processus de guérison depuis sa source.

Malgré les apparences, les remèdes extérieurs ne guérissent pas. Ils accompagnent la guérison. Lorsqu'il y a détérioration ou aggravation du déséquilibre, soit du corps soit de la psyché, les remèdes extérieurs peuvent être utilisés, que ce soit ceux de la médecine de l'univers (des faisceaux d'énergie projetés par le soignant, par exemple), de la médecine naturelle (des produits de certaines plantes ou de certains élixirs floraux, par exemple), ou de la médecine conventionelle, et ce, à partir d'une intention claire de faciliter l'expression des pouvoirs de guérison de l'individu.

Lorsque la souffrance ou l'inconfort sont si importants que l'être n'a plus la capacité ou la disponibilité pour utiliser ses pouvoirs énergétiques, élever son rythme vibratoire, méditer ou, encore, modifier un comportement destructeur, les remèdes extérieurs qui soulagent sa douleur peuvent alors lui permettre de retrouver ses facultés d'intervenir énergétiquement sur les sources de ses douleurs, ou de modifier les états et comportements qui créent et nourrissent le déséquilibre. Le choix du remède ne peut être un choix aveugle. Ce remède doit plutôt être bien ressenti comme juste énergétiquement par celui qui s'en servira et par l'intervenant inspiré qui le propose.

- ***L'union des trois médecines***

Les trois médecines sont complémentaires. Les concurrences conflictuelles entre elles ne servent pas l'humain ni son évolution. Elles créent la confusion chez les individus qui recherchent un véritable accompagnement durant leur processus d'autoguérison. Elles créent aussi des lacunes importantes chez les pratiquants de chacune d'elles en limitant leur champ de vision et de possibilités. Chacune des médecines et leurs intervenants partagent un but commun, celui d'accompagner l'individu qui recouvre la santé. Puisque le même but les unit, leur union dans l'application devrait être naturelle !

La fusion des trois médecines est essentielle pour offrir le meilleur de chacune. Cette union proposera alors des intervenants dont les qualités reposent d'abord sur leur stimulation profonde à encourager la santé, sur leur écoute et leur réceptivité, leur compassion et leur connaissance de l'humain et de ses pouvoirs. La sensitivité et la perceptivité accrues permettra d'établir une juste corrélation entre le déséquilibre, sa source et le soin ou le remède adéquat pour accompagner l'autoguérison.

L'intervenant qui est ouvert à tout votre être pourra mieux ressentir et établir les corrélations entre les effets et les causes du déséquilibre. Il pourra ainsi vous suggérer un protocole plus complet et plus adéquat, et vous mettre en relation avec celui qui peut le mieux vous accompagner. Quels que soient les soins proposés, rappelez-vous que la guérison est *votre* parcours. Tous les soins de toutes les médecines ont pour but de vous assister dans votre propre autoguérison. Vous êtes votre guérisseur, et les soins et remèdes suggérés sont des outils.

Tous les intervenants en médecine sont invités à s'ouvrir aux trois médecines afin de guider de façon globale et harmonieuse les individus qu'ils accompagnent.

- ***L'amour de la médecine***

Il est important que vous aimiez la médecine des hommes, tout comme les autres médecines dans leur dimension lumineuse.

Si, parfois, les médecins vous présentent des ambiguïtés ou des limitations, rappelez-vous que leur relation à la médecine est née d'une passion amoureuse pour l'homme et d'une pulsion en vue d'être des soignants.

La médecine conventionelle doit aussi être honorée, aimée, respectée dans ses fondements, qui sont merveilleux. Plusieurs comportements et attitudes, comme une recherche de pouvoir et de contrôle, de l'orgueil, des peurs, ont pu créer de la distorsion et faire en sorte que les autres médecines ne se sentent pas toujours respectés. Ces pièges guettent aussi toutes médecines qui sont dans les mains des hommes.

À la base, les pouvoirs de guérison de l'humain s'inscrivent dans la médecine de l'univers et doivent être utilisés intensément et consciemment dès le début de tout processus de guérison. Nous vous proposons qu'ils soient déployés et stimulés par la fusion des trois médecines.

2. Élévation du rythme vibratoire et transmutation

Le processus de guérison est une voie de transmutation, c'est-à-dire de transformation des états physiques et subtils. La transmutation nécessite que l'être élève son rythme vibratoire. Nous rappelons ici.

- *Alignement du corps physique*

Pour hausser son rythme vibratoire, il s'assurera que sa posture aligne le corps et la colonne vertébrale dans l'axe cranio-sacré, afin de faciliter l'élévation de l'énergie du hara vers la couronne. Une légère inclinaison du menton vers la poitrine jusqu'à une agréable sensation de circulation de l'énergie dans la nuque confirme souvent l'alignement dans la posture assise.

Nous ne saurions trop insister sur l'importance d'assurer la souplesse des articulations et le tonus musculaire pour aider à la libre circulation de l'énergie. Rappelez-vous qu'un déséquilibre est causé par un ralentissement ou un blocage de la circulation énergétique.

- *Respiration profonde et puissante*

La respiration naturelle (Chap. 4.3) profonde servira l'équilibre du corps. Une telle respiration, sans effort, provoque une sensation de force énergétique dans le corps.

- *Décontraction : abandon de la dimension blessée*

Pour permettre l'élévation du rythme vibratoire durant une période, l'individu devra laisser se dissoudre toutes ses préoccupations, tous ses tracas, ses soucis. Il abandonnera toute forme de jugement, d'évaluation de lui-même, de sa situation, de sa vie, de son environnement. Il n'aura plus aucune forme de déni de lui-même. Il se détachera de ses croyances et ne répondra plus aux exigences contrôlantes de ses mémoires et de ses blessures. Il abandonnera ses désirs, ses besoins. Il ne répondra plus aux sollicitations du mental ou du corps physique. Il entrera dans une reconnaissance de ce qu'il est, de la vie en lui et de la vie tout autour de lui. Le personnage, la personnalité, son identité ne le contraindront plus. Par son intention et son attention, il redeviendra un être de lumière s'exprimant de façon concrète par l'espace qu'il offre à sa pulsion de vie.

- *Centration sur la Présence Je Suis*

L'individu aimera l'aspect de lui qui cherche à aimer et à être aimé, qui cherche la joie pure, le bonheur, l'aspect de lui qui sait qu'il est une âme, un esprit. Il aimera la vie en lui qui permet la création et la réunification.

Puis il se centrera sur la Présence Je Suis, sa dimension lumineuse cosmique. En focalisant toute son attention sur ce qui est lumineux, amoureux, et divin en lui, il ressentira l'intensification de la trilogie énergétique : une puissante énergie de vie dans son hara (l'énergie de la volonté), une puissante énergie sous sa couronne (l'énergie de la conscience), une puissante énergie du cœur (l'énergie de l'amour).

Il se sentira vibrer intensément dans tous ses corps, et son rythme vibratoire s'élèvera vers sa fréquence fondamentale. Lorsque le rythme vibratoire s'élève, l'être est beaucoup mieux disposé à contempler ou à se projeter dans un espace méditatif, à accueillir les sensations et les perceptions qui se transformeront en inspirations en provenance de différentes formes de vie. L'individu est invité à garder ce rythme vibratoire élevé en fixant son attention sur sa sensation d'exister en tant qu'être de lumière et d'amour.

Bien sûr, s'il est en contemplation ou en méditation cela est aisé. Toutefois, lorsqu'il choisit d'aller vers ses activités quotidiennes, son choix doit être conscient, car maintes distractions et sollicitations peuvent faire en sorte que des peurs, des croyances, des mémoires, des désirs retrouvent leur place et diminuent son rythme vibratoire. La pratique de maintenir le plus élevé possible votre rythme malgré les événements du quotidien est essentiel.

En état d'expansion, vous avez non seulement la sensation d'être nourri sur le plan subtil, de communier avec la vie, mais aussi d'avoir un pouvoir naturel, une légèreté, une intensité. Tout à fait naturellement, vous aurez donc envie de conserver ce rythme vibratoire élevé et même de l'élever davantage.

Avec la pratique, vos pouvoirs de transmutation seront de plus en plus grands. Vous pouvez, jour après jour, élever votre rythme vibratoire et expérimenter la transmutation que vous allez aussi retrouver, réapprivoiser jusqu'à la maîtriser, dans ses différentes expressions. Certes, en élevant son rythme vibratoire, l'être peut vivre des transmutations physiques, cellulaires, énergétiques grâce auxquelles il lui est possible de s'adapter à toute condition. Ce que nous entendons par là, c'est que même son bagage génétique peut être transformé. Des inscriptions génétiques existent déjà au moment de la création de la première cellule et de la croissance cellulaire. Et s'il y a eu ces inscriptions, il faille bien comprendre qu'elles proviennent du subtil et sont une marque concrète dans la cellule.

L'élévation du rythme vibratoire jusqu'à la fréquence fondamentale individuelle permet donc à l'humain de transformer ses inscriptions génétiques et son ADN, la structure de la molécule qui les renferme.

Il peut se rendre jusqu'à la capacité de modifier la masse et la densité de la structure moléculaire, cela signifie qu'il est à même de permettre une désincorporation et une réincorporation, soit la dématérialisation de son corps. Les pouvoirs de transmutation laissent place à ces éventualités. L'être a la capacité de transformer son corps, mais aussi sa structure cellulaire, selon les transformations de ses états intérieurs, son rythme vibratoire, sa fréquence, ses intentions, ses émanations.

Un rythme vibratoire qui s'élève permet d'abord que chaque cellule retrouve son rythme naturel pour sa fonction optimum dans l'incarnation. Cela permet aussi à l'individu d'être dans la sensation de son esprit et de son âme, et, par ses corps subtils, d'être en union avec une dimension beaucoup plus vaste. (L'éveil cosmique est l'état de l'être qui, dans l'activité terrestre, est en relation avec d'autres dimensions et leurs présences et effets dans le visible.) Le corps physique va ainsi rééquilibrer chaque système et chaque organe, et ses corps subtils vont se recentrer.

* * *

Plusieurs éléments peuvent être à la source de spasmes corporels se produisant lors du travail d'élévation du rythme vibratoire. Un premier élément est associé à la dissolution de nœuds énergétiques, soit de blocages. Il peut aussi y avoir des dénouements subtils, c'est-à-dire des formes mémorielles qui se sont cristallisées en vous et qui émergent.

Prenons l'exemple d'une grave blessure au bras. La mémoire de la circonstance et de la douleur est toujours inscrite dans les cellules de ce bras. Lorsque vous élevez votre rythme vibratoire, il se peut alors que des éclatements mémoriels provoquent des spasmes à cet endroit. De même, lorsque des blessures ont inscrit des émotions dans le corps, l'élévation du rythme peut libérer l'inscription en provoquant un spasme dans votre ventre, par exemple, ou au plexus solaire.

Une autre cause potentielle de spasme, lorsque vous élevez votre rythme vibratoire, est le mouvement de préservation déclenché par l'intelligence cellulaire, afin d'éviter une transmutation trop rapide. Quand vous élevez votre rythme vibratoire, la structure moléculaire est susceptible de se transformer. Or, le spasme indiquera une tension, une résistance pour éviter la transmutation, la dissolution de la structure du tissu. En somme, le spasme peut être créé par le système nerveux, en réponse au cerveau présent dans chaque cellule, qui cherche ainsi à assurer la maintenance et l'équilibre du système.

L'humain sur la voie de la réalisation retrouvera éventuellement la capacité de transmutation de son corps, soit le pouvoir de dématérialisation et celui, plus subtil, de la désincorporation. Il peut aussi arriver que des spasmes soient une indication que la structure est secouée par le rythme élevé.

L'éventualité de la désincorporation puis de la réincorporation dans un autre espace fait appel aux pouvoirs de projection de l'humain dans un contexte de découverte d'autres plans de conscience. La dématérialisation s'inscrit dans les capacités de l'être à influencer son environnement pour son rééquilibre. Toutefois, pour que l'individu évolue jusqu'à développer ces pouvoirs, il doit expérimenter l'élévation de son rythme vibratoire pour retrouver sa fréquence fondamentale individuelle.

L'élévation du rythme vibratoire permet un rééquilibre du corps physique et des corps subtils. Elle fait en sorte qu'il y ait une restructuration totalement équilibrée de chacun des tissus et des organes du corps. Elle permet également d'intensifier la régénérescence cellulaire et de retrouver le fonctionnement parfait, équilibré du véhicule d'incorporation.

3. Autoguérison énergétique et régénérescence cellulaire

Le processus d'autoguérison énergétique sera puissant, intense et simple à partir de tout ce que nous avons mis en place jusqu'à maintenant.

Le processus d'autoguérison d'un déséquilibre ou d'une détérioration ou, encore, d'une maladie qui influe sur la qualité de vie et de l'œuvre d'un individu utilise d'abord les pouvoirs énergétiques de ce dernier pour stimuler la régénérescence cellulaire et la production des remèdes intérieurs.

La communication avec les cellules
La relation d'intimité avec les cellules du corps est essentielle à l'autoguérison. Elle signifie que l'être est en communication avec celles-ci.

- *Soyez à l'écoute de vos cellules*

La première étape de la communication cellulaire est l'écoute. Idéalement, depuis le début de sa vie, parce qu'il y a été guidé, l'individu est à l'écoute de son corps. Les cellules, qui portent en elles l'intelligence universelle et une connaissance parfaite de leurs fonctions, transmettent à l'être les déséquilibres dès qu'ils se présentent, avant même qu'ils ne soient trop importants. Les cellules sont le cerveau de l'humain. Pour les entendre, l'individu doit être présent à son corps et à ses voix intérieures. Il aura, par expérience, appris à distinguer les voix de son personnage, de ses désirs et de ses caprices des voix des cellules qui le guident avec justesse.

Au départ existe une première cellule, de laquelle toutes les autres naîtront pour créer les organes, les membres et tous les systèmes du corps. Cette première cellule, considérée comme une cellule maîtresse, porte en elle l'intelligence universelle qui dirige la création. Elle crée d'autres cellules, des cellules souches, qui, par la suite, seront imputées à des fonctions bien précises dans les tissus d'un membre ou d'un organe, par exemple. Chaque cellule est un hologramme de tout le corps. Autrement dit, chacune porte en elle la connaissance et la conscience de tout votre corps physique, mais aussi de vos corps subtils et de votre psyché. Comme si la cellule maîtresse transmettait son cerveau, qui comporte tous les plans de votre corps, aux cellules souches, lesquelles deviendront éventuellement des cellules fonctionnelles.

Les cellules se détériorent et se reproduisent toutes de manière naturelle. Le mouvement continu des cellules produit une friction qui, elle, provoque un éclat de lumière. Ce processus, qui génère de l'énergie, produit aussi une usure, soit la dégénérescence cellulaire naturelle.

Les cellules, par intelligence, se reproduiront normalement avant d'être dissoutes ; c'est la régénérescence cellulaire naturelle. Le rythme de dégénérescence est plus élevé que celui de la régénérescence, ce qui entraîne le vieillissement du corps. Lorsque l'individu s'assure d'un rythme vibratoire élevé à sa fréquence fondamentale, son corps peut l'accompagner durant plus de 300 années terrestres, soit environ sept cycles complets de 49 années. Vous constaterez qu'au rythme actuel d'évolution des médecines, l'humain qui développe une communication naturelle avec ses cellules et utilise ses pouvoirs de guérison énergétique pourra vivre jusqu'à 200 années terrestres avant la fin du 21e siècle.

Les cellules transmettent à l'individu ce qui ne leur permet pas d'assurer leurs fonctions, ou le leur permet difficilement. Lorsque des états intérieurs, des émotions ou des actions entraînent des compressions, des destructions cellulaires, ou nuisent au processus de régénérescence, les cellules le communiquent par des signaux. L'être reçoit alors, sous forme de voix intérieures ou de sensations, les messages de ses cellules quant à ce qui ne convient pas. Et ces messages s'intensifient sous forme de malaises et de douleurs lorsqu'ils ne peuvent plus remplir adéquatement leurs fonctions. Si, par exemple, l'individu se nourrit inadéquatement, soit d'aliments de faible vitalité, en trop grandes quantités, soit encore d'aliments porteurs de bactéries, les cellules des tissus des organes de digestion lui transmettront immédiatement un message que ses comportements (choix alimentaires) provoquent la création de toxines ou réduisent la régénérescence naturelle nécessaire. Si, encore, l'individu utilise de façon abusive son corps, un message lui sera transmis immédiatement par ses cellules, durant l'action abusive, sous forme de sensations ou d'inspirations pour qu'il modifie cet usage de son corps.

Lorsqu'il n'y a pas de transformation à la suite des messages, la détérioration se poursuit et l'intensité des signaux s'accroît jusqu'à ce que des changements favorisent la régénérescence ou jusqu'à ce que la destruction de plus en plus importante de cellules provoque un arrêt de fonctionnement d'un organe ou du corps. Il faille se rappeler que les transformations sont physiques, émotionnelles ou mentales.

La difficulté réside non pas dans la transmission du message par les cellules, mais dans sa réception par l'individu. Celui-ci est distrait. Il est occupé ou préoccupé par tant d'éléments extérieurs qu'il oublie l'essentiel, soit d'être d'abord présent à lui-même pour ensuite offrir une véritable qualité de présence à ce qui l'entoure. Il est aussi souvent ignorant de l'essentiel puisqu'il n'a pas été guidé en ce sens.

Malgré cela, les voix intérieures se font entendre et les sensations sont là. Très souvent, toutefois, il accorde plus d'importance aux messages intellectuels, qui relèvent de connaissances approuvées extérieurement, ou aux messages extérieurs qu'il considère comme réels, et fait fi de ce qu'il reçoit intérieurement.

Dans la communication avec les cellules, la qualité de l'écoute est primordiale.

- *Parlez à vos cellules*

La deuxième étape de la communication cellulaire est l'émission. L'être a tout avantage à parler avec ses cellules. Il peut lui aussi leur transmettre des messages sous forme de paroles intérieures ou d'images mentales exprimant ce qu'il veut créer avec elles. Quand, par exemple, les aliments qui lui sont présentés sont les seuls dont il peut alors se nourrir, il peut demander à ses cellules (ses organes composés de cellules) de rejeter naturellement ce qui ne convient pas et de vivifier ce qui pourrait s'avérer important pour lui. Lorsqu'il entend des signaux de ses cellules par le biais de sensations corporelles, il peut visualiser la transformation cellulaire qui illustre son intention.

En définitive, tout individu est invité à entrer quotidiennement en communication avec ses cellules pour développer une complicité qui permettra d'éviter les déséquilibres. Ainsi, dans une relation saine et joyeuse avec ses cellules, il favorise la régénérescence cellulaire naturelle et contribue à réduire la dégénérescence, donc le vieillissement.

Alors, pour privilégier la régénérescence, il faille plus de complicité avec vos cellules. Si vous leur parlez déjà chaque jour et qu'il y a encore beaucoup de contractions, parlez-leur plus souvent. Aimez-les. Émerveillez-vous devant elles. Voyez-les, imaginez-les, stimulez-les. Depuis le premier jour de la naissance de votre enfant, vous avez regardé cet être, vous lui avez parlé, vous l'avez touché et vous l'avez surtout aimé !

Et vos cellules, alors ! Les avez-vous observées, touchées, aimées et stimulées chaque jour ?

Peut-être avez-vous perdu toute relation avec votre corps. Dans ce cas, ce dernier, par ses sollicitations, cherche à attirer votre attention. La douleur est un signal de déséquilibre et non pas un caprice du corps ou une punition de la vie. La douleur, c'est le cri de l'enfant en larmes qui appelle sa mère, car il veut son attention, ses caresses, ses vibrations. Les douleurs de votre corps sont les cris de vos cellules qui demandent votre attention et des changements. En vous adressant à vos cellules, imaginez-les comme une multitude de frères qui vibrent et émanent la lumière, chacun jouant son rôle et allant dans un sens, et tous s'entraidant. Imaginez tout votre corps comme une multitude de frères, une grande famille fort intelligente, car chacun porte la connaissance universelle.

Lorsqu'un être s'assure que son rythme vibratoire est élevé, que sa trilogie énergétique est intense, que son champ magnétique est ample, que la communication avec ses cellules est naturelle, la probabilité qu'il ait des déséquilibres s'affaiblit et ses pouvoirs de guérison augmentent.

Par ailleurs, lorsqu'il est conscient de s'être créé lui-même, la conviction de sa capacité de guérir augmente et ses pouvoirs de guérison sont d'autant plus puissants.

Le processus d'autoguérison énergétique

1. Affirmer une intention claire

Le processus débute par une intention de guérison. L'affirmation intérieure de l'intention claire et pure (chap. 1.5) sous-entend que l'individu sait pourquoi il veut guérir. Il ne s'agit pas ici du souhait de ne plus souffrir ou d'éliminer l'inconfort. L'individu est conscient que la guérison de son corps physique lui permettra de retrouver de façon beaucoup plus simple et lumineuse son propre processus créateur, lequel enrayera les sources de détérioration et suscitera une véritable joie pour lui-même et, inévitablement, pour son entourage. Son intention de guérir comporte implicitement un engagement à nourrir la santé en lui et à transformer tout ce qui l'affecte. Elle s'adresse aux cellules avec conviction et exprime clairement la transformation demandée.

2. Élever le rythme vibratoire

Pour ce faire, l'individu respire consciemment (chap. 4.3). Unificatrice, la respiration consciente génère un état de paix. À l'inspiration, l'être accueille les vibrations de toutes les formes de vie ; à l'expiration, il offre son amour.

Il nourrit en lui la conviction de ce qu'il est et de ses pouvoirs créateurs. La conviction, une expression de la trilogie énergétique (chap. 1.1), est essentielle pour que les images que l'individu créera de lui se transforment en une pulsion créatrice et agissent vraiment comme une orientation puissante du mouvement guérisseur. La conviction n'est pas une pensée, mais un courant d'énergie.

L'être ne laisse place en lui qu'à la reconnaissance et à l'amour de ce qu'il est et de ce qu'il est venu créer dans cette incarnation.

3. Visualiser le corps entier

L'individu entre dans une vision intérieure de tout son corps comme étant une multitude de cellules. Il voit et il sent chacun de ses membres, de ses organes comme des cellules qui vibrent. Il imagine des particules qui bougent en un mouvement effervescent, naturel, provoqué tant par la nature de chaque particule que par le mouvement de l'ensemble.

Pendant un moment, il va se plaire, se réjouir à non seulement imaginer, mais se ressentir dans tout ce qu'il est comme une multitude de cellules. Il perd volontairement l'image de son corps de chair pour la remplacer par une sensation de cellules en mouvement.

4. Projeter un faisceau d'énergie du troisième œil

Puis, il porte une attention très particulière aux tissus, à l'organe ou au membre en difficulté, soit sous tension, en contraction ou en dégénérescence cellulaire. Il les imagine eux aussi comme un amalgame de cellules en mouvement.

Il provoque ensuite une accélération du mouvement en projetant un faisceau d'énergie de son troisième œil vers les cellules en difficulté. Il les imagine augmentant leur rythme et produisant une lumière ou une dissolution des cellules détériorées.

5. Régénérer les cellules

Puis, tout en continuant d'émettre un faisceau de lumière du troisième œil, il demande à ses cellules de se régénérer. Il les imagine qui se démultiplient. Tout cela est vibrant, effervescent, joyeux. Il voit les tissus se détendre ou se recréer par de nouvelles cellules remplaçant celles qui ont dégénéré. En lui, il ressent un amour profond de ce qu'il est et une joie réelle devant la création qu'il est à établir. Il est, à ce moment, créateur.

6. Communier

Il se réjouit déjà, non seulement du résultat éventuel, mais d'être là, uni à son être. Il communie avec ses cellules. Il se sent lui-même une cellule qui danse dans l'énergie. Il se sent à la fois être incarné et énergie subtile. La communion avec ses cellules, sensation d'union, remplace la division, la séparation, la rupture, le déchirement.

Le processus de guérison énergétique s'appuie sur le fait que la dégénérescence cellulaire, les dysfonctionnements ou l'inconfort sont causés par des ralentissements de la circulation énergétique, voire par des blocages énergétiques de sources physiques, qui, elles, sont de sources émotionnelles ou mentales. Bien que l'être puisse exercer ses facultés de régénérescence ou d'autoguérison, s'il ne va pas à la source de son déséquilibre, il n'y a pas vraiment autoguérison. Il peut y avoir une autoguérison partielle, superficielle, mais non pas totale et profonde. Toutefois, si l'intention de guérison est pure et nette, le processus d'autoguérison du déséquilibre en fera rejaillir la source dans la vie de l'individu, pour susciter une transformation profonde. Chez l'individu, la conviction de sa guérison est évidemment reliée à son choix clair de transformer ce qui, dans sa vie, a provoqué le déséquilibre.

Exemple de guidance vers l'autoguérison, par le Maître Saint-Germain

Cette expérience peut avoir lieu dans la nature ou tout autre endroit que vous ressentez puissant, intense, en vous rappelant que ce n'est pas le lieu qui effectuera l'autoguérison, mais qu'il peut certainement vous inspirer.

Fermez les yeux et élevez votre rythme vibratoire. Choisissez d'abandonner toute contraction, de vous détendre physiquement et psychiquement. Votre respiration est profonde. Votre colonne vertébrale est bien alignée sur toute sa verticalité. L'énergie circule librement. Vous vous unissez à la dimension lumineuse de votre être. L'énergie de vie, de volonté s'intensifie. Respirez profondément, soyez attentif et présent à l'énergie dans votre hara. Sentez l'intensification de cette énergie, de la pulsion de vie, l'envie de vivre qui s'intensifie, qui se manifeste, la puissance énergétique de la création. Que ce ne soit pas que des mots, mais une sensation. Ne faites pas que visualiser, qu'entendre ou que dire. Ressentez la puissance de vie dans vos entrailles.

[Silence]

Et lorsque vous retrouvez cette sensation de puissance de l'énergie de la volonté, fixez votre attention sur le centre de la conscience, dans le troisième œil, et retrouvez l'énergie de la conscience. Inspirez la lumière par le troisième œil. Abandonnez toute forme de pensée, de sollicitation du mental pour être dans la conscience que vous êtes guidé par l'Esprit. Retrouvez la beauté, la puissance de vos idéaux. Ressentez une puissance énergétique sous la couronne, derrière le troisième œil, comme vous l'avez ressentie dans votre bas-ventre, dans vos entrailles. Le rythme vibratoire est plus élevé. Soyez dans la sensation. Provoquez cette sensation, par votre présence, votre disponibilité, votre attention, votre choix.

L'énergie de la conscience, de la perle bleue, se propulse vers le cœur, tandis que du hara l'énergie ascensionne vers le cœur. L'énergie du cœur, celle de l'amour s'intensifie. Vous ressentez une force, une puissance dans tout votre être et, de cette puissance, vous faites naître l'intention d'une guérison, une intention claire. Que voulez-vous guérir en vous ? Quel est le mal – le déséquilibre, le malaise –, qu'il soit musculaire, organique, systémique ? Où se situe la douleur ou la souffrance ?

L'intention de la guérison, de la libération est claire et pure, ce qui signifie que la guérison servira le déploiement de votre être. Guéri, vous serez plus présent, plus disponible, plus déployé dans votre essence, dans votre mandat d'incarnation. Vous choisissez la guérison non pas pour satisfaire un désir, mais pour être plus intensément présent tout au long de votre mandat d'incarnation.

Maintenant, visualisez tout votre corps ; imaginez-le comme une multitude de cellules en mouvement. Chaque membre, chaque organe, chaque tissu de votre corps est une multitude de cellules en mouvement… Ces cellules sont vivantes, vibrantes, intelligentes. Leur mouvement permet à la fois de remplir leurs tâches et de se régénérer. Lorsque vous êtes ainsi uni à toutes vos cellules en mouvement, dirigez votre attention sur l'organe, le membre ou le tissu en déséquilibre. Projetez vers lui un faisceau d'énergie du troisième œil. Et voyez les cellules de ce membre, de ce tissu, de cette glande s'illuminer par la puissance, la force de la trilogie énergétique déjà activée en vous. Non seulement les cellules sont en mouvement, mais elles sont créatrices de lumière. Lorsque le mouvement s'intensifie, la friction des cellules les unes sur les autres permet une lumière, laquelle est de plus en plus éclatante.

Réjouissez-vous avec ces cellules. Elles sont vibrantes, joyeuses. Ressentez-les… et soyez profondément joyeux, vivant, car elles se régénèrent. Elles dansent dans l'énergie. Voyez-les se transformer, transmuter. Les tissus en détérioration qui sont touchés se réhabilitent, se reconstituent…

[Silence]

Soyez très présent. Votre intention est si nette, votre attention est si claire que vous-même devenez cellules lumineuses en mouvement de cet aspect de votre être qui est en difficulté. Devenez cela. Toute votre énergie est centrée sur ce tissu, physique ou subtil. Vous devenez vous-même ces cellules en mutation. Votre énergie de volonté, d'amour et de conscience vous permet de transmuter dans les cellules qui sont à se régénérer. Vous devenez ces cellules et vous activez la régénérescence…

Demandez que toutes vos cellules puissent libérer la conscience de la source physique ou psychique de la détérioration pendant que le processus de régénérescence est en cours.

[Silence]

Puis retrouvez l'état de l'être qui observe les cellules, qui laisse le processus d'autoguérison, de régénérescence se réaliser, puisque l'énergie d'amour est intensifiée. Vous êtes en relation avec les médecins du ciel, les êtres du cristal d'émeraude. Puisque l'énergie d'amour est libérée, vous êtes en relation avec les Maîtres de lumière. Vous pouvez, bien sûr, les invoquer, mais lorsque la trilogie énergétique est intensifiée, vous êtes nécessairement en leur présence.

Maintenant, ou dans les prochaines heures, la conscience des sources de cette blessure, de cette douleur, de ce déséquilibre sera là. Soyez là aussi pour l'entendre, non pas pour faire la sourde oreille. Vous avez choisi le processus d'autoguérison, alors, de l'intelligence cellulaire (de votre esprit), accueillez les sources autres que physiques qui engendrent le malaise ou la difficulté, afin de modifier votre comportement, vos attitudes et vos états intérieurs, de transformer votre interprétation et votre relation avec la vie. S'il y a un malaise, c'est que votre relation avec la vie suggère une transformation. Il ne peut en être autrement. Tout être porteur d'un déséquilibre sait qu'il aura à modifier quelque chose dans sa vie s'il veut vraiment retrouver l'état de santé. Cela est simple, logique. S'il y a déséquilibre ou s'il y a eu un malaise, un mal, une maladie, c'est qu'il y a quelque chose à changer. Et si ce quelque chose est physique, c'est qu'il est influencé par des émotions ou certaines croyances.

Voilà, sur la voie de la maîtrise, comment le disciple et le maître s'autoguérissent. Chaque malaise devient donc une occasion de libération, d'élévation et non pas une punition, une tare… C'est l'intelligence de l'univers qui se manifeste en vous. La douleur ou l'inconfort vous rappellent qu'une transmutation, une transformation de votre relation avec votre existence, est nécessaire. Ce peut être simplement un désir qui vous alourdit ou une déviation importante de votre mandat d'incarnation. Vibrez dans l'amour !

* * *

La capacité de l'individu à identifier et à stimuler la régénérescence cellulaire, la recréation des tissus de son corps physique, est puissante.

La non-connaissance, la non-compréhension du corps et de son fonctionnement, de même que l'insouciance quant à ses besoins, font en sorte que, souventes fois, il y a mal utilisation, et même abus, du corps. Malgré la capacité de l'individu à stimuler la guérison du corps, il faille comprendre, en toute logique, que s'il abuse ou utilise mal ce corps par ignorance ou insouciance, le processus de vieillissement, de détérioration et de dégénérescence sera, bien sûr, plus accentué. Il va de soi ici de mettre en relation les pouvoirs de création et de stimulation avec le respect et l'amour de ce que l'être utilise.

Prenons l'exemple du savoir de semer des graines afin d'encourager la croissance des arbres et contribuer ainsi à l'assainissement de l'environnement. Cependant, ce n'est pas parce qu'il sait comment semer que cela justifie ses mauvais traitements aux arbres déjà vivants. Le besoin de cette cohérence n'a sûrement pas à être justifié.

Il en va de même pour le corps physique. Ce n'est pas parce que l'individu sait qu'il a des pouvoirs de régénérescence qu'il doit faire fi du corps, de ses besoins et de ses demandes. Il s'agit là aussi d'amour du corps, des cellules, d'amour de soi. Comment l'humain pourrait-il réussir à déployer tout l'amour de son être nécessaire à la régénérescence s'il n'a pas l'amour suffisant pour éviter ou réduire sa destruction ? Le pouvoir de guérison est aussi celui qui consiste à faire en sorte qu'un taux élevé de régénérescence soit naturel. Ainsi, sans que l'individu soit dans l'obligation d'avoir une connaissance intellectuelle du fonctionnement exact de chaque organe ou système de son corps, il est important qu'il en connaisse les principaux paramètres pour s'assurer de son bon fonctionnement.

L'autoguérison est la médecine naturelle, énergétique et cosmique de l'humain. Lorsque ce dernier entre ainsi dans cette relation avec ses cellules et soutient leur régénérescence, cela facilite aussi son expansion. Son rythme vibratoire s'est élevé, il est déjà en expansion, et le processus d'autoguérison, qui invite à la communion, accentuera l'état d'expansion et permettra à l'humain d'être en relation avec les autres formes de vie au-delà de cette terre, dont les médecins du ciel. Un jour viendra, sur terre, où tous les hommes s'autoguériront ainsi.

4. Autoguérison et énergies tellurique et cosmique

L'autoguérison est une forme d'autorégulation. Ne perdons point de vue que tout notre parcours dans ce livre a pour but l'équilibre et l'harmonie nécessaires à la rencontre des conditions de vie terrestre, concrètes et subtiles de ce monde en mutation.

La libre circulation de l'énergie en l'individu permet son équilibre. Les corps physique, éthérique, émotionnel et mental peuvent être équilibrés grâce à un apport en énergie tellurique ou cosmique. **C'est à partir de ces énergies qui circulent en lui et qui l'enveloppent que l'être peut privilégier sa guérison et celle des autres (chap. 3.2,2).**

Lorsque l'individu est secoué par un déséquilibre physique (par exemple, une névralgie, une douleur arthritique, un ulcère ou même un cancer), émotionnel (un malaise causé par le départ d'un être cher, la douleur d'une colère envahissante, une lourdeur au ventre causée par la sensation d'être injustement jugé) ou mental (la dépression causée par une perte de sens, une tension provoquée par une rigidité intellectuelle), en somme là où l'état de légèreté et la sensation de puissance énergétique ont cédé leur place à un mal-être qui s'exprime par un inconfort, dans ce cas il est possible de retrouver un bien-être en réactivant la circulation énergétique par une intensification de la relation avec les énergies tellurique et cosmique.

Relation avec l'énergie tellurique

Allongez-vous au sol, face contre terre. Assurez-vous que tout votre corps est en contact avec le sol, et détendez-vous. Abandonnez-vous jusqu'à ressentir une véritable union avec la Terre. Élevez votre rythme vibratoire, respirez profondément et invitez l'énergie de la Terre à circuler en vous, puis laissez-la aspirer votre douleur. Offrez cette douleur comme une énergie dont la Terre peut disposer. Si le corps est envahi de bactéries, vous pourriez, par exemple, imaginer ces microbes en train de quitter le corps ou, encore, une forme d'énergie ombragée aspirée par le sol.

Rappelez-vous que ces microbes ne sont pas mauvais en soi. Ils représentent des formes de vie, une énergie de l'univers. Comme leur présence en vous est déséquilibrante, vous les redonnez à l'énergie de la Terre, laquelle aspirera leurs vibrations pour les rendre à l'univers.

Lorsque vous êtes dans cette position, face contre terre, bien que vous puissiez, durant les premières expériences, ressentir un inconfort, vous retrouverez bientôt une sensation de force et de sécurité, un contact réel avec votre incarnation.

Relation avec l'énergie cosmique

Puis, lorsque vous ressentez un apaisement ou une dissolution du malaise, retournez-vous, face vers le ciel, dans la position que nous avons nommée « position de l'étoile » ou de « l'Être universel ». Bras écartés de chaque côté de votre tête, jambes aussi écartées au sol, invoquez l'énergie cosmique et la lumière dans tout votre être.

Si, après un long moment face contre terre, le malaise persistait, retournez-vous tout de même vers le ciel.

Abandonnez-vous totalement, sans penser. Si votre inconfort était physique, entrez alors en relation avec votre corps et imaginez les micromouvements de chacun de vos muscles, de vos organes, de chacune de vos articulations. Vous n'avez pas à bouger. Toutefois, par votre attention, faites circuler l'énergie dans tout votre corps, des pieds jusqu'à la couronne ou dans le sens inverse.

Imaginez, et même ressentez, les micromouvements, tout comme si votre corps était réellement en mouvement. Imaginez toutes les cellules qui bougent en lui pendant quelques instants, sans vous concentrer. Puis goûtez la sensation de votre corps.

Si le malaise est d'ordre psychique, imaginez alors le corps émotionnel au-dessus et autour de vous. Voyez des faisceaux lumineux qui, à l'instar de fibres optiques, circulent librement dans des canaux du corps subtil.

En quelques instants, vous pourrez retrouver une stabilité physique ou psychique.

La même expérience énergétique peut être faite pour assouplir vos articulations et tonifier la masse musculaire et tous vos corps. Les mêmes étapes seront vécues lorsque l'intention de guérison sera transformée en intention de souplesse ou de force.

Souvent, les Maîtres assurent ainsi l'équilibre et le développement de leur corps. En quelques minutes, allongés sur le sol dans la position de l'Être universel, ils vivifient leur corps. Au lieu d'effectuer des exercices corporels pour renforcer leurs muscles ou assouplir leurs articulations, ils recourent à l'expérience énergétique et obtiennent le même résultat. Ainsi, un individu s'assure d'une totale souplesse de son corps et d'un tonus parfaitement équilibré.

Cependant, dans cette pratique, si vous n'êtes pas dans la sensation, si vous restez uniquement dans une visualisation mentale, vous ne vivrez pas ces transformations.

Comme nous vous l'avons transmis, si vous êtes dans la sensation des mouvements énergétiques, vous serez étonné de la souplesse et de la vitalité ainsi offertes à votre corps physique. Il n'est pas nécessaire qu'un individu développe de la souplesse jusqu'au point de se livrer à des poses de yoga avancé, mais il est naturel pour lui de s'incliner pour récolter un légume dans le jardin, ou de cueillir un fruit dans un arbre. Certains mouvements en torsade sont aussi naturels, comme se retourner pour contempler un oiseau en vol. Les articulations et toute la structure doivent pouvoir répondre aux gestes, aux actions, aux activités normales de l'humain.

Pour cette pratique, allongez-vous directement par terre, sur l'herbe, le sable ou les pierres si cela est possible. À défaut de cela, allongez-vous sur le sol, dans un lieu calme, et imaginez que ce sol devient pour vous la Terre.

Nous vous proposons d'inscrire cette pratique dans votre vie pour retrouver un équilibre quand vous avez un malaise ou pour assouplir et tonifier votre corps. Une fréquence de deux ou trois fois par semaine assure l'équilibre et une forme très puissante d'autoguérison. Si, au départ, votre état physique ou psychique n'est pas instantanément guéri, cela aidera à intensifier ou à stimuler le mouvement de guérison. Progressivement, plus vous vous y abandonnerez, plus vous constaterez que vous retrouvez des forces et une sensation d'espace plus libre en vous pour l'énergie en mouvement.

5. Guérison émotionnelle et mémorielle

Le processus de guérison mémorielle est aussi important dans la guérison des émotions. La guérison mémorielle signifie que l'être va choisir d'abandonner ses blessures du passé. Réanimer continuellement ces dernières signifie les nourrir. Si l'individu porte ses blessures comme des trophées, elles restent vivantes. S'il les laisse vivre en lui, alors elles seront actives dans le processus associé à la loi d'attraction et vous attirerez l'équivalent de ce qui vit en vous. Les blessures du passé doivent être dissoutes pour cesser de conditionner le présent.

Pourtant, la croyance en l'élimination du passé est illusoire. Si, par exemple, vous avez été battu ou maltraité par le passé, vous ne pourrez dissoudre la situation ou l'événement. Cela fut vécu ainsi et cela constitue votre histoire dans cette réalité. C'est la relation et l'attachement aux blessures du passé qui ont à être dissouts.

Il est intéressant de découvrir les blessures et de les connaître pour mieux comprendre ce que vous attirez, et pourquoi. Par la suite, vous arrivez à délaisser ce qui ne correspond plus à vous.

- *La nourriture émotionnelle*

De quoi vous nourrissez-vous sur le plan émotionnel ? Observez jusqu'à quel point les individus se nourrissent des émotions créées autour d'eux, stimulant ainsi leurs propres émotions. Que ce soit par leur regard sur leurs voisins, leur attention aux journaux ou, encore, par le théâtre ou le cinéma, nombreux sont ceux qui se nourrissent des tristesses, des colères, des insatisfactions et des violences des autres.

Au lieu de se nourrir de joies dans ses activités créatrices, l'individu recherche une intensité dans l'émergence d'émotions associées à son passé et provoquées par son environnement. Voilà ce que nous entendons par « alimentation émotionnelle déséquilibrée ».

Le processus de guérison suggère à l'être une nourriture mentale et émotionnelle réjouissante. Il ne s'agit pas d'occulter les aspects de vous et de votre vie qui sont plus tristes ou plus troublants. Lorsqu'ils apparaissent, ressentez et exprimez les émotions qu'ils soulèvent tout en étant conscient que leurs sources appartiennent au passé et qu'elles ont attiré ce que vous vivez au présent. Ces émotions vous transmettent l'importance de modifier votre état intérieur, votre comportement, votre attitude quant à des situations de vie.

S'exprimer verbalement, par l'écriture ou par le geste permet plus de circulation et d'équilibre. Toutefois, cela n'est pas suffisant, car souvent les sources de l'émotion demeurent présentes.

L'expression de l'émotion est très importante, car elle permet une meilleure communication, une meilleure compréhension, un rééquilibre des situations et des compromis. Dans une perspective spirituelle, il faille nécessairement aller beaucoup plus loin étant donné que l'équilibre recréé par les communications et les compromis ne sera que transitoire, peut-être même destructeur à long terme.

Si l'individu est en équilibre parce qu'il a exprimé son émotion et autorisé des compromis, la source de ses frustrations n'étant pas identifiée, une autre situation provoquant la même émotion se présentera.

La guérison émotionnelle dans une perspective spirituelle signifie la retrouvaille de l'autonomie. Si, par exemple, une colère est provoquée par une situation, c'est que l'individu avait des attentes, lesquelles sont provoquées par l'insatisfaction du besoin de reconnaissance. Ce besoin existe parce que l'être n'a pas encore su identifier et déployer ses dons et ses talents naturels pour sa plus grande joie et sa reconnaissance. L'identification du besoin devrait entraîner l'individu vers ses idéaux d'une part et vers l'élan véritable de création d'autre part.

S'il ne suit pas ce parcours, non seulement l'émotion va-t-elle se renouveler et le consumer intérieurement jusqu'à créer des inconforts majeurs, mais ses attentes et ses projections envers les autres vont augmenter et créer des conflits relationnels.

Le processus de guérison permet d'atteindre les sources des inscriptions mémorielles.

- *La libération du plexus solaire*

La guérison émotionnelle consiste à libérer le plexus solaire énergétiquement encombré ou bloqué par les émotions qui ne circulent pas. Le plexus solaire et le système digestif qu'il gère jouent le rôle de portes d'entrée des émotions et des sensations.

Lorsque, par exemple, une forte émotion est vécue, la personne peut ressentir physiquement l'énergie bloquée dans son système digestif. Par la suite, ce blocage d'énergie pourra aussi avoir des effets dans d'autres organes ou systèmes.

La guérison émotionnelle exigera la libération des inscriptions mémorielles des cellules pour permettre la libre circulation des émotions. Bien sûr, la libération du plexus débute d'abord par la conscientisation du processus qui permettra à la personne de choisir d'utiliser les sensations et les émotions pour mieux comprendre et modifier son regard sur les situations de sa vie. Au lieu de se situer comme une victime des autres et des situations ou de projeter vers l'extérieur la responsabilité de son malaise, la personne aura à identifier ses propres inscriptions et à s'en libérer.

Ainsi, l'autoguérison émotionnelle consiste d'abord à choisir d'être présent à soi pour mieux ressentir les blessures et les résistances. L'accompagnement dans le processus encourage la cessation des projections vers l'extérieur et réactive le rôle d'acteur – de créateur – de sa propre vie. Néanmoins, un changement d'état sera le résultat du choix et du pouvoir de l'être, non de l'accompagnant.

La guérison émotionnelle peut être assistée par :
- un accompagnement psychospirituel,
- un processus d'émergence et d'intégration mémorielle,
- la libération de nœuds et de tensions à partir de mouvements corporels ou d'actions sur le corps.

Toutes les méthodes employées par l'individu pour privilégier l'équilibre émotionnel et affectif ne peuvent faire sens que dans une perspective d'autoguérison spirituelle, alors que l'être choisit l'autonomie. Ainsi, la stimulation extérieure ne peut point remplacer l'utilisation de son pouvoir de transformation. Lorsqu'un être se tourne vers l'extérieur pour être guéri et libéré, il se leurre s'il n'a pas vraiment choisi d'être au cœur de sa guérison.

La guérison émotionnelle énergétique permettra de redonner aux émotions leurs véritables fonctions.

1. Rééquilibre émotionnel

Lorsqu'un individu est submergé par les émotions, l'accompagnement vers un rééquilibre transitoire est essentiel avant d'amorcer un processus de guérison émotionnelle. La personne doit d'abord retrouver un état de calme et de lucidité. Il est inutile de provoquer davantage les mémoires et les émotions pour en libérer l'individu si celui-ci est sous leur contrôle.

La respiration naturelle, une posture juste qui facilite la libre circulation de l'énergie, une attention portée vers des aspects plus calmes et réjouissants de la vie, et des activités non provocantes dans un environnement paisible, aident à la détente du plexus solaire.

2. Libération du plexus solaire
La pratique de l'autoguérison par la relation avec les énergies tellurique et cosmique déjà présentées permettra de libérer le plexus solaire pour y faciliter la circulation de l'énergie.

3. Centration et libération du corps émotionnel
L'autorégulation des corps subtils (chap.4.4) aide à la libre circulation de l'énergie dans le corps émotionnel. Les mémoires et les émotions qui y circulent sous forme de cellules photolumineuses seront plus libres. Au lieu d'être provoquées et de générer des charges émotionnelles et des malaises chez l'individu, elles se manifesteront sous la forme de sensations, par le plexus solaire.

4. Autoguérison du corps émotionnel
La pratique de l'autoguérison par la régénérescence cellulaire adaptée à la guérison émotionnelle assure une relation véritable avec les mémoires. L'exercice est orienté vers le corps émotionnel :

- Affirmation d'une intention claire
  Le processus débute par l'intention de libération.
- Élévation du rythme vibratoire
  L'individu laisse place en lui à la reconnaissance et à l'amour de ce qu'il est et de ce qu'il est venu créer dans cette incarnation.
- Visualisation du corps entier
  Il entre dans une vision intérieure de tout son corps émotionnel perçu comme une multitude de cellules. Il voit et sent celles-ci comme des cellules qui vibrent. Il imagine des parti cules qui circulent librement, avec effervescence.
- Projection d'un faisceau d'énergie du troisième œil
  Puis il provoque une accélération du mouvement en projetant un faisceau d'énergie de son troisième œil dans le corps émotionnel. Il imagine les cellules augmentant leur rythme et produisant une lumière qui devient de plus en plus intense et suscite une décontraction et une libre circulation dans le corps émotionnel et le plexus solaire.

- Transformation des sensations
  Continuant d'émettre un faisceau de lumière du troisième œil, l'individu demande à ses émotions-sensations d'éclairer ses mémoires et ses blessures.
- Communion
  Il se réjouit d'être en relation avec lui-même.

6. Méditation et contemplation

La pratique méditative et contemplative permet à l'individu d'être par la suite plus observateur de ses propres sensations au lieu de réagir sous le contrôle de ses mémoires.

Ayant ainsi privilégié son équilibre et la fonction d'éclaireur de ses émotions, il pourra, par ses choix, transformer sa relation avec ses mémoires et ses blessures.

Ces choix pourront davantage être éclairés par la pratique d'une voie psychospirituelle et la dissolution des inscriptions concrétisée par la reprogrammation cellulaire. Ce pouvoir d'autoguérison émotionnelle, présent en l'individu et accentué par l'intensification de son rythme vibratoire et de la puissance de la trilogie énergétique, prend place quand l'être choisit de se désidentifier de sa personnalité, de l'image qu'il a de lui-même, pour se mettre en relation avec l'être de lumière qu'il est.

La transformation de l'humanité nécessite son émergence au-delà de l'océan des émotions. Il n'y aura pas de véritable guérison sans changement de nourriture émotionnelle ou de relation avec les émotions.

Les dirigeants de votre monde actuel trouvent avantage à ce que les individus se nourrissent d'émotions, car elles les divisent. Quand ils se débattent dans des querelles et connaissent des difficultés relationnelles, les gens sont affaiblis, vulnérables, et deviennent plus apathiques.

S'ils vivent de la colère, de la tristesse, des peines, de l'impatience, de l'intolérance, ils ne sont pas vraiment actifs dans les changements de ce monde.

Les êtres auront à créer des situations qui provoquent de plus en plus d'émotions joyeuses les entraînant vers leurs propres capacités, leurs propres pouvoirs créateurs. En soi, la nourriture émotionnelle en est une qui guide chacun vers ses pouvoirs créateurs et vers la liberté d'expression. Tous doivent en être conscients.

7. Rééquilibre mental et nerveux, et nourriture intellectuelle

- *La nourriture intellectuelle :*

Beaucoup d'individus cherchent une guérison physique auprès de différentes médecines sans se préoccuper de ce dont ils se nourrissent intellectuellement. La nourriture intellectuelle collaborera-t-elle à accentuer la pulsion créatrice de l'être ou à la voiler – à désillusionner l'individu et à le rendre plus apathique ?

Tous sont à même de constater que ce sur quoi ils portent leur attention et posent leur regard influencera leurs pensées et leurs idées, et même leurs états intérieurs.

De quoi vous nourrissez-vous mentalement ? Quelles sont les connaissances que vous recherchez ou qui vous attirent ? Quelles sont les informations que vous allez capter pour nourrir votre pensée ?

Tentez-vous d'inventorier une multitude de connaissances, ou allez-vous simplement rechercher celles qui peuvent vous être utiles dans votre mouvement créateur ?

La pulsion créatrice unie à la conscience guide les êtres afin qu'ils retrouvent les connaissances nécessaires au déploiement de leur mandat d'incarnation. Les pressions de la société pour que les individus soient performants, ainsi que le besoin de reconnaissance, l'orgueil, la peur du manque, l'insécurité, créent néanmoins un piège de surconsommation de connaissances intellectuelles. Plusieurs déséquilibres naissent de l'accumulation consciente et inconsciente de connaissances. En une seule journée, le mental se nourrit d'une multitude d'informations provenant de stimuli de l'environnement et de conversations. Si plusieurs de ces informations sont choisies, l'individu se laisse néanmoins souvent happer par une majorité de connaissances inutiles ou superficielles.

Les informations intellectuelles et la stimulation mentale qu'elles provoquent sont importantes. Il ne faut pas les déprécier, même s'il est essentiel que vous retrouviez et revalorisiez la connaissance subtile. À l'instar des autres nourritures, le plus important consiste à les choisir avec conscience afin qu'elles participent à la stimulation de la vie en l'individu et non à son alourdissement.

Lorsque vous surconsommez mentalement, une proportion importante des informations qui s'inscrivent ne sert pas votre expression ni vos relations avec la vie. À vouloir tout intellectualiser, vous entretenez une relation souvent sèche ou stérile avec ces informations. Ces dernières ne vibrent pas en vous et vous alourdissent comme cela est souvent le cas avec des aliments physiques.

Prenons simplement l'exemple du riz blanc dont la majeure partie des substances nutritives ont été extraites. Même si vous vous nourrissez abondamment de cet aliment il offre peu de ressources. Il devient un poids inutile qui encombre et ralentit votre circulation énergétique. Intellectuellement et mentalement, il en est de même. Certaines informations sont fort nourrissantes, tandis que de nombreuses autres ne servent à rien et occupent pourtant vos pensées, et vous préoccupent même parfois.

Le surplus de nourriture intellectuelle et l'agitation mentale qu'elle provoque participent à la création de tensions du système nerveux et sont susceptibles de provoquer des déséquilibres mentaux.

L'intelligence cellulaire avec laquelle vous êtes invité à créer une complicité peut faire en sorte que, mentalement, vous ne soyez pas envahi d'informations. L'intelligence cellulaire, c'est l'intelligence universelle présente en chacun et grâce à laquelle l'être n'a pas à tout analyser, à tout comprendre. Il a plutôt à se centrer sur ce qui le fait vibrer, ce qui le stimule vraiment dans son parcours créateur. Puisque les individualités sont différentes malgré une même nature universelle, chacun sera stimulé par des informations différentes. Pour vivre en équilibre et participer aux transformations de ce monde, les êtres ont à retrouver un espace intérieur de calme, de légèreté et de liberté.

- *La guérison des fatigues mentales et des états dépressifs*

Tant en Occident qu'en Orient, les gens luttent pour ne pas être submergés par la fatigue mentale. Outre les égrégores de frustration et d'insécurité, les exigences de performance de la société auxquelles l'individu cherche à répondre ont une forme d'égrégore collectif qui génère une urgence, celle que tous accumulent et ils utilisent des informations de plus en plus variées pour être mieux productifs, et plus rapidement. Cet égrégore fait en sorte que les individus sont toujours plus tendus, à la recherche de ce qu'ils ne peuvent même plus définir.

La recherche de performance et le rythme extérieur de la vie des hommes créent une agitation mentale qui affecte aussi chacun sur les plans émotionnel et physique.

Aujourd'hui, le besoin des hommes ou des organismes pour lesquels ils travaillent les presse à avoir des activités plus nombreuses, plus importantes, plus efficaces, plus productives.

L'importance et la permanence de ces tensions vous amènent à constater que les exigences proviennent d'un égrégore, soit d'une exigence collective qui s'est créée dans le temps et qui n'appartient plus à un individu ou à un organisme, mais à l'ensemble de l'humanité, et qui est en soi une réponse déviée et inconsciente au rythme vibratoire planétaire plus élevé.

Ces tensions provoquent des désorganisations du système nerveux central et périphérique, et engendrent de plus en plus d'états de fatigue chronique et de dépression. Pour ne plus en être victime, l'individu doit comprendre cela et modifier ses comportements.

Dès qu'un de ses choix ou l'une de ses actions ne fait pas sens pour lui ou pour la collectivité ou l'univers, cela génère une fatigue ou accentue une tension. En outre, cela collabore à nourrir l'égrégore. Il est donc essentiel que chaque être soit conscient de ces liens énergétiques.

La lassitude, la fatigue chronique, la dépression s'inscrivent dans une catégorie de malaises d'ordre mental qui sont toujours la résultante d'une perte de sens à l'un ou l'autre des trois plans suivants :

Le plan individuel. Ici, l'être a besoin de sentir que ce qu'il est et ce qu'il fait le servent, le réjouissent et contribuent à sa raison d'exister. Le sens de sa vie est en relation avec son individualité. Il est alors question de son travail, de ses activités, de ses goûts, de ses relations intimes et amicales, de ce qu'il possède, de ses désirs, de sa création personnelle, etc.

Le plan collectif. Ici, l'individu a besoin de sentir que ses actions servent la communauté et même l'humanité. Le sens de sa vie est alors ressenti en fonction de la collectivité humaine et même de la nature. Il est alors question de son action ou de sa contribution à la société, de son utilité relative aux autres, de sa fonction par rapport à la planète, etc.

Le plan universel. Enfin, l'être a aussi besoin de sentir que son existence a un sens en rapport à la vie même, et ce, à un niveau qui rejoint l'universel.

Pour qu'un être soit en équilibre mental, il faille qu'à tout moment ce qu'il est et ce qu'il fait puissent avoir un certain sens pour lui, en fonction de la société qui l'entoure et de l'univers. Quand une perte de sens à l'un ou à plusieurs de ces trois plans se prolonge, un état de lassitude s'installe et peut dégénérer en dépression si la personne n'a pas de retrouvaille de sens.

Sur le plan individuel, l'être retrouvera le sens de sa vie dans l'expression de ses dons, qui lui procurent une joie pure de plus en plus grande, jusqu'à l'extase peut-être et la sensation d'être uni à Tout.

Sur le plan collectif, il retrouvera le sens de sa vie dans sa collaboration à un monde uni et dans la paix et la joie qu'il s'emploie à nourrir en lui.

Sur le plan universel, il le retrouvera dans l'ouverture de sa conscience, dans l'identification renouvelée à son âme nourris par ses voix intérieures et l'invitant à se reconnaître comme Dieu ou l'Énergie universelle.

La guérison débute par une compréhension du besoin de sens sur ces trois plans. Puis, elle s'accentue par la retrouvaille, en l'individu, d'idéaux inspirés par son esprit et dont la perspective le fait vibrer, le réjouit a priori. Par la suite, l'être pourra mettre en corrélation tout élément de sa vie avec ses idéaux pour en ressentir le sens. Chaque personne a une pulsion d'élévation et de retrouvaille avec sa source, et peut définir son idéal comme la recherche de la joie pure, du bonheur et de l'amour pur. Et cette recherche de l'idéal favorisera la retrouvaille du sens sur chacun des plans.

Le choix de la nourriture intellectuelle et spirituelle sera au cœur de sa guérison.

- *Le rééquilibre énergétique du système nerveux*

Le rythme vibratoire planétaire étant plus élevé, les stimulations du troisième œil et du cerveau sont plus importantes. Si, d'une part, la clairevision et la perceptivité sont plus nettes, d'autre part l'agitation mentale peut aussi augmenter lorsqu'elle est provoquée par une nourriture mentale inadéquate.

Le monde actuel est aussi de plus en plus investi d'ondes diverses qui circulent dans l'air, dans l'eau et la terre.

Or, toute cette organisation d'ondes et de vibrations est exigeante tant pour les corps subtils que pour le corps physique et le système nerveux central et périphérique de l'humain. Toutes ces ondes en circulation libre ou orientée émises et attirées par une multitude d'antennes sollicitent intensément les cellules du cerveau. Elles peuvent ainsi provoquer une réduction ou une altération de ses cellules ou des stimuli transmis par celles-ci. De longues périodes de grandes tensions sur le système nerveux sont susceptibles de créer des déséquilibres et certainement des malaises et des diminutions de la capacité de régénérescence.

Ajoutons que l'ensemble des croyances inscrites dans le corps mental, de même que les émotions bloquées et les blessures réactivées, génèrent une continuelle sollicitation du mental et du système nerveux. Il est donc important que les individus permettent une réorganisation des circuits et des cellules du système nerveux central et de tout le corps.

Conscient de toutes ces tensions d'une part et de ses pouvoirs d'autorégulation d'autre part, l'être est invité à procéder régulièrement à une réorganisation énergétique du système nerveux central. Cette pratique entraînera la détente du système nerveux, la réorganisation des cellules du cerveau, le rééquilibre des glandes épiphyse, hypophyse et hypothalamus, et la stimulation de la régénérescence cellulaire.

La pratique de l'autoguérison avec les énergies tellurique et cosmique déjà présentées (chap. 2.2,4) favorisera à la fois la détente du système nerveux et le rééquilibre de la circulation énergétique dans le corps mental et les corps physique et éthérique affectés par ces tensions.

- *L'assouplissement d'ordre mental*

La guérison d'ordre mental fait appel à toutes les ressources de l'esprit. D'abord, avant même de pouvoir identifier un déséquilibre important d'ordre mental, on peut observer la rigidité mentale, qui est créée par les croyances de l'être et le contrôle que ces dernières exercent sur lui, le faisant dévier de sa voie la plus naturelle et générant des mal-être.

Les préjugés, les jugements, les a priori et toutes les inscriptions que sont les croyances peuvent aussi conditionner des états, des attitudes et des comportements. L'être est alors sous le joug de son mental, inconsciemment en déséquilibre, effectuant des choix destructeurs à long terme.

Il doit vraiment utiliser l'énergie de la conscience et de l'amour pour vivre l'instant présent, en se laissant inspirer par la connaissance subtile dont il se nourrit dans la méditation et la contemplation. Ses inspirations de l'esprit le guideront vers une compréhension plus juste des expériences passées et des choix plus éclairés pour le présent que ce que le mental peut lui offrir.

Ce que nous voulons mettre en lumière ici est que le premier niveau de déséquilibre est causé par la difficulté de l'être d'accueillir la connaissance subtile sous forme d'inspirations, ce qui l'amène à réagir plutôt en fonction de ses croyances, lesquelles lui furent inculquées par son environnement familial, éducationnel, religieux et social, et purent croître à partir d'inscriptions mémorielles et génétiques.

Il y a une corrélation entre les émotions, les inscriptions mémorielles et génétiques, et les croyances. Si, par exemple, un individu a été physiquement et psychiquement maltraité par son père, il peut avoir des fermetures sur le plan émotionnel, comme des difficultés à être en relation avec un humain. La croyance que les hommes communiquent avec rudesse et rigidité peut aussi s'inscrire en lui. Cet exemple illustre un malaise émotionnel générant une croyance qui provoquera un déséquilibre mental. Et ces deux éléments conditionneront la manière d'être et d'agir de l'individu.

- *La psychose*

Les déséquilibres d'ordre psychotique sont souvent la résultante d'une difficulté de l'individu à gérer l'information qu'il capte d'une autre réalité. Un être peut voir ses canaux de réceptivité s'ouvrir de façon plus ou moins équilibrée de telle sorte qu'il soit en relation avec une ou plusieurs autres réalités de façon confuse. Ces réalités peuvent être celles d'autres plans de conscience ou d'autres dimensions.

En d'autres termes, la connaissance qu'un être reçoit lorsqu'il s'ouvre n'est pas nécessairement applicable, telle qu'elle est reçue, à sa vie quotidienne. La capacité d'organiser la connaissance, d'établir des relations exprime l'équilibre mental. Il se peut qu'une difficulté de compréhension, de gestion, d'organisation de la connaissance subtile entraîne l'individu dans une désorganisation de sa vie. Nous dirons alors qu'il a des malaises ou des épisodes psychotiques.

Pour faciliter la retrouvaille d'une gestion équilibrée des informations perçues d'autres plans de conscience, l'individu qui vit des épisodes psychotiques doit être accompagné par des intervenants qui ont maîtrisé les pouvoirs de projection ou d'accès à ses autres réalités. Ces intervenants pourront accéder simultanément à l'individu et à l'information avec laquelle il est en relation, pour l'aider à l'organiser sans perdre le contact avec la réalité dans laquelle il vit. Cela peut s'avérer si complexe et si exigeant que peu de gens choisissent de s'y consacrer.

Pourtant, dans ce monde en mutation où les facultés ultrasensorielles s'éveillent, il y aura un accroissement des troubles psychotiques.

Il est donc essentiel que les trois médecines s'unissent maintenant pour créer des équipes d'accompagnement dans les déséquilibres psychotiques. Leurs protocoles devront faciliter l'accès aux connaissances des autres réalités par l'un des intervenants sans que ce dernier quitte la relation avec cette réalité.

Les êtres qui vivent ces déséquilibres doivent favoriser la détente et la contemplation, et rechercher l'accompagnement d'équipes composées d'intervenants des trois médecines (conventionnelle, naturelle et énergétique) et d'intervenants possédant le don de se placer en état altéré. Ils ont avantage à éviter l'accompagnement d'un intervenant solitaire et à privilégier une vie terrestre équilibrée.

8. L'autoguérison par les sons

Les sons peuvent être utilisés avantageusement pour créer une vibration des glandes qui aident à rééquilibrer certains systèmes ou organes. Les glandes sont associées aux centres énergétiques. Le hara et les gonades sont associés, par exemple. Le plexus solaire est relié au pancréas et à la rate, et ainsi de suite.

Par leurs vibrations, les glandes produisent des réactions chimiques ou hormonales qui assurent le bon fonctionnement des organes et des systèmes. Le déséquilibre de ces glandes pourrait affecter les organes et les systèmes gérés par elles.

La médecine énergétique propose différentes voies de rééquilibrage des glandes, dont les émissions sonores. Depuis l'Égypte ancienne, plusieurs êtres ont œuvré à l'identification des sonorités qui contribuent à la guérison.

Des sonorités très spécifiques, émises par la voix, des instruments ou des objets, ont été associées au rééquilibre et à l'harmonisation des centres énergétiques (chakras), des glandes, des organes et des états intérieurs. Bien que toutes les associations établies et les pratiques qui s'ensuivent soient intéressantes, les sonorités doivent être adaptées à chacun.

Les corps physiques et les corps subtils des individus, quoique de même nature, sont tous légèrement différents. L'effet d'un son émis ou reçu sera donc lui aussi différent. De même, la fréquence vibratoire de l'être influencera le parcours et l'effet du son.

Certaines sonorités émises par des voix, des objets ou des instruments peuvent amener une majorité d'individus à se décontracter, à élever leur rythme vibratoire, à se réharmoniser. Certaines, très spécifiques, peuvent provoquer une réaction cellulaire chez d'autres personnes et servir d'outils d'accompagnement vers la guérison.

Toutefois, l'utilisation des sonorités dans un processus de guérison exige que *chaque individu retrouve ses propres sons, qu'il émettra à partir de sa voix.*

Seule la présence à soi durant l'émission de sons dans différentes situations et divers états intérieurs permettra à chacun d'établir un registre sonore pour l'autoguérison. Et puisque l'individu est toujours en transformation physique et subtile, le registre sera lui aussi en perpétuelle évolution.

Tant l'émission que la réception de la sonorité pourront influencer la transformation cellulaire et vibratoire, et provoquer des bien-être ou des inconforts.

Dans un processus de guérison, l'inconfort peut être tout autant l'effet d'un dérèglement que d'une autorégulation. La complicité avec le corps créée dans l'expérience de l'écoute vous permet de comprendre le message des sensations et d'identifier la nature de l'inconfort. Par exemple, lorsqu'un stimulus comme une sonorité permet un déblocage énergétique, le mouvement même peut générer un malaise temporaire.

Le développement du registre sonore individuel en tant que trousse d'autoguérison est une exploration quotidienne des sons émis et reçus, et une attention de leurs effets.

- *Le processus de guérison par les sons*

  1. L'observation

Soyez observateur de vos sensations lorsque vous modifiez les intonations et l'intensité de votre propre voix durant vos conversations normales, vos éclats émotionnels et vos chants.

Soyez aussi observateur des sensations provoquées en vous lorsque vous recevez les vibrations du son de la voix de différents individus, de bruits, de musique et de chants sur votre parcours quotidien.

Ce faisant, vous obtiendrez déjà des informations quant à certaines sonorités confortables ou inconfortables en provenance de l'intérieur et de l'extérieur.

2. L'exploration

Puis offrez-vous des moments d'exploration des sonorités, et des sensations qu'elles génèrent en vous. Émettez différents sons, diverses intensités et fréquences, à partir de votre voix, d'objets ou d'instruments distincts, et ressentez ce que cela provoque dans votre corps.

Assurez-vous d'explorer progressivement un registre à large spectre des différentes sonorités et différentes sources.

Peu à peu, vous établirez des corrélations entre des sonorités précises et des sensations précises, puis entre les sensations et les transformations de votre corps.

Vous découvrirez que des glandes s'activent avantageusement à l'émission ou à la réception de certains sons, de certaines provenances. Vous ressentirez que votre corps se détend à l'écoute de certains autres sons, ou que la circulation énergétique est stimulée. Vous ressentirez que certains centres énergétiques sont stimulés par une sonorité particulière.

Vous apprendrez progressivement, par l'expérience, quelles sonorités peuvent participer à votre guérison.

Vous développerez vos pouvoirs d'autoguérison par le son. Ces pouvoirs existent et ne sont pas le fruit d'un talent pour la musique, le chant ou la création de sons spéciaux ; ils émergent de la pratique.

3. L'autoguérison

Lorsqu'un déséquilibre se manifeste, émettez le son qui, selon votre expérience, élève le rythme vibratoire de la glande, de l'organe ou du centre énergétique relatif au déséquilibre, et ce, jusqu'à ce que vous ressentiez une détente et un bien être.

Certaines sonorités sont à des fréquences telles qu'elles influencent tous les humains. Par exemple, certains sons produits par des instruments favorisent chez tous l'élévation du rythme vibratoire, la centration ou, encore, la détente.

Toutefois, l'utilisation des sons en vue de la guérison exige une complicité avec le ou les corps à guérir. Les sonorités universelles sont peu nombreuses, et les sonorités appropriées pour provoquer un changement favorable ou la guérison nécessitent une adaptation à chaque être.

Le son est l'un des outils les plus puissants de l'être pour l'accompagner jusqu'à la transmutation. Toutes les voies spirituelles ont toujours invité les individus à des chants sacrés créés par des Maîtres. Si entendre ces chants contribue à l'ouverture énergétique, les chanter provoque une élévation du rythme vibratoire et un état d'expansion qui prédisposent à la méditation, à la création et à l'autoguérison.

9. Un exemple de guérison

Nous avons des auteurs mondialement connus, comme Louise Hay, qui se sont guéris du cancer. Gregg Braden, qui a publié chez nous, aux Éditions Ariane, s'est aussi guéri du cancer après certaines prises de conscience. Nous vous présentons ici, en quelques lignes, un exemple vécu de la guérison d'un auteur québécois qui a travaillé avec Pierre Lessard et Maître Saint-Germain.

Des essoufflements au moindre effort et une perte d'énergie associée à une anémie très grave amenèrent un thérapeute à consulter la médecine traditionnelle pour en connaître les causes. Cet homme fut ébranlé d'apprendre que ses poumons étaient criblés de métastases, qu'un nodule cancéreux occupait la partie supérieure de son estomac. Le stade 4 de l'évolution du cancer était déjà atteint lorsqu'il prit conscience de son état de santé.

Maître Saint-Germain lui proposa alors un parcours d'autoguérison très précis alliant les trois médecines. En le guidant, il l'invita d'abord à prendre conscience de deux inscriptions cellulaires affectant son équilibre. D'une part, sa relation difficile avec sa mère avait créé en lui la peur d'être sous la domination d'une femme et la crainte d'un engagement à long terme dans une relation. Pourtant, la communion avec une partenaire dans une relation amoureuse mutuellement stimulante était l'un de ses principaux idéaux de vie. D'autre part, le renoncement à ses élans de création artistique au profit de son travail sur la psyché humaine avait provoqué une recherche d'intensité déployée exclusivement sur sa carrière.

Stimulé et réjoui par d'étincelantes réussites professionnelles et de précieuses relations affectives, il avait ignoré au cours des années les signes d'une insatisfaction plus profonde. Ces signaux, associés à plusieurs malaises physiques ou psychiques, n'avaient pas suffi à le mettre à l'écoute de ses voix intérieures fort vibrantes. Cette fois, la maladie, plus dévastatrice et intense que jamais, ne lui laissait pas d'autre choix que d'aller à la rencontre de lui-même pour chérir la vie et se choisir véritablement.

Le processus d'autoguérison invite non seulement à la compréhension des sources profondes du renoncement à soi, mais aussi et surtout à la transformation des choix de vie pour répondre à l'être véritable que l'on est. Le parcours de guérison devint prioritaire dans la vie de cet homme. Il s'y consacra entièrement, mettant le cap sur la recréation de la paix intérieure en décidant de redonner une place prédominante à l'artiste dans sa vie professionnelle et de s'engager totalement lorsque la relation amoureuse juste se présenterait.

Avec assiduité, il adopta des pratiques énergétiques quotidiennes favorisant la puissance de ses assises terrestres et développa un dialogue naturel avec les cellules de son corps. Plusieurs fois par jour, au cours d'un rendez-vous de célébration de la vie fidèle à celui que nous avons décrit, il invitait donc ses cellules à se régénérer. Il se nourrit abondamment de lumière et de prâna, tout en portant attention à sa nourriture physique, émotionnelle et mentale afin qu'elle soit en résonance avec ses voix intérieures. Parallèlement, il accepta le protocole de chimiothérapie de la médecine des hommes tout en ajoutant les suppléments proposés par la médecine naturelle.

Après quelques mois, la médecine traditionnelle lui confirma que son cancer de l'estomac avait disparu et que son cancer du poumon était devenu inerte. Le processus de guérison avait agi, et cet homme avait retrouvé la santé. Pendant toute cette traversée, malgré des épisodes passagers de doute et de souffrance, il avait choisi de privilégier en lui la joie de vivre et l'amour de lui-même.

3. Les pouvoirs de guérison et la reprogrammation alimentaire

La vie nourrit la vie! L'univers entier est de l'énergie en mouvement qui s'exprime par différentes formes de vie qui se nourrissent mutuellement.

De même, pour assurer la vie en lui, l'humain se nourrira vibratoirement et physiquement des différentes formes de vie qui s'offrent à lui : la lumière, l'air, le prâna, l'eau, les aliments de la terre, et les vibrations de la vie invisible qui l'entourent, comme celles des deva de la nature et des êtres de l'invisible.

Lui-même sera un nourricier de la vie en offrant les vibrations qui émanent de lui, des vibrations d'amour et de lumière, lorsqu'il partage généreusement ses dons et ses talents pour sa plus grande joie et celle de son environnement.

Ainsi, la qualité de la nourriture qu'il s'offre influence la vie en lui, de même que la qualité de ses vibrations influence la vie qui l'entoure. S'il vibre d'amour, son rythme vibratoire élevé participe à ce que tout soit plus vivant autour de lui. S'il est alourdi par ses contrariétés et ses frustrations, ce qu'il émet est une nourriture moins stimulante pour la vie qui la reçoit.

Sa nourriture vivante éveille et stimule la vie en lui. Elle devient un véritable remède aux déséquilibres causés par les blocages énergétiques, et un intensificateur de ses pouvoirs d'autoguérison.

L'être peut tenter de se guérir par ses pouvoirs énergétiques, mais si sa nourriture non adaptée et non équilibrée provoque une réintoxication, ses déséquilibres seront récurrents ou même croissants.

Il faut savoir aussi que même si les humains sont identiques à plusieurs égards, leur essence présente des nuances importantes. Et même si leurs corps ont un fonctionnement général identique, leurs besoins et leurs réponses à ce qui leur est offert sont nuancés. Vous constatez sans doute que les humains ne réagissent pas de la même façon aux stimuli physiques, psychiques ou alimentaires. Leurs codifications génétiques, leurs inscriptions mémorielles, leurs croyances et leurs programmations ont déjà influencé la constitution de leurs cellules, de leur sang, de leur structure. Elles influenceront aussi leurs réactions à la nourriture à tout les niveaux.

Comme la source de l'être est la lumière, sa nourriture primordiale est aussi la lumière. Cette dernière est créée par toutes les formes de vie en mouvement et l'individu aura à s'en nourrir pour être en communion. Par ailleurs, la lumière produite par le soleil est une nourriture naturelle et essentielle pour son énergie de guérison et de création.

Puis le prâna, souffle de vie présent dans l'air, est sa deuxième nourriture naturelle. Il permet sa croissance, la régénérescence cellulaire et l'intensité de l'énergie de ses corps subtils.

L'eau est sa troisième nourriture de base. Elle assure la circulation et l'épuration dans tous ses corps. La qualité de sa vie est en corrélation directe avec la qualité et la quantité d'eau dont il s'alimente.

Les aliments physiques apportent aussi de l'eau, des minéraux, des nutriments et du prâna. Selon leur qualité et leur vitalité, ils stimuleront la vie ou l'alourdiront.

L'alimentation physique va permettre à l'être d'assurer une partie de sa croissance et de son déploiement. Toutes les nourritures plus subtiles permettront son évolution, et plus il s'en nourrira consciemment, plus il pourra transformer sa nourriture physique et en réduire l'importance. Si les aliments physiques peuvent assurer une vitalité et un sain déploiement de l'être, ils peuvent aussi provoquer des contractions, des déséquilibres et des maladies destructrices.

Lorsque les aliments ne sont pas en harmonie avec l'énergie d'un être, lorsque les combinaisons alimentaires ne correspondent pas aux besoins réels du corps, lorsque la nature, les qualités ou les quantités de ces aliments sont choisies à partir des désirs de l'individu et non de l'appel du corps, elles peuvent tout autant déséquilibrer le corps que lorsque leur choix conscient favorise la vie et la guérison.

Bien que l'humain soit inspiré quant à une alimentation adéquate, trop souvent, le choix de son alimentation est en relation avec certaines formes de dépendance. Il recherche certains goûts qui le sécurisent, qui le rassurent, qui lui plaisent. Il est tout à fait naturel qu'il recherche et retrouve une joie dans l'alimentation. Nous y voyons une autre manifestation de la perfection de l'univers : l'alimentation est à la fois essentielle pour l'humain et créatrice de sensations agréables.

Il est naturel que l'être puisse se réjouir de ce dont il se nourrit sur tous les plans. Les rayons du soleil procurent une sensation agréable lorsqu'ils sont accueillis sans abus. Lorsque le prâna est abondant dans l'air, une respiration profonde suscitera un bien-être. De la même manière, les aliments physiques procurent des joies au palais, des sensations de sécurité, de confort et de bien-être. Ces bénéfices invitent l'être à se nourrir sur tous les plans.

Toutefois, dès que l'individu abuse d'une nourriture, un inconfort se manifeste dans son corps, le prévenant d'une surconsommation. Avant même qu'il se nourrisse, l'intelligence cellulaire lui transmet par sensations ce dont ses corps ont besoin comme nourriture, et il n'aura qu'à choisir consciemment selon ce qui lui est transmis, au lieu de se laisser contrôler par ses croyances, ses désirs ou les informations extérieures qui ne sont pas nécessairement en résonance avec tous ses corps.

Il ne sert à rien de tenter de choisir votre nourriture selon des connaissances intellectuelles. Au cours des âges, n'avez-vous point été instruit de moult formes de diète, de voies alimentaires différentes les unes des autres ? En effet, il existe une multitude d'enseignements des hommes sur la manière juste de vous alimenter. Une grande proportion de ceux-ci a des assises scientifiques. Plusieurs approches basées sur des expériences concrètes à long terme semblent démontrer la voie alimentaire la plus appropriée et équilibrée, mais elles s'opposent souvent entre elles.

Pourquoi des études scientifiques s'opposent-elles ainsi, puisqu'elles sont associées à des expériences faites sérieusement sur des échantillons importants ? Parce qu'elles ne tiennent pas compte des différences entre les individus, par exemple leurs états d'être, leurs prédispositions, leurs inscriptions mémorielles et génétiques ou même des influences environnementales.

Comment une théorie alimentaire pourrait-elle tenir compte à la fois de la contrariété que vous avez eue durant les heures passées et de la relation de celle-ci avec un élément karmique ? De votre énergie fondamentale associée à l'un des éléments (terre, air, eau, feu, éther), et de son influence sur vos états intérieurs et vos attitudes ? D'un comportement alimentaire associé à une habitude familiale sécurisante, elle-même en relation avec une inscription génétique ? Tous ces éléments, et bien d'autres, influencent le besoin réel de nourriture et le processus de transmutation des aliments dans le corps.

Toutes les théories, les diètes et les règles alimentaires sont intéressantes et favorisent l'équilibre chez certains êtres. S'il y a donc des centaines de voies alimentaires proposées, sachez que chacune correspond pour le moins à un équilibre parfait pour plusieurs individus.

Cependant, l'intelligence cellulaire, le véritable cerveau, guidera chaque humain vers des choix judicieux, en quantité et en qualité, de chaque niveau de nourriture dont il a à se nourrir pour être en équilibre et conserver un bien-être.

Puisque les individus en général n'ont pas été entraînés à une écoute subtile d'eux-mêmes qui assure la santé, ils ont programmé le corps à rechercher une nourriture qui répond à des mémoires, des peurs, des insécurités, des influences extérieures ou même à des caprices et qui, trop souvent, est inadéquate pour garantir la santé et provoque au contraire des déséquilibres. Ils auront donc à suivre un parcours de reprogrammation alimentaire, soit une transformation de tous les mécanismes programmés en eux qui les influencent à choisir des nourritures inadéquates sur tous les plans.

Dès que l'être se présente sur terre, avant même sa naissance, lorsqu'il est dans l'espace intra-utérin, il reçoit une nourriture physique par l'intermédiaire de sa mère, laquelle a des habitudes alimentaires qui, parfois, varient lorsqu'elle porte un enfant. Toutefois, ses choix alimentaires vont déjà amorcer le conditionnement de l'enfant à naître et ils accentueront ses programmations après la naissance.

Bien entendu, l'intelligence cellulaire de la mère permettra une certaine transmutation des aliments dont celle-ci se sert pour créer le lait maternel, et ce dernier s'adaptera aux besoins de l'enfant jusqu'à une certaine mesure, selon les aliments choisis.

Petit à petit, l'enfant sera guidé vers certaines expériences et habitudes alimentaires qui créeront des programmations. Ses inscriptions mémorielles et génétiques influenceront aussi ses besoins de nourriture particulière.

Les cellules du corps ont la capacité de savoir et de transmettre à l'être ce qui est judicieux, nécessaire, voire essentiel pour lui. Elles lui transmettront ces informations par le biais de sensations et de goûts. Toutefois, elles auront à puiser dans son registre préprogrammé pour lui transmettre ses goûts, ses envies. Par analogie, imaginez que nous voulons vous inculquer une connaissance et que pour ce faire nous utilisons votre langage extérieur et vos voies intérieures. Si votre langage est trop limité pour permettre la communication de certaines informations particulières n'existant pas dans votre monde et que vous n'êtes pas à l'écoute de vos voies intérieures, vous ne pouvez recevoir ces informations et vous utilisez alors des informations plus limitées, préétablies.

En outre, les choix alimentaires d'un individu adulte ont été conditionnés par ses programmations, ses habitudes et ses besoins de compensation. Lorsque, par exemple, il vit un moment de tristesse, il peut rechercher du réconfort dans certains aliments qui lui apportent un plaisir des sens, qui le rassurent, grâce auxquels il obtient un plaisir éphémère et superficiel qui n'est pas nécessairement sain pour lui.

Simplifions ici en affirmant d'une part que tous les humains ont leurs habitudes. D'autre part, tous ont pu constater par expérience que des changements dans leur alimentation ont des effets sur leur corps. Une multitude de programmes alimentaires, de nombreux conseils, plusieurs théories sur ce qu'un individu doit retenir ou non comme aliments pour son bien-être, pour sa guérison existent sur cette terre. Et pourtant, malgré cette multitude de voies alimentaires, il cherche toujours ce qui est approprié pour lui. Il semble que chaque programme alimentaire fonctionne très bien pour son créateur et relativement bien pour un ensemble d'individus, alors qu'il ne fonctionne pas pour d'autres.

Puisque tous les humains, quoique de nature universelle, sont différents par leur constitution, leur essence et leur rythme vibratoire, une alimentation saine sur tous les plans sera différente pour chacun d'eux.

Nous nommerons *Reprogrammation alimentaire* l'ensemble de notre enseignement pour amener les êtres à retrouver leur pouvoir de nourrir la vie en eux et d'assurer la santé de tous leurs corps, par une nourriture judicieuse et inspirée de l'intérieur.

Les voies intérieures qui transmettent les informations des cellules peuvent être faussées ou marquées de distorsions par les dépendances et les attachements de l'être qui résultent des peurs et des blessures de celui-ci.

La véritable autonomie alimentaire est relative à l'autonomie de l'individu dans l'ensemble de sa vie. La Reprogrammation alimentaire est un parcours de retrouvaille de l'autonomie pour chacun. Elle provoquera des prises de conscience et des invitations à transformer la relation avec soi.

La Reprogrammation alimentaire est en soi un processus de guérison et une voie visant à intensifier tous les pouvoirs énergétiques de guérison et de manifestation.

1. Les bases de la Reprogrammation alimentaire

L'humain est énergie et, par cette énergie, il est à même de réduire la dégénérescence cellulaire et d'en stimuler la régénérescence. La vie dont il se nourrira stimulera en lui celle qui lui permettra de se guérir et de déployer l'énergie en lui.

Plus les aliments sont vivants, plus ils stimulent la vie en l'être. Cette connaissance influencera toute la Reprogrammation alimentaire.

Les aliments sont vivants lorsqu'ils sont dans leur habitat naturel. Un fruit est fort vivant lorsqu'il est dans l'arbre. Un légume est fort vivant lorsqu'il est accroché à la plante. Dès que l'aliment est retiré de son habitat naturel, il y a une diminution de son rythme vibratoire, une contraction, une cristallisation et une diminution progressive de la vie qu'il renferme. Bien qu'il puisse continuer à mûrir et à être savoureux étant donné que la vie l'habite toujours, il ira vers une diminution de l'intensité de la vie en lui.

Relation aux aliments et stimulation de la vie en eux.
Puisque l'individu cherche à se nourrir de la vie, il aura avantage à entrer en communion avec l'aliment. Sa disponibilité à entrer en relation avec l'aliment avant même de le porter à sa bouche permettra une réelle Reprogrammation alimentaire.

L'aliment dont vous allez vous nourrir vous apportera de la vie qui stimulera votre énergie. Mais puisque la vie est déjà en vous, vous-même, avant de vous nourrir de cette vie, avez le pouvoir de stimuler l'intensité de la vie dans l'aliment qui, par la suite, vous nourrira.

Quand vous avez choisi les aliments dont vous voulez vous nourrir, entrez en communion avec eux afin que votre relation les vivifie et qu'ils vous vivifient ensuite à leur tour.

Ainsi, avant même de mettre un aliment dans votre bouche, vous conscientisez son parcours de vie et vibrez de gratitude pour tout ce qui a collaboré à ce qu'il soit disponible pour que vous vous en nourrissiez.

Par exemple, lorsque vous vous apprêtez à manger un légume, en un instant imaginez-le d'abord dans son habitat naturel, en pleine croissance. Puis, prenez conscience de l'homme qui l'a semé, qui a retourné la terre, des éléments de la nature – la lumière, les rayons du soleil, l'air, l'eau de pluie, la force de la terre – qui l'ont nourri, des individus qui ont pu le cueillir, l'apporter au marché, des marchands qui l'ont offert, des gens qui se sont procuré cet aliment, qui l'ont préparé pour vous l'apporter. Prenez conscience aussi des deva de la nature qui ont insufflé la vie en lui. Une multitude de formes de vie ont sans doute collaboré à ce que cet aliment soit là, prêt à vous nourrir.

Lorsque vous êtes dans la conscience, l'amour et la gratitude, vous vous unissez à la vie dans l'aliment et l'éveillez. Qui plus est, en visualisant dans la joie les individus qui ont participé à cette nourriture, vous leur transmettez vos vibrations d'amour qui les influenceront. Bien sûr, vous n'avez pas à les connaître personnellement ni à tous les visualiser. Entrez simplement en communion avec l'aliment, et vous serez aussitôt dans la conscience de sa vie et de ceux qui l'ont accompagné. En outre, vous nourrissez ainsi, par vos vibrations, un égrégore de reconnaissance qui influence tous les humains.

Voilà le premier pas que tout individu est amené à faire avant de se nourrir physiquement.

Nous vous suggérons que cette communion et cette vivification des aliments se fassent au début de chacun de vos repas : regardez vos aliments, voyez-les vivants, ainsi que tous ceux qui ont participé à leur vie, et remerciez.

Dans la Reprogrammation alimentaire, il n'y a pas de discrimination intellectuelle ou émotionnelle des aliments ni d'obligation de vous nourrir d'un aliment plutôt que d'un autre. C'est l'intelligence cellulaire, qui, elle, fera pour vous cette discrimination. Au lieu d'avoir une présence extérieure qui vous dit de manger ceci ou de ne pas manger cela, vous aurez une orientation précisée de l'intérieur de votre être.

Les prémisses de la Reprogrammation alimentaire, sans lesquelles cette dernière serait incomplète et ne permettrait pas l'autonomie, se situent dans la relation de l'être à ses aliments et dans l'intensification de la vie en ceux-ci. Ainsi, lorsque l'individu, en quelques secondes, visualise les aliments qu'il y a dans son assiette par rapport au processus de leur croissance et à tout ce qui y a collaboré, il est dans une sensation de la vie sous toutes ses formes qui participe au fait que ces aliments sont justement dans son assiette.

Puis, en imposant les mains ou en projetant de son troisième œil un faisceau de lumière, il stimule encore le rythme vibratoire de ces aliments pour l'amener le plus près possible de son rythme vibratoire naturel, lorsque ces aliments étaient dans leur habitat naturel. Ensuite, il magnétise ces aliments pour que les vibrations puissent être en harmonie.

L'individu qui se prépare à se nourrir joue le rôle d'un animateur ; il anime les aliments et augmente leur taux de vitalité. Quand, à la suite de cette relation, il magnétise les aliments en projetant sa vibration vers ceux-ci, il poursuit l'animation ou la dynamisation de l'énergie dans les aliments qu'il va absorber.

Depuis le début du processus de vivification des aliments, tous les sens de l'individu sont éveillés pour intensifier sa relation avec eux. Son regard réjoui capte les nuances des couleurs et des formes ; il entend les sonorités émises par les aliments, leur chant subtil ; il respire les parfums nuancés qui s'entremêlent ; il a tout avantage à toucher les aliments de ses mains pour se nourrir encore plus des vibrations qui émanent de ceux-ci ; il accueille les ondes qu'ils émettent. Ainsi, lorsqu'il mettra ces aliments dans sa bouche, une intimité sera déjà créée.

La création d'enzymes

Lorsqu'il porte l'aliment à sa bouche, l'être continue le processus de dégustation de la vie de cet aliment. Il a vu, entendu, senti, touché, vibratoirement ou physiquement, l'aliment, puis il le met en bouche, accentuant la relation par le toucher et le goûter.

Avant même de mastiquer, particulièrement pour les premières parcelles de nourriture, l'individu laisse l'aliment en bouche un très court moment afin que tous ses capteurs buccaux subtils puissent capter avec plus d'intensité toutes les propriétés de l'aliment, dont les émanations prâniques, qui sont vivantes.

Comme chez l'humain, un corps éthérique vibre dans tout aliment vivant. Celui-ci a des émanations prâniques. Ainsi, lorsque l'être met en bouche un aliment, avant même de mastiquer il entre en relation avec la dimension subtile de l'aliment pour en nourrir son corps physique et ses corps subtils.

Dès lors, au lieu de se nourrir d'environ 10 % des propriétés d'un aliment en le mastiquant et en l'avalant rapidement, il peut se nourrir de toute la vie que lui offre cet aliment. Avant de mastiquer, il s'offrira un moment de conscientisation, qui peut être d'une seule seconde, pour nourrir ses corps de toute la nourriture subtile que cet aliment peut offrir.

Ce moment de conscientisation permet aussi d'accentuer et de transformer le processus de salivation. La salivation débute par l'émergence de la faim ou l'envie de se nourrir, avant même que la personne soit en contact avec l'aliment. La relation avec l'aliment telle qu'elle a été décrite accentue la création de substances enzymatiques dans la salive.

Plus la personne est dans une relation consciente avec l'aliment, plus elle stimule la vie en ce dernier. L'intelligence cellulaire reconnaît l'aliment et crée des substances enzymatiques pour qu'il puisse mieux s'intégrer et que toutes ses propriétés soient utilisées dans le corps physique et les corps subtils.

Une fois l'aliment en bouche, durant cet instant de conscientisation et de nourriture subtile, il y a encore une accentuation de la modulation de la substance enzymatique pour qu'elle puisse vraiment capter toutes les émanations de l'aliment. Les substances enzymatiques se développent progressivement et seront favorisées par une relation plus intense avec l'aliment et la non-précipitation à l'avaler.

Faisons ici un parallèle pour que vous saisissiez bien. Lorsque la mère allaite son enfant, le lait maternel se transforme en plusieurs étapes pour s'adapter aux besoins de l'enfant en croissance. Lorsque l'enfant prend le sein de la mère avec sa bouche, déjà ce contact permet une transformation du lait maternel. Non seulement le contact vibratoire entre l'enfant et la mère aura-t-il permis une transmutation du lait maternel pour adapter ce dernier aux besoins de l'enfant, mais, par la suite, ce contact buccal permettra à la mère de poursuivre le processus de transmutation, de modulation de son lait pour qu'il corresponde à l'enfant.

Le même processus s'établit également entre l'individu et l'aliment. Bien sûr, les propriétés de l'aliment ne sont pas changées au même titre que la mère change les propriétés du lait maternel. Toutefois, les substances enzymatiques aideront le corps à déceler naturellement ce qui lui convient de l'aliment en bouche et en stimuleront particulièrement certaines propriétés physiques ou subtiles pour déjà les intégrer, avant même que l'aliment soit avalé.

Le processus commence lorsque l'aliment est devant l'individu, et il se poursuit quand l'aliment est en bouche. Au moment de la mastication, les substances enzymatiques continuent de se créer et de s'imprégner dans l'aliment pour que le corps physique et les corps subtils puissent s'en nourrir, avant même que l'aliment soit avalé. Bien sûr, une fois l'aliment avalé, ces substances enzymatiques faciliteront son absorption. Sans compter que d'autres substances enzymatiques sont créées aussi par l'estomac.

Les substances enzymatiques servent l'absorption des qualités prâniques ou subtiles de l'aliment, et de ses qualités physiques.

Imaginons deux personnes qui se nourrissent d'un même fruit. Les substances enzymatiques feront en sorte que chacune puisse retirer de ce fruit ce dont son corps a besoin. Leurs besoins sont différents, et ces substances enzymatiques vont permettre non seulement de déceler, mais aussi de préparer, les propriétés dont le corps de chacune a besoin.

En général, les individus croient que les enzymes facilitent l'absorption. Cela est juste, mais ce n'est pas leur fonction première. Leur première fonction consiste à mieux capter toutes les propriétés physiques et subtiles en correspondance avec les besoins individuels. Puis, bien sûr, à s'imprégner dans les aliments pour simplifier leur digestion et l'absorption de tous leurs nutriments.

Tout aliment vivant émet des vibrations. Il contient du prâna, et ses émanations en libèrent aussi. Lorsque vous le mettez en bouche, avant de le mastiquer, et que vous êtes en union avec cet aliment, ses émanations, que vous contactez par votre conscience, nourrissent aussi vos corps subtils. Et les substances enzymatiques vont aussi retirer du fruit lui-même, au-delà de ses émanations, ce qui peut nourrir vos corps subtils.

Plus l'aliment est préparé dans la conscience, dans l'amour et dans la joie, plus la vie qu'il renferme est intense, plus elle peut émaner de cet aliment, et mieux ce dernier peut vous nourrir.

Imaginons que l'individu qui a cultivé cet aliment était un être joyeux, amoureux, respectueux de la nature. Sa vibration sera imprégnée dans cet aliment, qui sera plus nutritif. Vous pourrez même ressentir sa puissance. Toutefois, il se peut aussi que, sur le parcours de cet aliment jusqu'à vous, il y ait des individus qui sont moins dans la joie. Nous vous avons invité à entrer en relation avec tous les êtres, tous les deva de la nature, toutes les expressions de la nature qui ont accompagné cette nourriture, de sa semence jusqu'à votre assiette, et à être en relation avec la vie en eux.

Ce n'est pas parce qu'un individu est apparemment inconscient, triste, en colère qu'il n'est pas fondamentalement lumineux. Il y a plusieurs voiles, il y a des cuirasses, mais au cœur de l'être se trouvent aussi la lumière, l'amour, la conscience, la puissance de vie. Et lorsque la personne vous offre un aliment, même si elle est imprégnée d'une parcelle de tristesse, elle porte aussi la puissance de vie et l'amour voilé, mais tout de même présent, en elle.

En entrant en relation avec l'aliment, vous ne faites pas une analyse de chaque personne qui l'a touché pour savoir si elle était triste. Vous entrez plutôt en relation avec la puissance, la beauté, l'amour, soit la dimension lumineuse de l'être, pour la faire rejaillir dans l'aliment. Non seulement l'aliment en bénéficiera, mais vous stimulerez en chaque être sa propre lumière.

En vous nourrissant consciemment, vous collaborez à la conscientisation du monde.

Faites en sorte, *vous-même*, d'être en paix et dans la joie pure, et vous changerez ce monde. Pour y arriver, il y a en vous une multitude de petits éléments à transformer, à transmuter.

2. La Reprogrammation alimentaire – Étape 1
Choix d'une structure de transition

La première étape de la Reprogrammation alimentaire consiste à assurer à l'être une structure transitoire pour le parcours de reprogrammation.

Durant tout parcours de transformation, il est important de créer de nouvelles structures simples, même si elles sont temporaires.

L'alimentation est un aspect majeur de la vie de la majorité des individus ; elle est au cœur de leur vie. Elle a débuté avant même la naissance, de même que les programmations qui la soutiennent. Ces dernières sont plus que des habitudes alimentaires. Ce sont des inscriptions chargées tant mentalement et émotivement que physiquement, qui définissent les désirs et les satisfactions recherchés. Pour plusieurs, elles sont tissées non seulement de croyances, mais aussi de leurs valeurs. Tant d'individus retrouvent dans l'alimentation une portion importante des rares joies de leur vie.

Il n'est pas étonnant que les invitations à transformer les habitudes alimentaires rencontrent tant de résistance. Les attaches et les dépendances à l'alimentation sont nombreuses, car les satisfactions compensatoires que celle-ci apporte sont concrètes.

Pour qu'une proposition de Reprogrammation alimentaire puisse être entendue, et accueillie, il faille donc qu'elle présente des avantages concrets et aucun désavantage, qu'elle apporte des joies sans contrainte, qu'elle soit simple et non provocante. En outre, comme la Reprogrammation alimentaire provoquera une déstructuration des habitudes par une déprogrammation – quoique douce et progressive –, il lui faut nécessairement ajouter dans son processus même une proposition de structure. Cette nouvelle structure transitoire ne devra pas remplacer tous les éléments de la structure alimentaire actuelle, pour ne pas générer de peurs. Elle devra aussi être une création de l'être lui-même pour éviter qu'elle ne soit quasi instantanément détruite ou sabotée. Dès lors, le processus devra accepter que la structure transitoire renferme évidemment des éléments de la programmation actuelle et ne remplisse pas les critères d'une structure vraiment équilibrée que l'intelligence cellulaire pourra mettre en place dans la dernière étape du processus.

L'assiduité

La structure transitoire à créer est basée sur une assiduité dans l'acte alimentaire.

La première étape consiste pour l'individu à décider du nombre de périodes d'alimentation qu'il veut se permettre durant le jour, soit le nombre de repas et de goûters, puis à établir un horaire relativement stable pour ces moments. Il lui est proposé d'être fidèle à ses choix puisque rien ne lui aura été imposé.

Ainsi, la personne peut choisir de s'alimenter deux, trois ou quatre fois par jour et de maintenir ce rythme jusqu'à la quatrième étape de la Reprogrammation. En plus de sécuriser la personne quant aux changements, la structure offrira au corps une stabilité et un certain équilibre par rapport à l'alimentation.

Quelques propositions pourront orienter ses choix. Un premier repas est suggéré en début de journée, mais seulement à la suite des pratiques de l'éveil quotidien (chap. 4). Il est aussi suggéré que le dernier repas soit planifié quelques heures avant le moment du sommeil. Si la personne veut maintenir, dans cette structure, l'habitude de se nourrir juste avant le sommeil, il lui est proposé de réduire au minimum le nombre d'aliments différents dans son goûter afin que la combinaison alimentaire soit simple. Le choix d'un seul aliment serait préférable.

La satiété

Un autre paramètre suggéré consiste à cesser de vous nourrir à un repas lorsque vous sentez la satiété. Le rythme de l'alimentation peut aussi être un élément de structure proposé qui ne contraint pas beaucoup, ne provoque pas de résistance, quoique les individus ont de la difficulté à réduire la vitesse à laquelle ils mangent.

L'être sera amené à intégrer la structure choisie, et ce, en quelques jours ou quelques semaines. Sauf exception, il aura donc à faire en sorte de ne pas dévier de cette structure pour que le corps se retrouve et se resitue, ou s'équilibre, dans le cadre de ces balises.

N'oubliez pas ! La Reprogrammation alimentaire vous invite à délaisser déjà certaines connaissances intellectuelles ou croyances quant à « ce qu'il faille faire » ou « ce qu'il ne faille pas faire », pour vous diriger progressivement vers l'autoguidance du corps.

Cette étape sera majeure pour distinguer, à partir des stimuli reçus, la sensation de faim réelle qui provient du corps, de l'envie de manger qui peut être l'expression d'une émotion ou l'effet d'une croyance, d'une habitude.

Le corps transmet des signaux qui expriment le besoin de nourriture, mais d'autres signaux représentent l'envie d'avoir des aliments en bouche pour une joie du palais, une sécurité, une compensation. Les deux types de signaux existent, et l'individu aura progressivement à les reconnaître, à les distinguer. La structure mise en place et l'attention de l'individu lui permettront de mieux différencier les sensations.

La consommation de liquides

Pour mieux distinguer les liquides dans la structure que nous vous proposons, vous êtes invité à ne pas boire dans les minutes qui précèdent chaque repas, ni même de l'eau durant le repas, afin de ne pas interrompre, modifier ou créer de distorsions dans le processus de salivation d'une part et le processus de création d'enzymes d'autre part, lesquels sont nécessaires à l'œuvre alchimique de transmutation des aliments en nutriments dans votre sang et du prâna dans les corps subtils. L'œuvre alchimique, celle de la transmutation des aliments, s'exerce tant dans votre bouche que dans votre estomac.

Lorsque vous buvez de l'eau, vous interrompez non seulement la création d'enzymes, mais les signaux du corps vous indiquant qu'il a assez de nourriture, et ces signaux sont associés à la soif. Il y a salivation quand votre corps appelle la nourriture, et il y a soif quand le corps a assez de nourriture. Lorsque vous buvez de l'eau avant et pendant le repas, vous interrompez le processus. Plusieurs autres boissons provoquent les mêmes effets que l'eau. Toutefois, le vin en petite quantité ne produit pas cet effet.

La relation aux aliments

Tel qu'on l'a énoncé au chapitre précédent, la relation aux aliments avant de les mettre en bouche détermine leur vitalité et l'évaluation qu'en feront vos cellules. Il vous est suggéré, dès l'étape de la magnétisation, d'être conscient de l'énergie subtile des aliments. À partir de cette relation consciente, dès que vous mettrez les aliments dans votre bouche votre corps physique et vos corps subtils commenceront à s'en nourrir. Avant même d'avaler les aliments, ceux-ci nourrissent votre corps.

Vous pourriez faire l'expérience suivante. Après avoir créé une relation avec des aliments, soit après les avoir vitalisés, fortifiés et magnétisés, mettez-les en bouche et gardez-les un certain moment, suffisamment pour les goûter consciemment, sans les avaler. En les rejetant, pour l'expérience, vous constaterez que votre corps est en partie nourri, de même que vos corps subtils. Vous sentirez déjà que cela vous a donné de l'énergie, même si vous n'avez pas avalé ces aliments.

En effet, leur vibration s'est transmise à votre corps physique et à vos corps subtils, et certaines substances en surface des aliments ont pénétré votre corps par les capteurs dans votre bouche. Outre les capteurs des différents goûts – salé, sucré, amer –, des capteurs d'énergie transmettent des vibrations à votre sang.

Lorsque vous déposez des aliments en bouche, par le goûter, déjà, vous captez certaines propriétés et, par les capteurs d'énergie, vous transmettez à votre corps physique et aux corps subtils les énergies de ces aliments, et ce, instantanément.

Vous êtes à maximiser l'apport des aliments dans la bouche. Il est important que vous retrouviez la conscience du premier four alchimique de l'humain qu'est la bouche. Déjà, une proportion importante des qualités des aliments est transmise à tout votre corps, à partir de la bouche.

La mastication

Nous vous proposons aussi de mâcher longuement vos aliments jusqu'à les rendre quasi liquides, pour favoriser une transmission complète de l'énergie et permettre que l'aliment soit vraiment imprégné des enzymes transportées par votre salive.

Règle générale, les humains aiment se nourrir parce qu'ils y trouvent un plaisir et une certaine satisfaction du goûter. Il est paradoxal que, malgré le plaisir évident du goûter, plusieurs vont très rapidement mettre les aliments en bouche et les avaler, réduisant ainsi l'instant de les savourer.

Vous êtes peut-être étonné de constater que nous priorisons davantage le goût des aliments que leurs propriétés. Vous aimez les aliments, alors accentuez le plaisir que procure le fait de les goûter, en les laissant plus longuement en bouche. Outre votre satisfaction, cela facilitera aussi le travail du deuxième four alchimique, le système digestif. Les propriétés des aliments nécessaires seront évaluées par vos cellules, comme nous le verrons ultérieurement.

Reprogrammation alimentaire : synthèse de l'Étape 1

Établir une structure :

1 Avoir un horaire stable et démontrer de l'assiduité.
2. Établir une relation avec les aliments (voir les bases de la Reprogrammation alimentaire).
3. Cesser de manger à satiété.
4. Éliminer les boissons avant et pendant les repas.
5. Suivre les bases de la Reprogrammation alimentaire.

Suggestions :

- Prendre le premier repas après les pratiques de l'éveil.
- Prendre le dernier repas quelques heures avant le sommeil.
- Dans le cas d'un goûter tardif, minimiser les composantes.
- Manger lentement.

3 La Reprogrammation alimentaire – Étape 2 Diversification du registre alimentaire

La deuxième étape de la Reprogrammation alimentaire débute seulement lorsque ses bases et sa première étape sont bien intégrées.

Cette étape consiste à ouvrir votre gamme d'aliments et à l'amplifier. Vos expériences et vos habitudes de vie vous ont conduit à choisir de vous alimenter dans un certain répertoire. Votre corps, selon les directives de l'intelligence cellulaire, va tenter de rechercher parmi ces aliments les nutriments qui lui sont nécessaires.

Chaque jour, selon vos états, vos attitudes, vos comportements, vos actions, les nutriments nécessaires à votre équilibre diffèrent. Les nutriments qui vous sont nécessaires sont différents des nutriments nécessaires à votre voisin. Votre corps puisera, à même la nourriture que vous lui offrez, le maximum de nutriments requis disponibles jusqu'au prochain repas.

Puisque vous avez, durant la première étape, transmis à votre corps les périodes de repas et les intervalles entre ceux-ci, son analyse de ses besoins en quantité et en qualité en est facilitée. Or, jusqu'à maintenant, il devait puiser dans un certain nombre d'aliments que vous aviez l'habitude de lui offrir, et ce registre pouvait être relativement limité compte tenu de ses besoins en aliments vivants.

Certains aliments sont relativement dévitalisés. Même lorsque vous stimulez la vie en eux, cette vie peut difficilement retrouver son rythme naturel. D'autres aliments sont totalement dévitalisés parce qu'ils sont depuis trop longtemps séparés de leur habitat naturel ou que leur manipulation a été inadéquate.

Malgré les suppléments alimentaires qui compensent l'anémie de certains aliments, rappelez-vous que les aliments vivants sont ceux qui vont le plus stimuler la vie en vous. Les aliments n'ont pas qu'à maintenir votre vitalité mais à la stimuler, de même qu'ils doivent accroître la régénérescence cellulaire.

Vous êtes invité à ajouter des aliments à votre répertoire, de telle sorte que vos cellules sachent mieux où elles pourront retrouver les nutriments nécessaires. C'est là une étape de découverte et de dégustation. Il vous est proposé d'aller vers des aliments qui vous sont inconnus, ou qui sont inconnus de votre corps parce que vous n'avez pas encore osé les lui offrir.

Souvent aussi, des aliments sont connus mais vous ne les avez pas offerts à votre corps dans leur forme la plus naturelle. Vous les avez utilisés alors qu'ils étaient déjà dévitalisés par un conditionnement important. Par exemple, vous avez choisi un fruit déjà mis en pot sans goûter le fruit naturel puisque celui-ci a été transformé. Il est alors dans un sirop et enfermé dans ce pot depuis longtemps. Sa vitalité n'est plus celle de son état naturel.

L'expansion du registre peut signifier d'aller vers des aliments connus, mais dans leur source plus naturelle, ou de vous les offrir dans une présentation différente de celle que vous connaissez. La variation de la préparation et des condiments, par exemple, peut sensiblement modifier son apport. Certains légumes que vous avez toujours mangés après une cuisson intense et rapide peuvent être redécouverts à leur état cru.

Les aliments régionaux

Les aliments régionaux répondent naturellement aux exigences de la vie dans votre région. Sans vous y limiter, favorisez leur présence dans votre répertoire de choix, sachant qu'ils sont sans doute plus vivants par leur proximité, mieux adaptés aux conditions environnementales, et qu'ils offrent certains nutriments dont votre corps a besoin là où vous vivez.

Par exemple, si, dans votre région, on cultive naturellement la pomme, cela signifie que celle-ci a plus de propension à vous être favorable et que ses propriétés peuvent être nécessaires à votre corps.

D'abord, expérimentez les aliments qui poussent naturellement dans votre région, car leurs qualités nutritives répondent aux besoins de la vie en ce milieu. Puis, ajoutez des aliments qui proviennent d'autres régions. Assurez-vous toutefois de leur vitalité. Plus l'aliment est éloigné de son habitat naturel, plus il risque de se dévitaliser dans le transport et la manipulation. Vous pouvez vous en nourrir, bien sûr, en étant encore plus attentif à stimuler la vie en lui et à le magnétiser.

En général, choisissez les aliments les plus vivaces, les plus vivants, des aliments qui sont le plus près de leur habitat naturel, qui ont conservé leur vivacité. Lorsque vous vous nourrissez d'aliments moins vivants, assurez-vous, avec joie, de stimuler la vie en eux comme nous l'avons indiqué au début de ce chapitre.

En élargissant le registre alimentaire, vous offrez à votre corps un choix beaucoup plus vaste pour aller puiser les nutriments qui lui sont nécessaires.

Les aliments génétiquement modifiés

Vos recherches pour élargir votre registre alimentaire vous conduiront vers divers types d'aliments. Certains sont modifiés génétiquement, alors que d'autres sont cultivés de manière totalement naturelle. La nourriture peut être une véritable source de déséquilibre (chap. 2.1,5). Les aliments modifiés génétiquement à un rythme qui ne permet pas au corps de créer des enzymes pour les assimiler peuvent causer des difficultés digestives. En outre, leur apport nutritionnel peut être faible.

Depuis vingt ans, on observe un nombre croissant de troubles digestifs des humains sur terre. Ces troubles sont en grande partie reliés à la production des enzymes qui favorisent la digestion de ces aliments qui leur sont inconnus. Ainsi, la modification des aliments a avantage à s'élaborer sur un plus grand nombre d'années, voire plusieurs générations. Si un aliment est transformé en partie seulement, le corps peut alors s'y adapter progressivement.

Comme il est important de se nourrir d'aliments vivants, non contaminés et non transformés, le pourcentage d'aliments transformés se doit d'être très inférieur à celui des aliments naturels, afin de faciliter l'adaptation du corps.

Les aliments naturels, le sucre et les épices

Les aliments cultivés naturellement à partir de semences naturelles sont en général porteurs de plus de vie. Élargissez votre registre d'aliments le plus sain et le plus naturel possible. L'ajout d'un nouvel aliment perçu comme malsain ou dévitalisé ne sert évidemment pas votre Reprogrammation alimentaire. Si un aliment n'est composé que de sucre, par exemple, il n'est pas nécessaire de l'ajouter au registre.

Actuellement, sur terre, les systèmes immunitaires s'affaiblissent parce que la nourriture est de moins en moins vivante et que beaucoup d'aliments contiennent des sucres raffinés, des colorants, des saveurs artificielles et des substances chimiques de préservation. Presque tous les aliments qui vous sont offerts sont imprégnés de sucre. Bien qu'ils donnent l'impression première de fournir de l'énergie, ils vous affaiblissent et déséquilibrent les sécrétions naturelles.

L'industrie alimentaire qui produit des aliments avec du sucre a tout autant, sinon plus, de pouvoir sur vous et sur les collectivités que ceux qui produisent les médicaments. Nous vous suggérons d'employer plutôt les sucres naturels des fruits, des légumes, des plantes pour répondre aux demandes de votre corps.

Plusieurs épices naturelles accompagnent bien les remèdes naturels du corps. Si elles ajoutent une saveur ou permettent des fusions alimentaires entre deux autres aliments, leur véritable rôle naturel est de favoriser certaines guérisons ou assimilations. Par exemple, le gingembre aidera le système digestif, le thym apaisera le système nerveux tout en étant un antibactérien, et le poivre de Cayenne fort puissant simplifiera la transmutation des aliments. Il est important de les ajouter au registre alimentaire.

Durant cette deuxième étape de la Reprogrammation alimentaire, l'être doit dépasser ses simples envies, qui sont encore programmées par ses expériences alimentaires passées, lesquelles sont conditionnées par certaines mémoires, croyances et connaissances intellectuelles.

Le but évident de cette deuxième étape est de permettre aux cellules de déceler dans de nouveaux aliments des nutriments nécessaires à l'être qui étaient peu ou pas disponibles dans son répertoire habituel. Les cellules analyseront et enregistreront les nouveaux aliments présentés et leurs composantes. Lorsque le corps aura besoin d'un élément particulier, elles auront un plus grand choix d'aliments à proposer. Elles évalueront lequel offre l'élément recherché en plus grande quantité ou de meilleure qualité et créeront chez l'individu l'envie de cet aliment.

Voilà pourquoi l'être doit s'ouvrir jusqu'à ce que son ouverture et son augmentation de rythme vibratoire fassent en sorte que ses cellules aient un accès total à la connaissance. Ces dernières pourront alors lui transmettre des goûts relatifs aux besoins réels du corps, et non pas des goûts programmés.

Le piège pour l'individu consiste à passer trop rapidement et prématurément aux étapes subséquentes sans avoir offert suffisamment d'alternatives à ses cellules pour qu'elles retrouvent leur autonomie.

Dès que l'individu a offert à son corps, avec amour, un nouvel aliment, ce dernier est enregistré dans ses cellules. Évidemment, s'il n'aime pas le goût, la texture ou l'effet d'un aliment, son corps l'enregistrera.

Toutefois, l'individu est invité à apprivoiser progressivement de nouvelles saveurs, de nouvelles textures, de nouveaux parfums. C'est là un jeu d'ouverture et de retrouvaille de toute sa puissance intérieure. Par cette compréhension, cette vision, l'être évolue tout au long de cette Étape 2.

Reprogrammation alimentaire – Synthèse de l'Étape 2

- Explorer de nouvelles saveurs.
- Privilégier les aliments naturels de la région.
- Privilégier les aliments naturels, la nourriture vivante et les aliments non transformés génétiquement.
- Éviter les sucres non naturels.
- Explorer les épices et les huiles saines.

4. La Reprogrammation alimentaire – Étape 3 Écouter le corps pour choisir la nourriture parmi les aliments disponibles

La troisième étape de la Reprogrammation alimentaire consiste à retrouver l'écoute du corps et la guidance des cellules dans le choix de la nourriture. Parmi tous les aliments disponibles, certains seront suggérés par le corps.

À la suite des deux premières étapes bien intégrées, l'individu présent à lui-même, et à l'écoute de ses sensations, ressentira une attraction envers les aliments les plus appropriés pour lui à ce moment.

Durant la période d'extension du registre alimentaire de l'Étape 2, l'intelligence cellulaire a identifié les aliments et les a inventoriés d'après leurs propriétés, leurs apports et leurs affinités avec le corps. Lorsqu'arrive le moment de se nourrir, selon la structure transitoire établie à l'Étape 1, divers aliments s'offrent à l'individu. Son corps (l'intelligence cellulaire) lui indiquant alors sous forme d'envies quels aliments disponibles sont les plus adéquats pour lui à ce moment, il sera à l'écoute de ses goûts réels pour choisir les aliments en fonction des besoins du corps.

Évidemment, cette étape ne peut être pertinente que si les précédentes ont été intégrées, sans quoi l'être sera attiré par des aliments qui répondront à ses désirs du moment, à ses croyances ou à ses habitudes.

La manière d'entrer en communion avec les aliments, présentée comme base de la Reprogrammation alimentaire, est alors devenue naturelle à chacun de ses repas ; elle s'est inscrite comme une nouvelle programmation, une nouvelle habitude.

Ainsi, avant de choisir les aliments dont il va se nourrir, l'individu entre d'abord en relation avec tous les aliments qui sont devant lui sur la table, ou qui lui sont offerts, ou qui sont dans son garde-manger, selon la situation. Tous ses sens s'ouvrent naturellement à tous les aliments disponibles. Ensuite, il choisit parmi ceux-là ceux dont il a une véritable envie profonde et non pas simplement une attraction rattachée au goût. Puis, il s'assure de s'en nourrir dans la quantité aussi inspirée par le corps. Dès qu'un signal de satiété d'un aliment en particulier est reçu en lui, il cesse de s'en nourrir.

Donnons quelques exemples pour bien illustrer tout cela.

Le corps a besoin d'huiles, de matières grasses, car il y retrouve certaines composantes qui favorisent la circulation et le système immunitaire.

Imaginons que votre table vous offre différents aliments dont certains sont frits et d'autres, rehaussés d'huile d'olive. Si votre registre alimentaire ne contient pas l'huile d'olive, mais que la friture vous est connue, votre corps pourrait susciter en vous l'envie de la friture malgré sa pauvreté et ses effets secondaires. Par contre, si l'huile d'olive fait partie de votre répertoire, le corps vous transmettra le goût des aliments qui en renferment, puisque cette matière grasse est plus adéquate pour lui.

Imaginons que votre corps a besoin de protéines et que vous n'avez pas élargi votre registre, limitant ainsi la proposition de protéines à la viande animale. Nécessairement, lorsque vos cellules analysent la nourriture présentée (en fonction de votre registre) et constatent qu'un aliment de source animale est disponible, elles créent en vous l'envie de cet aliment. Puisqu'elles ont besoin de protéines et que, dans votre répertoire, les autres aliments fort protéinés ne sont pas présents, elles provoquent l'attraction vers ce qui est connu et répond le mieux aux besoins du moment.

Si vous avez élargi le spectre et qu'en plus des protéines animales déjà connues par votre corps il y a des protéines végétales de diverses natures, votre corps aura la possibilité de choisir et, certes, il vous transmettra les choix les plus judicieux, c'est-à-dire les aliments pour lesquels il y a le plus d'apports et le moins d'inconvénients. Ainsi, si les protéines animales ne sont pas judicieuses pour vous, vos cellules vous en feront perdre l'envie.

De même, si les produits laitiers ne conviennent pas à votre croissance, à votre équilibre, vous en perdrez l'envie.

Vous réaliserez qu'il n'y a pas de pression ou d'oppression dans le changement de programmation qui s'opère à ce moment, qu'il n'y a pas d'effort au changement puisque c'est l'envie d'une certaine nourriture qui façonne ce changement. Autrement dit, vous n'avez pas eu à vous convaincre de ne plus absorber un aliment malsain, car vous en avez naturellement perdu l'envie, vos cellules vous ayant guidé vers des aliments plus adéquats.

Cette étape a néanmoins ses exigences :

- être présent aux sensations réelles (aux goûts réels),
- ne pas se précipiter sur la nourriture,
- oser ne pas accepter un aliment présenté si vous n'en avez pas envie.

Dès que l'être entre dans trop de compromis, il dérègle ce qu'il a construit jusque-là. Parmi ce qui vous est présenté, il faille être attentif et vraiment ressentir ce vers quoi votre corps est attiré, ce que votre corps vous transmet.

Votre rapport au message du corps et à la nourriture se transforme progressivement.

Vos états intérieurs, conditionnés par le stress, la fatigue ou des émotions, influenceront vos choix, voileront les messages du corps pour vous en transmettre d'autres.

Si, par exemple, vous vous présentez à un dîner dans un état de fatigue ou d'émotion intense, il se peut que la tristesse, la colère ou la fatigue vous entraînent vers certains aliments sucrés qui vous donnent l'impression d'un réconfort. Bien sûr, à ce moment, ce n'est plus l'intelligence cellulaire qui vous guide, puisque vos émotions l'emportent. Vous n'éviterez peut-être pas immédiatement de tels comportements, mais si vous en prenez conscience, vous pourrez petit à petit transcender les influences de tels états.

De même, vous vous rendrez compte progressivement qu'un aliment qui n'est pas adéquat est moins agréable lorsque vous l'avez en bouche.

Maintenant, ajoutons un élément dans la communication avec les cellules que vous établissez durant la magnétisation des aliments présentés avant de vous en nourrir. Demandez à vos cellules de vous guider à bien choisir ce qui assure votre équilibre et votre santé et de rejeter naturellement ce qui ne leur conviendrait pas.

Au début, vous demandez donc à vos cellules de faire en sorte que, de cette nourriture que vous leur offrez, tout ce qui n'est pas nécessaire pour fortifier, tonifier, garder le corps en santé soit naturellement éliminé et que tout ce qui est intéressant, utile, essentiel pour lui soit naturellement transmuté en nutriments.

Puis, peu à peu, vous demanderez à vos cellules de ne vous donner envie, parmi la nourriture qui vous est présentée, *que* d'aliments qui répondent aux besoins réels de votre corps. Cette étape vous amène à vivre une relation intime avec vos cellules qui préparera la guérison énergétique. La disponibilité et la capacité de l'individu d'établir un dialogue, une communication avec ses cellules sont certes essentielles pour toute forme de guérison.

Durant le processus de reprogrammation, vous allez constater que des aliments que vous n'aimiez pas auparavant deviennent savoureux.

En cette troisième étape, vous savourerez davantage les aliments qui sont sains pour vous et vous perdrez le plaisir d'aliments qui ne le sont pas. Il n'y a donc pas de sacrifices, de sévérité, de rigidité dans tout cela. La reprogrammation produira ainsi ses effets.

Les individus ont souvent de la difficulté à modifier leur alimentation, car ils cherchent à effectuer des transformations basées sur des connaissances ou des invitations intellectuelles. Il est dit : « Ne mangez pas ceci, mangez cela, parce que c'est bon », et les gens se transmettent des informations d'ordre intellectuel en faisant fi, souvent, des envies et des attractions naturelles du corps. Leurs goûts sont conditionnés par des informations extérieures récupérées, interprétées et adaptées par le mental, selon les croyances, les blessures et les désirs.

Si vous vous êtes nourri de certains aliments qui vous ont procuré des joies du palais et qui comblent un vide en vous, vous en sentirez de nouveau l'appel si ce qu'ils compensent est toujours absent.

Voilà pourquoi la Reprogrammation alimentaire évite la restriction ou la défense d'un aliment et préconise plutôt un parcours de l'être qui l'amène à entrer de nouveau en relation avec tout son corps. Ce parcours progressif, étalé sur une longue période, fait en sorte que l'être s'autorise à aller vers d'autres nourritures par envie intérieure et non en réponse à l'extérieur.

Reprogrammation alimentaire – Synthèse de l'Étape 3

Les cellules communiqueront, en fonction de leurs besoins, l'envie d'aliments, parmi ceux présentés, qui peuvent le mieux y répondre.

Prémisses :

- avoir intégré les étapes précédentes,
- prendre le temps d'être en relation avec les aliments,
- prendre le temps de sentir l'appel intérieur.

5. La Reprogrammation alimentaire – Étape 4

Écouter les sensations du corps pour choisir les moments de se nourrir ainsi que la quantité et la qualité des aliments.

La quatrième étape est une extension majeure de l'étape précédente. Elle exige la totale intégration de toutes les étapes. Elle représente la retrouvaille de l'autonomie du corps et l'écoute totale de l'intelligence cellulaire en matière d'alimentation.

Cette quatrième étape finalise la Reprogrammation alimentaire en invitant l'être à répondre complètement aux messages du corps qui lui indiquent les aliments judicieux, en quantité et en qualité, et nécessaires au moment approprié pour le corps.

Les cellules vous transmettront à quel moment elles ont besoin de tel aliment précis et en quelle quantité, par la voie de vos sensations. Il n'y a plus de réponses aux informations extérieures ou d'ordre intellectuel. Le corps retrouve son pouvoir et s'exprime par des sensations intérieures.

Parce que vous avez vécu toute cette reprogrammation, votre corps vous indiquera, par la faim, qu'il a besoin de nourriture. À cette sensation de faim s'ajoutera l'envie de certains aliments. Vous capterez peut-être l'image intérieure d'un aliment en particulier, une voix intérieure vous le dictera peut-être, ou vous aurez peut-être même, par la salivation, le goût d'un aliment. En somme, vous serez attiré par certains aliments. La sensation de faim et l'attraction vers un aliment seront créées par vos cellules et non pas conditionnées par des croyances ou des inscriptions mémorielles.

Si, à l'Étape 3, vous écoutiez le corps pour choisir parmi ce qui vous était présenté, à cette quatrième étape, vous êtes à l'écoute totale du corps, lequel attirera à lui les aliments qui lui sont essentiels. Si un individu court-circuite les bases et les trois premières étapes de la Reprogrammation alimentaire, cette quatrième étape peut s'avérer un véritable piège et l'entraîner vers de grandes difficultés. S'il se leurre en affirmant qu'il a tout intégré, qu'il est à l'écoute de son corps, son choix alimentaire sera une illusion et la justification d'une alimentation totalement désorganisée et déséquilibrée.

Autrement dit, ce ne sera pas son corps, mais ses désirs, ses caprices ou ses besoins qui le guideront. Ainsi, les combinaisons alimentaires ne seront pas correctes, les aliments qu'il utilisera ne lui correspondront pas et pourront même provoquer des déséquilibres importants. C'est pourquoi cette quatrième étape exige beaucoup de vigilance de la part de la personne. Cette dernière doit être bien consciente de l'importance de l'intégration des étapes précédentes.

Cette étape est aussi un parcours progressif puisqu'elle entraîne l'être dans l'expression et les applications de ces nouvelles programmations.

Tout le processus d'intégration des bases de la Reprogrammation alimentaire et des trois premières étapes a permis qu'en douceur, sans contrainte et dans la joie, l'être remplace les anciennes programmations qu'il n'avait pas créées consciemment par de nouvelles, soit l'attraction ou l'envie de nourriture créée spontanément par ses cellules, en fonction des réels besoins du corps.

Pour établir son message de la nourriture la plus judicieuse au bon moment, l'intelligence cellulaire fait une lecture et une analyse spontanées non seulement des conditions physiques actuelles de l'individu, mais aussi de ses conditions physiques passées, des conditions physiques à développer en fonction de ses orientations, et des conditions énergétiques, émotionnelles et mentales.

Lorsqu'il amorce la quatrième étape, l'individu laisse tomber l'horaire préétabli de son alimentation pour être à l'écoute de son corps quand ce dernier lui communique son besoin par la faim ou l'envie d'un aliment. L'être sera vigilant pour ne pas se laisser influencer par la mémoire de son horaire passé et les habitudes de son milieu environnant. L'intelligence cellulaire transformera progressivement son horaire. Au début, la faim se présentera relativement aux mêmes moments que l'horaire habituel, les demandes d'aliments et leurs quantités varieront peu, les changements seront légers. Puis, l'individu constatera des envies de se nourrir autrement, à des moments différents, et ce, non seulement en total respect de ses états intérieurs et de ses activités, mais en fonction de ceux-ci. Par exemple, l'envie de se nourrir d'un fruit entre les repas plus importants se présentera de plus en plus, et ce, à des moments adéquats non seulement pour le corps mais aussi selon l'activité. L'individu constatera aussi que certains aliments ne lui font plus envie du tout, bien qu'auparavant ils étaient peut-être ses préférés, et que d'autres dont il n'aimait pas la saveur jusque-là sont devenus très attirants et plus savoureux. Il se rendra compte qu'à certains moments une petite quantité de l'aliment dont il avait envie permet la satiété et qu'à d'autres moments une quantité beaucoup plus importante semble nécessaire pour satisfaire sa faim.

L'être est évidemment en relation continue avec son corps et ses cellules. Lorsque les aliments dont il sent l'envie ne sont pas disponibles, il pose son attention intérieure et extérieure sur la nourriture accessible, comme à la troisième étape, pour sentir parmi les aliments présentés ce qui remplacerait le mieux ce dont il ressentait l'envie. Il est disposé à repousser le moment de s'alimenter si tout ce qui est disponible ne suscite aucune envie.

L'envie, ou l'attraction, générée par les cellules est associée à une joie intérieure. Le corps a envie de cette nourriture pour tout ce qu'elle lui apporte, y compris le plaisir des sens. Aucune contrainte ni aucun compromis obligatoire ne sont imposés par le corps. Ce dont il a besoin est codé pour y retrouver une satisfaction sur tous les plans.

Dès lors, l'individu sent très bien la différence entre un aliment demandé par le corps et mis en bouche, et un aliment que ses cellules auraient voulu éloigner et qu'il met aussi en bouche. Dès qu'un aliment ne lui correspond pas, il n'en apprécie plus la saveur.

Les informations cellulaires vous guident en vous amenant à constater la justesse d'un aliment, et ce, de diverses façons.

- *La saveur*

Les aliments présentent généralement une saveur aigre, douce, sucrée ou salée que vous appréciez ou non et qui contribue à un état de confort ou d'inconfort.

Lorsque la saveur d'un aliment connu est désagréable, alors que vous appréciez généralement celui-ci, elle vous indique que l'aliment n'est pas approprié. Cela peut être dû au fait que les propriétés de l'aliment en question ne vous conviennent pas en ce moment ou que l'aliment en soi contient des parasites. L'important sera de cesser de vous en nourrir.

Vous pourrez souvent constater qu'un remède naturel, ou une épice, devient plus agréable au goût lorsque votre corps le requiert.

- *Les stimuli vibratoires*

L'information émise par vos cellules prend la forme de perceptions ou de sensations, soit d'une connaissance intérieure. Un aliment dont les composantes créeraient un déséquilibre, ou qui n'est pas sain, ou, encore, qui renferme des parasites provoquera une vibration désagréable indicatrice de son inadéquation.

Un individu a peut-être la capacité d'éliminer ces parasites, alors qu'un autre ne l'a pas, de telle sorte que devant un même aliment leurs sensations divergent légèrement. Tous les humains **ont** cette sensation, mais plusieurs ne sont pas à l'écoute de celle-ci puisqu'ils ne sont qu'à l'écoute de la saveur. Cette sensation intérieure est directement reliée au cerveau.

D'autre part, un aliment peut être fort sain, naturel, non transformé et offrir tout un ensemble équilibré de nutriments, de minéraux, de protéines, de vitamines, et avoir pour vous une saveur très agréable.

Cet aliment est-il intéressant pour votre corps ? Il pourrait ne pas vous convenir pour l'instant, votre corps étant saturé de ce qu'il a à vous offrir. Ayant alors la sensation que cet aliment n'est pas adéquat, vous éviteriez de vous en nourrir inutilement.

L'insistance et les programmations de votre environnement et de votre mental sont telles qu'une attention soutenue pour que vous captiez et répondiez aux invitations du corps est nécessaire au début de cette étape.

Puis, peu à peu, le plaisir de la liberté alimentaire créera la spontanéité de votre réponse, aussi juste que l'invitation reçue intérieurement.

Reprogrammation alimentaire – Synthèse de l'Étape 4

La connaissance et la compréhension des bases et des quatre étapes de la Reprogrammation alimentaire ne sont pas suffisantes pour transformer l'être. Il lui faut entrer dans l'expérience et l'apprentissage de chacune. Lorsque l'être retrouve l'autonomie à la quatrième étape, il goûte les joies de sa reprogrammation, laquelle est organique et opposée à une discipline rigide et ascétique.

Lorsqu'il a vécu sa Reprogrammation alimentaire, l'individu ressent une véritable liberté de choix. Cette liberté est l'expression de l'intelligence de ses cellules, qui s'opposent au joug de ses caprices et de ses désirs. Il vit une complicité joyeuse et permanente avec son corps, lequel l'informe des aliments les plus savoureux qui répondent à ses besoins, aux moments les plus appropriés. À partir de cette complicité et de ses choix alimentaires, il retrouvera une plus grande force et une plus grande souplesse physique et psychique.

La Reprogrammation alimentaire est un parcours initiatique qui éveille et stimule les pouvoirs énergétiques de guérison de l'être.

4. L'eau, source de vie

L'eau, source de vie, est une nourriture essentielle à l'être et à sa guérison.

La vie sur cette terre s'est d'abord manifestée dans l'eau, par des cellules composées d'eau.

À son arrivée sur cette terre, l'humain baigne dans les eaux de sa mère.

Dans son mouvement continu, l'eau permet la circulation du sang. Elle transporte la nourriture et favorise l'épuration des organes.

Elle représente la dimension relationnelle de l'être, son mouvement vers ses frères.

Elle représente aussi sa sensitivité [qualité d'une personne sensitive], sa sensibilité, sa sensiblerie.

L'être utilise l'eau pour l'épuration de tous ses corps physiques et subtils, intérieurs et extérieurs.

La Terre offre de l'eau en abondance. L'eau propre à la consommation de l'homme, bien qu'abondante, est distribuée inégalement sur terre, de telle sorte que les hommes doivent s'unir pour assurer la vie de tous.

Les activités des hommes et leur inconscience ont bien transformé l'eau. Ainsi souillée, cette eau a des propriétés qui favorisent de moins en moins la vie humaine. Pourtant, l'eau est le premier et le plus puissant des remèdes de l'humain.

Puisque l'eau est la vie, le respect de la vie signifie le respect de l'eau.

Aimez l'eau, utilisez-la et distribuez-la équitablement dans l'humanité, et vous assurerez la santé de ce monde.

Dans le chapitre *Renaissance : éveil énergétique quotidien*, nous vous proposons de commencer et de terminer votre journée par de l'eau tiède (chap. 4). Nous vous suggérons de boire une eau de source naturelle, dont l'apport en minéraux est aussi naturel. Bien sûr, ses propriétés peuvent varier d'une source à l'autre. Les sources d'eau naturelle de vos régions sont souvent plus appropriées aux besoins de votre corps comme toute nourriture qui y croit naturellement.

Créez une relation de complicité avec l'eau de la même façon que vous le faites avec vos aliments. Ainsi, lorsque vous goûterez l'eau dans le même état de conscience que lorsque vous goûtez vos aliments, vous constaterez des distinctions de saveur entre les eaux, certaines étant plus goûteuses et savoureuses pour vous que d'autres. La soif, ou l'envie de boire, est une demande des cellules pour obtenir de l'eau assurant la circulation. Les capteurs de votre bouche et les substances enzymatiques présentes vous indiqueront, à partir de la saveur, si une eau répond davantage qu'une autre aux besoins de votre corps à ce moment.

Il est donc très important que vous goûtiez l'eau, que vous la laissiez en bouche, du moins au début, pour que vos capteurs et les substances enzymatiques vous indiquent, par votre goût et votre sensation, la capacité de cette eau à vraiment nourrir votre corps. Allez vers différentes expériences des eaux offertes dans vos régions.

Nous invitons chacun à boire en abondance. Si la quantité minimale quotidienne d'eau essentielle pour assurer l'équilibre est d'un litre, considérant que les diverses boissons et la nourriture ont un apport de plus d'un litre d'eau, nous proposons à tous de boire beaucoup plus, c'est-à-dire un litre et demi ou deux litres d'eau, la plus naturelle possible.

Toutefois, un individu peut provoquer une détresse du corps s'il boit plus de deux litres. L'absorption de deux litres d'eau en deux ou trois temps seulement peut aussi créer une surcharge. L'important est de boire progressivement tout au long du jour, et non pas en un moment.

Nous vous suggérons d'utiliser l'eau généralement à la température ambiante. Mais en début de journée et à la fin du jour, il est intéressant que l'eau soit à la température de votre corps intérieur, ou légèrement au-dessus, pour permettre une pacification et une guérison des tissus. En élevant la température de l'eau, vous lui permettez de jouer son rôle si important de principal remède de l'humain. Rappelez-vous qu'un humain peut vivre longuement en se nourrissant d'eau. C'est le premier aliment et le premier guérisseur.

L'eau permet de faciliter un processus de régénérescence des tissus. Magnétisez-la à votre fréquence après être entré en relation avec elle et après l'avoir dynamisée comme vous le faites pour vos aliments. Bien entendu, puisque la période actuelle présente une augmentation de la température terrestre, il y aura à la fois de plus en plus d'eau sur cette terre mais de moins en moins d'eau potable, c'est-à-dire une eau dont les propriétés correspondent aux besoins de l'humain. Une prolifération importante de parasites, de bactéries diverses sera induite tant par la chaleur que par le niveau des eaux. Ces bactéries se retrouveront dans la faune et la flore, et l'eau (ainsi que l'air) sera leur véhicule de transport privilégié. Le rythme de prolifération de ces bactéries et d'apparition de nouvelles bactéries sera plus rapide que le rythme d'adaptation du corps humain. Il est important que les humains soient très protecteurs de l'eau. Allez puiser l'eau le plus profondément possible dans le sol, dans des lieux où elle circule et est filtrée par les pierres, et transportez-la dans des contenants de verre.

L'eau et l'énergie

L'eau est vivante et répond aux vibrations amoureuses qui sont orientées comme toute forme de vie et d'énergie. Lorsque l'eau est souillée et dévitalisée, vous pouvez influencer sa revitalisation et son rééquilibre par vos pouvoirs énergétiques de manifestation (chap 3.2,3).

L'individu a tout avantage à utiliser l'eau sur son corps pour rééquilibrer la circulation de l'énergie dans son corps physique comme dans ses corps subtils.

Certaines situations et activités peuvent provoquer des turbulences énergétiques, dont des chocs physiques ou psychiques, un submergement émotionnel, des sensations d'oppression provoquées par des conflits relationnels, des présences vibratoires lourdes ou des égrégores d'ombres.

Certaines activités énergétiques peuvent créer une intensité que vous ne pouvez maintenir continuellement. Par exemple, la projection vers d'autres plans de conscience subtils, la neutralisation d'égrégores d'ombres, la création de vortex, la transmutation, la transmédiumnité.

À l'instar des voyages cosmiques de l'esprit durant la nuit, les turbulences énergétiques ou les trop grandes intensités énergétiques vous invitent à un rééquilibre dans l'eau. Le bain le plus favorable est un bain de mer ou d'océan, quand ces eaux ne sont pas trop agitées. Si vous n'y avez pas accès, vous pouvez vous baigner dans un lac ou une rivière d'eau saine bien minéralisée. Si l'eau de votre demeure est équilibrée, le bain ou la douche aura aussi des effets de rééquilibre importants.

Pour provoquer une détente rapide du système nerveux central et périphérique, et favoriser la libre circulation de l'énergie dans vos corps, laissez couler un filet d'eau très chaude sous toute la surface de vos pieds pendant que vous êtes dans une baignoire. Vide au début de l'expérience, cette dernière se remplira lentement d'eau très chaude. Après le massage d'eau sous les pieds et vous être baigné quelques minutes dans cette eau très chaude, posez le corps dans l'eau fraîche.

L'eau facilite la circulation de tous vos corps à l'intérieur comme à l'extérieur. Faites-en votre complice dans le processus d'autoguérison et vous participerez ainsi à la guérison de la Terre.

5. La nourriture prânique (Phase 2)

Le prâna est le souffle de vie, la nourriture subtile qui stimule la vie en l'être et toutes les formes de vie présentes sur cette terre. Au sens large, il se présente comme l'énergie fondamentale. Le prâna est essentiel pour la vie humaine et animale, pour la nature végétale et minérale, et pour la vie invisible. Les êtres de l'invisible sur cette terre se nourrissent aussi de prâna. (Nous aborderons cette question dans le tome 2.) Si le prâna est présent dans l'air, il l'est aussi dans l'eau et dans les aliments vivants. Pourtant, quels que soient les aliments dont l'être se nourrit, ils ne pourraient remplacer le prâna lui-même. Néanmoins, la nourriture prânique pourrait, elle, se substituer aux aliments à une certaine étape de l'évolution de l'humain.

L'intensification de la nourriture prânique peut être considérée comme une deuxième phase ou une extension de la Reprogrammation alimentaire. La conscience et l'intensification de la nourriture prânique se situent au cœur des pouvoirs de guérison de l'être.

Le prâna dans l'air

Le prâna est une substance universelle adaptée à l'atmosphère terrestre et présente dans l'air sain. Ses particules peuvent souventes fois être vues, aperçues, par des êtres dont la double vision s'ouvre. Le prâna apparaît comme des particules scintillantes dans l'air. Ces particules sont particulièrement présentes – ou leur présence s'intensifie – à différents moments du jour.

Bien que le prâna soit toujours là, il est intensifié à des moments particuliers par les rayons du soleil, sous certains angles. Dans l'angle par lequel ils pénètrent l'atmosphère terrestre durant les deux ou trois heures qui suivent le lever du soleil, et les deux ou trois heures qui précèdent son coucher, les rayons du soleil stimulent les particules de prâna. Durant ces périodes, il y a une effervescence de toutes ces particules et l'être peut abondamment s'en nourrir. Les éléments de la nature se nourrissent aussi de prâna et collaborent en même temps à son existence. Comme le prâna est la nourriture de la vie et qu'il est surtout présent dans l'air, il est appelé « souffle de vie ».

Si le prâna nourrit la vie, cette dernière stimule sa présence dans l'air et dans l'atmosphère terrestre. Encore une fois, nous constatons que la vie crée sa propre nourriture, qu'elle soit physique ou subtile.

Le taux de prâna est plus élevé dans les espaces où :

- la vie humaine est plus harmonieuse,
- l'air est plus sain,
- la nature est en santé – où les arbres, les cours d'eau et les minéraux sont abondants et en harmonie.

Plus la vie se manifeste intensément et en harmonie, plus le prâna est stimulé. Plus ce dernier est stimulé, plus la vie peut s'en nourrir. Lorsque l'air est souillé de même que l'eau, et que l'environnement de l'être devient plus pollué, le prâna est moins présent dans l'atmosphère. Au contraire, lorsque des lieux montrent plus de pureté dans l'air, l'eau et la terre, le prâna est plus présent.

Ainsi, les campagnes et les régions désertiques plus naturelles favorisent le prâna davantage que les cités. Actuellement, un lieu de nature plus éloigné des cités peut avoir un taux de prâna jusqu'à cinquante fois, et même cent fois, plus élevé que celui d'une grande cité.

La nourriture prânique est essentielle pour la régénérescence des cellules du corps humain.

La conscience de l'importance du prâna invite l'être à respecter son environnement humain et naturel. Les comportements humains et les activités humaines qui souillent l'air, de même que l'irrespect des forêts qui purifient l'air naturellement, provoquent une diminution du taux de prâna dans l'air.

Cette diminution provoque une réduction rapide de la vitalité de l'individu, un affaiblissement de son immunité, de sa capacité de se défendre contre divers types d'envahisseurs de son organisme. Dès lors, sa vulnérabilité crée des déséquilibres et des maladies.

L'être n'a pas à connaître toutes les propriétés du prâna et la réaction de ce dernier dans le corps. Il n'a qu'à savoir que le prâna est présent dans une nature en équilibre et en harmonie, et que cela lui permet d'être en santé.

Plus l'individu est conscient de cela, plus, par son intention, il peut se nourrir du prâna, même lorsque son taux est faible.

Imaginons que, dans un lieu naturel peu pollué, le prâna est présent à 95 % de sa propension à exister dans l'atmosphère et dans l'air. L'être s'en nourrira alors naturellement par sa respiration, même s'il n'en est pas conscient, puisque le prâna y est fort présent. Lorsque, dans une cité fort polluée, le prâna est présent à 2 % de sa propension à exister dans l'air, la respiration normale de l'humain lui procurera peu de prâna. Toutefois, lorsque l'être est conscient du besoin de prâna, sa respiration puisera, par son intention, le prâna peu abondant pour s'en nourrir pleinement. Dans ce cas, les exercices de respiration prânique lui seront utiles.

En début et en fin de journée pour le moins, la respiration expansive (chap. 4.3) ou la respiration consciente lui permettront de se revitaliser.

Lorsque l'individu ouvre sa conscience à la présence et à l'importance du prâna, il cherche à être le plus souventes fois possible dans des environnements de nature où celui-ci est présent. La fertilité de la terre, la luxuriance des plantes et des arbres, et l'abondance des denrées alimentaires sont des indices d'une forte densité de prâna. Certains lieux plus arides ou désertiques peuvent aussi être riches de prâna, lequel se manifeste par l'intensité de l'énergie des lieux.

Conscient de l'importance du prâna, l'être sera inspiré à choisir une demeure située dans un lieu où celui-ci est plus abondant. Bien entendu, les cités aussi peuvent vous offrir des espaces où la nature et donc le prâna sont fort présents.

Pour détecter l'abondance de prâna dans un lieu, soyez présent à votre propre état : quelques respirations conscientes provoquent une revitalisation immédiate de votre corps et de votre esprit lorsque le prâna est abondant. Puis, en observant la vitalité de la nature, vous obtiendrez d'autres indices de la présence du prâna. Enfin, la contemplation spirituelle (chap. 1.6) d'un ou de plusieurs éléments de la nature vous permettra de ressentir la puissance prânique des lieux.

Ainsi, les humains contribueront de façon importante à maintenir leur santé et à développer leurs pouvoirs énergétiques de guérison en établissant leur demeure et leurs lieux d'activité où le prâna est abondant.

Nous les invitons aussi à transformer leur façon de construire les cités, et d'y vivre, de manière à privilégier la présence du prâna. Plus ils ouvrent leur conscience, plus leur perceptivité est stimulée. La communication avec la nature et les êtres de l'invisible (voir tome 2) leur permettra de mieux capter quels espaces doivent être dédiés à la nature et lesquels peuvent être utilisés pour les demeures et les activités.

L'harmonie des humains avec la nature favorise, bien sûr, la présence du prâna, la création de celui-ci par la nature et la création de la nature par le prâna.

Vous pouvez aussi, par votre intention associée à la puissance de la vie qui vous habite, stimuler la vie dans l'eau, dans les arbres, dans le sol, sachant que cette vie stimule le prâna tout comme vous le stimulez. Émanez vos faisceaux de lumière (chap. 3.2,2) de tout votre être, de votre poitrine, de votre troisième œil, avec l'intention de stimuler le prâna.

Le prâna dans l'eau

Le prâna est aussi présent dans l'eau, mais dans une concentration moindre que dans l'air. Tout comme il s'imprègne en l'humain, il s'imprègne dans l'eau. Lorsque l'eau est souillée, sa capacité d'oxygénation est moindre ou, du moins, plus lente. Lorsqu'un humain est fort imprégné de toxines, de parasites et que son sang est chargé, sa capacité d'oxygénation est moins grande. Le prâna dans l'eau et dans l'air contribue à l'épuration des toxines et à l'élimination des parasites, ce qui facilite l'entrée du prâna. Lorsque l'eau se trouve dans un espace où le prâna est très présent dans l'air, elle se libérera beaucoup plus facilement de ce qui la pollue. Ainsi, lorsqu'une mare d'eau qui est peu en mouvement et qui présente un taux important de pollution est alimentée plus intensément par de l'air sain riche en prâna, elle peut mieux se régénérer.

Le prâna dans les aliments

De la même façon, le prâna est présent dans les aliments, et les plus vivants ont la plus grande concentration. Quant aux aliments non vivants, ou presque plus vivants, ils en apportent peu. Voilà pourquoi nous vous avons proposé de choisir les aliments les plus vivants possible. En stimulant la vie en eux, vous stimulez la présence du prâna pour vous en nourrir par la suite.

La proportion de prâna dans la nourriture est fort variable. Elle fluctue en fonction des types d'aliments et des modes et des niveaux de conscience et d'amour liés à leur culture, leur récolte, leur distribution, leur conservation, leur transport et leur préparation. La majorité des conditions, des accessoires et des produits de conservation, par exemple, dévitalisent les aliments très rapidement en quelques jours. Par ailleurs, toute manipulation consciente et amoureuse des aliments assure le maintien du prâna.

Une faible proportion de prâna dans la nourriture fait en sorte que la capacité de régénérescence de l'humain et, bien sûr, sa vivacité et la vitalité de ses organes, de ses tissus, de ses cellules seront diminuées.

Le prâna et les corps subtils

En outre, le prâna nourrit les corps subtils de l'être, constitués d'énergie. Ces corps sont des matrices au cœur desquelles circulent des faisceaux d'énergie qui transportent des informations, des connaissances ou des émotions, lesquelles génèrent chez l'individu des inspirations et des sensations et permettent sa relation avec son environnement.

Plus l'être se nourrit de prâna, plus ses corps subtils sont vivaces et leur structure, en équilibre, ce qui facilite la libre circulation de l'énergie en eux.

Pour nourrir de prâna les corps subtils, il importe d'abord que l'être prenne conscience du prâna dans l'air, dans l'eau et dans les aliments, avant même de s'en nourrir. Son intention permettra ensuite de diriger le prâna vers ses corps subtils également. Quand l'individu met les premiers aliments d'un repas en bouche, par son intention et son attention il indique aux capteurs énergétiques de sa bouche d'absorber le prâna et de le transmettre à ses corps subtils (chap. 2.3,1). Il fait cela avant même de mâcher les aliments et de les avaler.

Puis, lorsqu'il se met à mâcher sa nourriture, il reste très conscient que ses capteurs continuent d'absorber le prâna des aliments pour le transmettre à ses corps subtils. Une fois la nourriture avalée, la capacité du corps de transmettre le prâna aux corps subtils à partir de l'estomac ou du sang est bien moindre que lorsque l'être est en relation avec les aliments dans sa bouche ou à l'extérieur de lui.

Le prâna, une véritable nourriture

Le prâna est une véritable nourriture. Il donne lieu à une circulation libre dans les corps subtils et à la régénérescence cellulaire du corps physique. Plus la nourriture prânique est présente, moins la nourriture physique est nécessaire. Si un être est en harmonie et en équilibre, et qu'il a une conscience continue du prâna, il peut se nourrir uniquement de celui-ci.

Toutefois, si un être choisissait mentalement de ne se nourrir que de prâna sans avoir d'abord établi sur une longue période une complicité énergétique avec ses cellules et sans être en harmonie totale avec la vie qui l'entoure, alors, sans s'en rendre compte, il pourrait vivre une diminution majeure de sa vitalité et une destruction.

Tant et aussi longtemps qu'un être n'aura pas parfaitement maîtrisé la quatrième étape de la Reprogrammation alimentaire, il devra se nourrir d'aliments pour conserver la vie en lui.

La capacité de se nourrir seulement de prâna est réelle, mais elle ne sera véritablement active que si l'individu a éveillé aussi les facultés de son corps à le guider vers une véritable nourriture et à développer l'autonomie alimentaire. Au moment venu, l'intelligence cellulaire invitera l'être à se nourrir de prâna seulement.

Dans le processus de Reprogrammation alimentaire, chacune des phases est très importante. L'être qui court-circuite certaines étapes de la première phase vivra l'illusion de croire que son corps lui indique ce qui est juste pour lui. Derrière cette illusion se cachent surtout ses désirs, ses caprices et ses besoins. Si l'individu suit chacune des étapes progressivement dans le temps, il vivra une véritable autonomie, une véritable guidance de son corps, de ses cellules. Lorsque l'être expérimentera cet état d'autonomie, viendra un jour où le corps exigera moins de nourriture physique, car, bien sûr, parallèlement, l'être se nourrira consciemment du prâna dans l'air et dans l'eau.

Ainsi, le changement d'une nourriture dense, physique vers une nourriture prânique aura été progressif, et non draconien, puisqu'il y aura eu adaptation du corps et développement d'une complicité et d'une relation consciente avec le prâna.

Il est important que l'individu commence à se nourrir consciemment du prâna dès qu'il amorce la Reprogrammation alimentaire. Plus il est conscient de se nourrir de prâna, plus il l'apprécie et il utilise ses capteurs de prâna.

La nourriture prânique éveille et stimule les pouvoirs d'auto-guérison.

6. La lumière, nourriture primordiale (Phase 3)

À la source, les humains sont constitués de lumière. Et parce qu'il en est ainsi, ils se nourrissent de lumière. Ils créent de la lumière, et à partir de celle-ci. ils émanent de la lumière. La nourriture de lumière est la nourriture primordiale de toute forme de vie dans l'univers. La conscience de la nourriture de lumière peut être considérée comme une troisième phase ou une extension de la Reprogrammation alimentaire. La lumière est l'essence même des pouvoirs de guérison.

La lumière qui vous est offerte par les rayons du soleil est un stimulant important de votre énergie. Elle est énergie vitale. Le prâna, l'eau, les aliments stimulent et favorisent la régénérescence de votre énergie, mais la lumière est la seule véritable source d'augmentation de votre énergie.

C'est la première nourriture de l'humain puisque celui-ci est d'abord et avant tout lumière. Il est essentiel que l'humain puisse se nourrir de lumière, qu'il puisse capter la lumière extérieure, les rayons du soleil jusqu'à ce qu'il ait développé la capacité de se nourrir de sa propre lumière intérieure. La lumière que vous générez intérieurement, comme la lumière extérieure dont vous pouvez vous nourrir, est une énergie qui ne se consume jamais. Voilà une distinction importante entre la lumière et les nourritures physique et prânique. Ces deux dernières doivent être renouvelées quotidiennement, au contraire de la lumière, laquelle sera utilisée comme carburant. Et non seulement elle ne s'épuise point, mais elle s'accumule. Voilà comment les êtres peuvent augmenter leur puissance, par le contact avec la lumière, jour après jour.

Malgré que la lumière intensifie la force des humains, ceux-ci sont affaiblis par une nourriture physique, émotionnelle et mentale inadéquate. En outre, ils se nourrissent, souvent inconsciemment, de ce qui se présente à eux sans ressentir la valeur réelle de cette nourriture.

Les capteurs de lumière sont présents à la surface des yeux et du troisième œil, comme de chacun des autres centres énergétiques. Plus un être capte consciemment la lumière pour la laisser pénétrer en lui, plus il augmente sa puissance.

Actuellement, les humains craignent la lumière du soleil, ses rayons, car l'atmosphère terrestre s'est affaiblie en tant que filtre des rayons ultraviolets et des autres rayons encore méconnus. Ces rayons sont susceptibles de provoquer des transformations non seulement de la peau, mais aussi de tous les tissus de l'être, des organes et des os. Ces rayons sont présents dans les rayons du soleil qui pénètrent la Terre. Ainsi, lorsque le soleil est à son zénith, ses rayons ont beaucoup de puissance, beaucoup de force. Cela ne signifie pas qu'ils sont mauvais pour l'humain, mais leur puissance est trop grande. Bien sûr, cette dernière s'accumule chez l'humain, mais trop de puissance fait en sorte que des tissus se consument. Néanmoins, durant les premières heures du jour, alors que les rayons du soleil stimulent le prâna, ceux-ci peuvent être aussi emmagasinés en vous, de même que durant les dernières heures du jour. Les rayons qui stimulent le prâna se trouvent généralement durant les deux ou trois premières heures du jour et les deux ou trois dernières. Quant aux rayons qui nourrissent le corps physique et les corps subtils, ils se présentent durant les cinq premières heures du jour et souvent durant les cinq dernières. Il faille surtout éviter les heures du jour où le soleil est juste au-dessus de vos têtes.

Les rayons du soleil vous donnent la possibilité d'emmagasiner la lumière. Vous n'avez qu'à être dans la conscience, dans l'union avec ces rayons. Si un être n'est pas dans la conscience et l'amour des rayons de lumière, la nourriture sera moindre et l'exposition aux rayons du soleil, même d'une très courte durée, l'affaiblira au lieu de le tonifier. Lorsqu'il y a rencontre des rayons du soleil, il est important que l'être puisse communier, fusionner avec ces rayons et non pas demeurer passif.

La lumière du soleil représente celle de l'univers. Plus l'être s'y unit, plus il reconnaît et ressent sa propre lumière et celle des êtres qui l'entourent.

Lorsqu'un humain vit dans cette réalité de la lumière, il est stimulé par les éclats de lumière en lui provoqués par ses propres mouvements énergétiques et par les émanations lumineuses des humains autour de lui. Les humains très nourris par les lumières du soleil auront plus de facilité à vivre dans un espace de joie, de légèreté.

Vous avez pu observer la vitalité et la force des individus qui vivent dans des contrées où la lumière est intense sans toutefois les accabler de chaleur.

Se nourrir de lumière

Les capteurs de lumière sont :

- le regard, qui s'unit à la lumière solaire et atmosphérique,
- la peau, qui accueille les rayons du soleil,
- les corps subtils, qui accueillent les faisceaux lumineux,
- le troisième œil, qui détecte la lumière du subtil.

Après avoir maîtrisé sa relation aux aliments et assuré sa vie sur terre par l'unique nourriture prânique, l'être sera naturellement guidé vers la lumière, comme unique nourriture.

En se nourrissant consciemment de la lumière dès maintenant, tout en se nourrissant des aliments, comme il le fait avec le prâna, l'être favorisera son évolution vers une maîtrise de l'alimentation physique. Sans avoir pour but de se nourrir uniquement de prâna ou de lumière, et sans que ce ne soit essentiel pour atteindre l'illumination, il y sera guidé naturellement et progressivement.

Dans le processus évolutif de l'individu, un jour viendra où il retrouvera, dans un seul grain de riz, la lumière, le prâna et la nourriture physique dont il a besoin pour son existence incarnée.

Il est de la nature de chaque humain de se nourrir de lumière et de prâna. Et le corps physique, auquel il est identifié, a besoin d'une nourriture physique. Cependant, plus l'humain retrouve une maîtrise dans la relation entre son corps et ses aliments, plus il se désidentifie de son corps, sans le nier ou s'en séparer, au cours de son évolution spirituelle, plus il pourra petit à petit se nourrir uniquement de prâna.

Plus l'être se nourrit uniquement de prâna, plus il se dirige vers une nourriture composée exclusivement de lumière. L'invitation faite actuellement aux humains n'est pas de mettre de côté les aliments physiques, mais, au contraire, de s'en nourrir avec plus de conscience et de joie. Ils retrouveront dès lors une complicité entre leurs cellules et les aliments, ainsi qu'une véritable santé.

La lumière se présente dans un registre d'expressions qui est fort étendu, soit un spectre lumineux. Toute cette lumière est captée par les champs magnétiques des humains. Le corps physique, comme les corps subtils, a la capacité d'accueillir la lumière dans tout son registre et de laisser s'éloigner les faisceaux ou les fréquences qui ne lui conviennent pas ou qui ne lui sont pas nécessaires.

À ce jour, l'individu n'a pas cette capacité de discernement. Lorsqu'il élèvera son rythme vibratoire et amplifiera son champ magnétique, l'être agira alors comme filtre et répartiteur des différents rayons qui circulent dans sa matrice individuelle. De cette matrice et de son champ magnétique émanera une lumière dont il se nourrira.

Ensuite, il se nourrira des émanations de lumière des formes de vie autour de lui, autant celles de la nature que des êtres invisibles, puis des rayons des étoiles et des rayons de lumière en provenance du cosmos qui franchissent l'atmosphère terrestre. Sans compter la lumière émanant des êtres de lumière et des autres êtres de « l'extra Terre » qui se présentent. Ainsi, plus les humains seront conscients de la nourriture de lumière qui leur apporte une plus grande force énergétique, plus ils pourront se préparer à une relation lumineuse avec les êtres de l'extra Terre.

Les êtres de l'extra Terre communiquent par les ondes lumineuses qu'ils émettent. Les humains peuvent tout aussi bien s'en nourrir que s'en servir pour communiquer.

Ce qui importe, et c'est le message fondamental de la Reprogrammation alimentaire comme processus de guérison, c'est que l'être redevienne progressivement maître de sa relation avec la nourriture physique concrète, puis qu'il évolue vers sa capacité à se nourrir uniquement de prâna et de lumière.

7. Conclusion : Les accélérateurs de la guérison

1. La joie et les différents états lumineux

La guérison débute par la conscience d'une relation avec la pulsion de vie. Elle est intensifiée par le choix des états intérieurs et la joie du cœur.

L'état de paix est créé lorsque le conflit intérieur se dissout pour laisser place à une complicité avec vous-même. Lorsque vous vous unifiez, lorsque vous êtes dans une retrouvaille de qui vous êtes et que vous choisissez, pas à pas, d'exprimer avec cohérence ce que vous êtes, l'état de paix rejaillit. Les conflits avec soi ou avec les autres n'existent plus lorsqu'ils n'ont plus d'assises.

L'état de sérénité se crée lorsque l'être, dans l'instant présent, est dans la conscience de tout ce qui lui est disponible pour vivre sur cette terre.

La reconnaissance de toutes les conditions naturelles qui lui permettent d'exister en s'élevant au-dessus des désirs et des demandes de l'être blessé en lui fait naître cet état de joie tranquille. La reconnaissance de l'ampleur des nourritures offertes par la vie et par l'univers fait naître un sentiment de gratitude, un état de sérénité.

La joie du cœur naît de l'expression créatrice de l'être. Elle s'installe sur les bases de la paix de l'âme ressentie dans une véritable communion, et de la sérénité retrouvée.

La joie qui naît de la création, donc de l'amour de soi, est profonde et intense. Elle provoque des émanations de lumière autour de l'être, qui se réjouit d'offrir ainsi le meilleur de lui-même (paix, sérénité, joie de son expression, amour).

L'être attire vers lui les individus qui se réjouissent de ses vibrations. Par ses états de joie, il se sent utile à son entourage.

Imaginons qu'un être porte en lui une véritable pulsion, un élan pour peindre, et que peindre la vie en vue de représenter la beauté de cette vie le réjouit. Croyez-vous que sa joie sera vécue seulement lorsqu'il aura terminé son premier tableau ? Bien sûr que non, puisqu'il vivra déjà de la joie en reconnaissant cette pulsion en lui. Et lorsqu'il choisira de lui accorder une place dans sa vie, sa joie augmentera. Quand il ira acheter une toile chez le marchand, sa joie augmentera encore. Sa joie sera présente tout au long de son parcours. À chaque pas concret de reconnaissance de lui-même, sa joie sera au rendez-vous.

Quel est votre tableau à vous ? Certes, des expressions existent encore qui ne servent pas votre vibration, mais il s'agit de voir ceci comme ce peintre en herbe (qui s'est reconnu) se rendant à son travail en sachant que ce dernier lui permet d'acheter sa toile. Il en est reconnaissant. Par contre, s'il jure contre son travail ou si, désillusionné, il lui donne tout l'espace, alors il va à l'encontre de son processus.

Bien sûr, tous comprennent que son premier choix consisterait à vendre ses tableaux pour en vivre allègrement. Pour l'instant, par son emploi, il amasse un pécule et il est en relation avec la vie qui inspirera ses toiles. Qu'il s'en réjouisse. Lorsque l'individu vit des émotions intenses comme une tristesse profonde, de la colère, de l'intolérance, il affecte son état général, et son corps s'en ressent. Ses cellules réagissent, se contractent. Si cela est fréquent et que cela perdure, il vivra un déséquilibre à la fois émotionnel et physique

Lorsqu'elle éclate, la joie produit en l'être une sensation physique, psychique, spirituelle. Un éclat de joie représente une force réelle.

Qu'il en soit conscient ou non, l'être cherche cet éclat de joie. Lorsqu'un individu cherche une relation intime, affective, que cherche-t-il, croyez-vous ? Il cherche un appui, une présence, une stimulation, une aide, mais au-delà de tout cela, il cherche dans cette relation une intensité affective et physique. L'intensité qu'il cherche sans même s'en rendre compte est aussi un éclat ressenti dans le corps physique. Une joie, même si elle est émotionnelle ou spirituelle, est ressentie dans le corps physique. Lorsque cette joie est fort ample, c'est l'extase, c'est-à-dire une explosion d'amour et de joie qui apporte un bien-être physique.

Pour que l'être puisse vivre la joie du résultat, il doit se réjouir du sentier lui-même.

S'il ne peut se réjouir du parcours, il ne pourra vivre une véritable joie à l'arrivée.

Sur le sentier de l'autoguérison, l'individu est invité à se réjouir de ce qu'il est, de ses rêves, de ses pouvoirs, de l'énergie en lui, de ses choix, de ses rencontres, de ses partages, de ses complicités, de ses amitiés, de ses élans créateurs... de tout ce qui est vivant. Pour vivre la joie, il doit communier avec ce qui est vivant en lui ou autour de lui. Plus il cultive la joie en lui, plus il s'unit à ce qui est vivant, plus il est vivant et plus ses pouvoirs de guérison sont puissants.

2. Amour et conviction

L'amour de soi est la reconnaissance de sa beauté intérieure. Tout le processus de détérioration, de sabotage à sa source est provoqué par un besoin légitime de reconnaissance dont la réponse de l'extérieur n'est jamais assez intense. En d'autres termes, l'insatisfaction de ne pas être reconnu est au cœur de la maladie. Ainsi, au cœur du processus de guérison, l'amour de soi autorisé transforme l'autodestruction en un processus de création.

L'invitation à l'amour profond de soi fut souvent entendue et lue par les humains, et pourtant bien mal saisie. Plusieurs ont compris que l'amour de soi était l'accueil et l'acceptation sans condition, passive des expressions du caractère, de la personnalité, des peurs, des insécurités, des croyances et des mémoires qui les définissent. Dans l'expression « amour de soi », ils ont entendu qu'il fallait autoriser, apprécier, respecter et donc laisser s'exprimer librement, avec complaisance, tous les aspects d'eux-mêmes, tout ce qu'ils portaient en eux, tout ce qu'ils étaient. Ils ont entendu que pour être aimés, ils devaient eux-mêmes aimer ce qu'ils étaient.

La confusion destructrice naît de l'incompréhension de l'individu à saisir qui il est vraiment.

Le caractère, la personnalité, les croyances, les peurs, les mémoires ne sont pas *lui*. Ce sont des voiles nés de blessures autour de lui qui influencent, et même contrôlent, son être. Il doit les reconnaître et les comprendre, ne pas les occulter, afin qu'ils dévoilent les aspects lumineux de son être pour que ce dernier se révèle à lui-même sans jamais s'identifier à eux, puisqu'ils camouflent sa beauté.

S'aimer soi-même signifie aimer l'être qui existe en deçà et au-delà de ses voiles. C'est aimer et laisser vivre l'être en soi qui cherche le bonheur, celui qui, toute sa vie durant, cherche inlassablement l'amour, la joie pure. C'est aimer l'être en soi qui cherche à exister, à être reconnu en se reconnaissant lui-même. Voilà ce qu'il faille aimer : son essence, sa nature.

S'aimer soi-même, c'est reconnaître en soi la Présence Je Suis véritable qui est lumière.

La conviction est associée à l'amour. Non pas la conviction qu'il y aura une guérison magique et mystique, mais la conviction que vous êtes un être universel, que vous avez une essence propre, que vous avez droit au déploiement de votre essence et que ce déploiement de votre être vous permettra de vous réjouir de vous-même. Voilà ce qu'est l'amour de vous-même, la conviction que vous êtes un être créateur dans l'univers. Et cette conviction, qui est l'expression de l'amour, est au cœur du processus de guérison.

L'amour de soi est essentiel pour un véritable amour de la vie. L'être qui le porte n'est plus dans l'attente d'une reconnaissance de l'extérieur. Sans attente, l'amour qu'il offre est inconditionnel et sans limites. Il est une puissante énergie qui émane de l'être. Tous ses pouvoirs sont intensifiés.

Par cet amour véritable, les tensions et les contractions n'existent plus et tout se simplifie. L'élan créateur est libéré.

Les pouvoirs énergétiques de guérison sont réels. Ils ne demandent qu'à s'exprimer.

La joie, l'amour et la conviction intensifient et accélèrent l'effet de vos pouvoirs.

TROIS

Le pouvoir de manifestation

L'énergie en l'humain lui confère de véritables pouvoirs créateurs. Chacun est invité non seulement à tenter de comprendre et de démystifier cette puissance créatrice de l'univers vibrant en lui, mais aussi à ressentir sa présence et sa simplicité. L'émergence de tels pouvoirs n'a d'autre but véritable que d'unir les êtres – entre eux et avec toutes les formes de vie.

Nous vous proposons de concevoir le pouvoir de manifestation comme un ensemble de pouvoirs de transmutation et de création.

1. Les pouvoirs de transmutation

La transmutation signifie la transformation des états : celle des états de la matière, des corps subtils et des vibrations. La transmutation est le pouvoir le plus important des humains, celui qui les guidera vers l'ascension.

Depuis des millénaires, les humains, dans l'œuvre alchimique, cherchent à transformer le plomb en or. C'est la grande transmutation. Si cette recherche concrète fut réelle, c'est, bien sûr, sur les plans subtil et spirituel que la grande transmutation prend tout son sens. Le personnage – l'aspect de l'être qui porte des lourdeurs, des ombres, qui est contrôlé par ses croyances et ses mémoires, qui souffre de ses blessures

– correspond à la partie brute, soit le plomb. Le *Je Suis* véritable – la dimension lumineuse de l'être, l'aspect de lui qui reconnaît sa source, qui est mû par une pulsion de vie, qui cherche la joie pure, l'amour et la manifestation de l'union – correspond, quant à lui, à la dimension fine, soit l'or.

Nous observons comment l'humain, d'abord inconsciemment, puis de plus en plus consciemment sur le parcours vers la maîtrise, se trouve dans une démarche alchimique. Tout son sentier spirituel correspond à un parcours de transmutation du plomb (l'aspect brut de son être) en or (l'aspect lumineux et empreint d'amour de son être). Il s'agit évidemment d'un parcours d'expériences et de redécouvertes de tous ses pouvoirs de transmutation, dans une véritable création unificatrice.

Le pouvoir de transmutation est la capacité de modifier les états à partir d'une élévation du rythme vibratoire vers la fréquence fondamentale individuelle, et de l'intensification de la trilogie énergétique (chap. 1.1).

En tant qu'énergie de lumière, l'humain a toutes les capacités de transmutation. Il peut transmuter ses états d'être, ses croyances, ses mémoires, des éléments de son corps, au même titre que ses cellules. Il peut donc opérer *maintes* transmutations sur lui-même, concrètement et subtilement.

De la même façon, il peut aussi intervenir comme un agent de transmutation sur ce qui l'entoure, sur le plan de la matière et sur le plan subtil.

Lorsque l'être est identifié à son incarnation, il est plus contracté, moins en expansion, il a de la difficulté à se servir de son corps pour permettre une transmutation. En état d'expansion, lorsqu'il élève son rythme vibratoire, il parvient à créer des synthèses de lumière et à modifier des rayons de lumière. Il lui est possible, par exemple, de créer des champs vibratoires particuliers, comme des spirales d'énergie. Il peut arriver à modifier le rythme de certaines cellules de son corps. C'est ainsi qu'il permet certaines guérisons et régénérescences cellulaires.

Le premier niveau de transmutation est une transformation de l'état d'impuissance. Sur cette transmutation repose toutes les subséquentes. L'état d'impuissance s'exprime par des demandes de guérison ou de manifestation de ceci ou de cela adressées aux êtres de lumière, à Dieu, aux anges gardiens, aux guides, etc. La première transmutation consiste en ce que l'être transforme sa demande qu'un être supérieur fasse ceci ou cela pour lui en une demande à un être de lumière pour qu'il l'accompagne dans sa guérison ou sa création.

Cette transmutation de l'être est essentielle et fondamentale, car elle met véritablement en jeu la reconnaissance de la puissance de l'être. Tant et aussi longtemps que ce dernier demande à des forces supérieures de faire quelque chose pour lui, cela signifie qu'il se sent inférieur et qu'il reconnaît peu ses véritables pouvoirs. Lorsque l'être inspiré demande un accompagnement, c'est qu'il peut accueillir la vie sous toutes ses formes et bénéficier des pouvoirs de celle-ci, tout en reconnaissant les siens.

Prenez conscience de la nuance dans l'exemple suivant : vous demandez à un ami d'effectuer un travail pour vous parce que vous n'en avez pas la capacité, au lieu de lui demander de le faire avec vous, car vous sentez qu'il a de l'expérience et que ce sera pour vous un apprentissage qui suscitera la révélation de votre capacité à créer.

Souventes fois, les voies religieuses et spirituelles ont communiqué à l'homme qu'un Dieu, qu'une force céleste universelle, avait créé ce monde et régnait sur celui-ci. Ou, encore, qu'un maître incarné réalisé avait des pouvoirs supérieurs à eux. Souventes fois, les voies religieuses ont invité les humains à prier cette force suprême, nourrissant en l'individu la croyance et la sensation d'être vulnérable, petit, impuissant devant cette force supérieure toute puissante.

En un premier temps, cette orientation à prier un être supérieur est en soi une invitation à s'identifier à la lumière pour retrouver ses propres pouvoirs, au lieu de s'identifier à ses ombres. Dans cette perspective, cela semble juste, puisqu'il est vrai que l'être se vulnérabilise, s'amenuise lorsqu'il s'identifie à ses ombres.

Cependant, si cette force supérieure, Dieu, n'est pas présentée comme l'énergie universelle omniprésente et l'expression de l'être libre, les êtres vont alors personnifier ce Dieu, lui accorder un pouvoir supérieur et l'imaginer à l'extérieur d'eux-mêmes.

Cela est très important dans l'histoire de votre humanité, car c'est cette projection vers une force supérieure qui crée en l'être la croyance qu'il est impuissant. C'est cela aussi qui fait en sorte que les individus ne reconnaissent pas leurs pouvoirs subtils et qu'ils s'identifient plutôt à des pouvoirs physiques, à une force musculaire, à des pouvoirs intellectuels, à des rapports de force qui ne sont qu'identifiés à l'incarnation, au lieu de reconnaître à la fois l'univers subtil et les pouvoirs qu'il confère.

Le premier niveau de transmutation amène les humains à comprendre qu'ils sont unis et qu'ils peuvent, par leurs choix intérieurs, exprimer cette union, même par leurs demandes. Ainsi, la prière n'est plus une expression qui retransmet à l'être sa petitesse, son impuissance. Elle vient plutôt nourrir chez lui la sensation qu'il peut de plus en plus redevenir l'être de lumière qu'il est. C'est à la dimension lumineuse de l'humain que nous référons ici, celle qui vibre dans le Tout.

Dieu est omniprésent, omniscient, omnipotent. S'il est partout, il est donc nécessairement en chacun. S'il est tout-puissant, cela signifie que l'être porte en lui tous les pouvoirs de création. S'il est connaissance infinie, cela veut dire que chaque cellule de l'être porte en elle l'intelligence et le savoir universels.

Le premier niveau de transmutation signifie que l'être transformera sa croyance et son état d'impuissance en une reconnaissance de sa nature et de ses pouvoirs.

Si certains négligent cette première transmutation parce qu'ils s'intéressent davantage aux facultés de transmutation plus mystiques et étonnantes que nous présenterons ultérieurement, leur négligence fera alors en sorte que ces facultés qui les fascinent ne puissent être expérimentées.

Le deuxième niveau de transmutation est la transformation de la demande en offre. Par ces termes, nous entendons qu'en transformant ses demandes d'accompagnement en une offrande de lui-même, l'être manifeste encore davantage ses pouvoirs.

Il offre sa vibration, son amour, les faisceaux de lumière qui émanent de lui. Par ses émanations, il offre tout ce qu'il est. Il crée pour se déployer, pour répondre à l'énergie créatrice en lui et, ce faisant, il vibre de joie et d'amour, offrant tout cela autour de lui. Voilà comment, par ce changement d'état, l'être entre dans la conscience que son existence nourrit sa joie, qu'elle sert les autres humains de sa collectivité, la Terre dans son évolution, et l'univers entier.

Ainsi, l'individu choisit d'offrir, et ce, non pas comme un esclave qui doit s'oublier à défaut d'avoir le choix, mais au contraire comme un être libre dont l'expression du meilleur de lui-même le réjouit. Cette transmutation est une délivrance de ses attentes et de ses dépendances.

La transformation de la demande en une offre ne veut pas dire que l'être ne reçoit plus. Au contraire, il reçoit davantage, encore et encore. Sans l'avoir demandé, il est nourri par la lumière, par ceux qui l'entourent, par la vie sous toutes ses formes.

Pour vraiment réussir le deuxième niveau de transmutation, il devra élever son rythme vibratoire pour se sentir en communion avec la vie et stimulé, par toutes ses formes, à se déployer.

Le troisième niveau de transmutation est la transformation d'un regard limité sur ce qu'il est et ce qu'il porte en lui, en un regard vaste de l'être universel.

Son regard s'élève au-delà des apparences, prenant conscience des différentes réalités. C'est l'éveil de sa « clairevision ». Par exemple, il perçoit son processus de sabotage et sait que la guérison est impossible sans la paix intérieure, etc. Il entre sur la voie de la maîtrise. Il transforme l'être victime de la vie en un disciple créateur de la vie.

Ces trois premiers niveaux de transmutation s'ajoutent aux assises des pouvoirs (chap. 1), pour permettre à l'être de ne pas s'illusionner, de retrouver véritablement ses autres facultés de transmutation et ses pouvoirs de création.

1. Transmutation, élévation du rythme vibratoire et fréquence fondamentale

Lorsque son rythme vibratoire s'élève, l'être vit des transmutations physiques, cellulaires et énergétiques grâce auxquelles il peut s'adapter à toutes les conditions. Son bagage génétique et mémoriel, d'abord présent dans la dimension subtile de son être, s'inscrit ensuite concrètement dans ses cellules. L'élévation de son rythme vibratoire jusqu'à sa fréquence fondamentale individuelle lui permet de transformer les inscriptions génétiques cellulaires et de modifier la structure de l'ADN.

Les pouvoirs de l'être donnent lieu à la transformation de la masse, de la densité et de la structure moléculaire. Autrement dit, l'être peut se matérialiser et se dématérialiser, tout comme il peut s'incorporer et se désincorporer.

À la suite des trois premiers niveaux de transmutation, et selon son autonomie, son rythme vibratoire, sa fréquence individuelle et ses intentions, l'être retrouvera sa capacité de transformer son corps et sa structure cellulaire.

Afin d'élever son rythme vibratoire de manière continue et permanente, l'être doit s'accorder des moments de centration durant lesquels il élève ce rythme consciemment. Plus il s'accorde de tels moments intenses et privilégiés, plus son rythme vibratoire reste élevé. Voyons concrètement comment il élève, durant un moment, son rythme vibratoire.

- *Alignement du corps physique*

Il s'assure d'abord de respecter le corps physique, lequel est pour lui l'outil de l'esprit, de l'âme, l'outil même de sa psyché, de son expression sur terre.

Le corps physique favorise ici sa propulsion. Pour hausser son rythme vibratoire, l'être s'assure que sa posture garde l'alignement du corps et de la colonne vertébrale dans l'axe cranio-sacré afin de faciliter l'élévation de l'énergie du hara vers la couronne. Déjà, la sensation de se projeter vers le ciel peut s'installer dans le corps.

- *Respiration profonde et puissante*

L'être peut aussi équilibrer son corps et retrouver sa puissance par une respiration naturelle profonde (chap. 4.3). Sans fournir d'effort, sa respiration est puissante et provoque une sensation de force énergétique dans le corps.

- *Décontraction : abandon de la dimension blessée*

L'être laisse ici se dissoudre ses croyances, le contrôle de ses mémoires sur lui. Il abandonne ses désirs, ses besoins. Il ne répond pas aux sollicitations du mental ou du corps physique. Il laisse se dissoudre toutes ses préoccupations, tous ses tracas, ses soucis. Il abandonne toute forme de jugement, d'évaluation de lui-même, de sa situation, de sa vie, de son environnement. Il n'a plus aucune forme de déni de lui-même. Il entre dans une reconnaissance de ce qu'il est, de la vie en lui et de la vie tout autour de lui. Le personnage, la personnalité, ne le contraignent plus. Par son intention et son attention, il redevient un être de lumière qui s'exprime concrètement par l'espace qu'il offre à sa pulsion de vie.

- *Centration sur la Présence Je Suis*

Il ressent ici l'amour de l'aspect de lui qui cherche à aimer et à être aimé, qui cherche la joie pure, le bonheur, l'aspect de lui qui sait qu'il est une âme, un esprit, qui sait que l'incarnation sert l'expression de l'âme et de l'esprit dans la création et la réunification.

Puis il se centre sur sa dimension lumineuse cosmique, la Présence Je Suis.

En polarisant son attention sur ce qui est lumineux, empreint d'amour et divin en lui, il ressent l'intensification de la trilogie énergétique, soit une puissante énergie de vie dans son hara (l'énergie de la volonté), une puissante énergie sous sa couronne (l'énergie de la conscience), une puissante énergie du cœur (l'énergie de l'amour).

Il se sent vibrer intensément dans tous ses corps, son rythme vibratoire s'élève vers sa fréquence fondamentale.

Lorsque le rythme vibratoire s'élève, l'être est beaucoup plus disposé à contempler, ou à se projeter dans un espace méditatif, pour accueillir les sensations et les perceptions qui se transformeront en inspirations provenant de toutes les formes de vie. Lorsqu'un être élève ainsi son rythme vibratoire, il est invité à le maintenir élevé en conservant son attention sur sa sensation d'exister comme un être de lumière et d'amour.

Au moment d'aller vers des activités créatrices ou des activités quotidiennes, son choix doit être conscient, car maintes distractions et sollicitations peuvent faire en sorte que des peurs, des croyances, des mémoires, des désirs retrouvent leur place d'avant et diminuent son rythme vibratoire. Plus un être élève souventes fois son rythme vibratoire, plus son rythme vibratoire de base, lorsqu'il est dans une situation normale du jour, est élevé.

Imaginez que vous entraînez quotidiennement votre corps à des mouvements très exigeants. Jour après jour, la puissance de vos muscles s'accroît, ce qui vous permettra d'exercer plus facilement l'activité pour laquelle vous les avez entraînés. Et lorsque vous ne vous adonnerez pas à cette activité, les muscles au repos seront détendus, mais leur tonus demeurera tout de même plus élevé qu'au début.

Quand votre rythme vibratoire diminue, c'est que vous êtes happé, car, intérieurement, cette diminution n'est pas votre choix. En état d'expansion, vous êtes dans une sensation de puissance naturelle, de légèreté et d'intensité. Votre choix naturel consiste à conserver ce rythme vibratoire élevé. Là, vous saurez que vous êtes toujours en expansion, toujours dans la sensation d'union avec le Tout. Vous pourrez œuvrer dans la réalité quotidienne, avec les autres, et en de multiples réalités simultanément, car vous aurez aussi maîtrisé la multiple présence.

Ainsi, nous vous le disons, les pouvoirs de transmutation seront de plus en plus grands. Certes, vous n'allez pas attendre d'avoir tout maîtrisé, que votre rythme vibratoire, à l'instar d'un Maître, soit toujours au plus élevé, et d'être à votre fréquence fondamentale. Jour après jour, vous pourrez élever votre rythme vibratoire et expérimenter la transmutation pour la réapprivoiser, jusqu'à la maîtriser, dans ses différentes formes.

Transmutation et fréquence fondamentale
L'élévation du rythme vibratoire permet à l'être de transformer sa fréquence. Voilà une transmutation majeure qui exigera une pratique soutenue de l'élévation du rythme vibratoire. Il est essentiel que l'être dans l'expérience puisse ressentir la sensation physique/énergétique de l'intensification de l'énergie en lui. Sans effort physique, bien sûr, mais dans l'intensité de sa posture, de sa respiration et de son intention, il provoque la sensation de puissance énergétique et d'élévation de l'énergie de son hara vers sa couronne.

Une connaissance mentale du processus et une pratique passive ne permettront pas la transformation de la fréquence. La transmutation de la matière ou du subtil exige plus d'intensité énergétique et l'intensification de l'énergie dans toutes ses expressions.

Lorsque le rythme vibratoire est élevé, l'être sent un effet de bascule énergétique. Il s'agit du passage à sa fréquence fondamentale. C'est un éveil cosmique. L'être accède alors consciemment aux structures matricielles tant de l'humain que de la Terre et de l'univers. Il perçoit subtilement, et parfois visuellement, les couloirs énergétiques interstructurels par lesquels il peut communiquer vibratoirement d'une matrice à l'autre, d'esprit à esprit, d'une forme de vie à l'autre. De même, il peut percevoir, ou voir, les couloirs énergétiques de communication interdimensionnels qui assurent la circulation de l'énergie et des formes de vie en transmutation d'un monde à l'autre, soit d'une dimension à l'autre. La fréquence fondamentale rend possible la libre communication entre toutes les formes de vie.

Lorsque le rythme s'élève, vous accédez à d'autres réalités. Votre sensation ou votre perception de la réalité se transforme. Il y a des ouvertures de conscience et du troisième œil importantes, la « clairevision » est stimulée. À ce moment, des résistances à maintenir un rythme vibratoire qui éclaire ce qui ne fait pas sens dans votre vie peuvent se présenter sous la forme de spasmes. De même, une agitation du mental est susceptible de provoquer aussi de l'agitation corporelle lorsque d'autres réalités sont ressenties et provoquent des peurs devant les changements imposés par une vision claire. Comme s'il y avait deux forces opposées : une force de maintient de la structure assurée par le cerveau dans chaque cellule, et une force d'élévation du rythme vibratoire qui entraîne une transmutation dans un état de lumière.

Lorsque l'être conserve sa fréquence fondamentale, les possibilités de transmutation de la matière et de l'esprit apparaissent sous de multiples formes, dont la décorporation, la transfiguration, la dématérialisation.

Ces éventualités de transmutation plus mystiques intéressent la science et fascinent plusieurs individus à la recherche de la réalisation et de l'illumination. Toutefois, pour que l'être puisse évoluer jusqu'à développer cette capacité d'utiliser l'intelligence universelle en lui pour ces transmutations, il faille d'abord qu'il puisse s'équilibrer physiquement, psychiquement et énergétiquement.

L'élévation de rythme vibratoire fait en sorte qu'il y ait vraiment une restructuration totalement équilibrée de chacun des tissus, de chacun des organes dans le corps, ce qui permet aussi d'intensifier la régénérescence cellulaire, donc le fonctionnement parfait, équilibré du véhicule d'incorporation.

S'il est fascinant d'envisager la désincorporation, il est tout aussi fascinant et fort utile, pour l'instant, d'établir comme but la retrouvaille de sa puissance pour rééquilibrer totalement tous ses corps en vue de son autoguérison et de la maîtrise de la régénérescence cellulaire, et pour créer un nouveau monde de paix dans la fraternité.

2. Champ magnétique et vortex de l'être humain

L'humain est une antenne énergétique qui émet et capte des ondes. L'énergie en mouvement chez l'humain génère des vibrations qui émanent de lui naturellement. Les émanations de l'être sont imprégnées de ses états intérieurs. Par son intention, l'individu peut concentrer ses vibrations et les projeter dans une direction choisie. Du centre énergétique du cœur, que nous nommerons cristal d'émeraude, l'énergie d'amour rend possible la projection d'un puissant faisceau de lumière.

Du troisième œil, auquel nous associerons une perle bleue, l'énergie de la conscience peut aussi émettre un puissant faisceau de lumière.

Ces deux faisceaux de lumière, outils puissants du pouvoir de manifestation, serviront, au besoin, à rééquilibrer et amplifier votre champ magnétique (chap. 1.4).

Votre être est constitué de plusieurs corps : le corps physique, le corps éthérique, le corps émotionnel, le corps mental et, au-delà, le corps causal. Les corps subtils sont multidimensionnels. Ils existent autour du corps physique dans cette dimension, mais en lui dans d'autres dimensions. Le corps causal est un corps transitoire entre le corps cosmique et le corps terrestre. Dans le corps causal, l'énergie circule de telle sorte qu'elle puisse influencer le sens de l'incarnation.

Donc, les deux faisceaux rejaillissent pour s'unir en un point focal à environ un mètre devant vous, dans le corps causal, constituant ainsi un triangle de force. Au centre de votre troisième œil, le faisceau émerge de la perle bleue de la conscience, vers le point focal devant vous. Au centre de votre poitrine, le faisceau émerge du cristal d'émeraude vers ce point focal. Le triangle de force est ainsi composé. Il a comme base le couloir énergétique entre le troisième œil et le centre énergétique du cœur. Le triangle de force permet à l'être de réassocier l'énergie de l'âme, de l'esprit et du corps. Lorsque les vibrations de l'âme et de l'esprit ont fusionné avec la chair, une intensité et un champ magnétique se sont créés. Lorsque ce triangle énergétique se forme avec puissance, déjà l'intensité de l'être est augmentée.

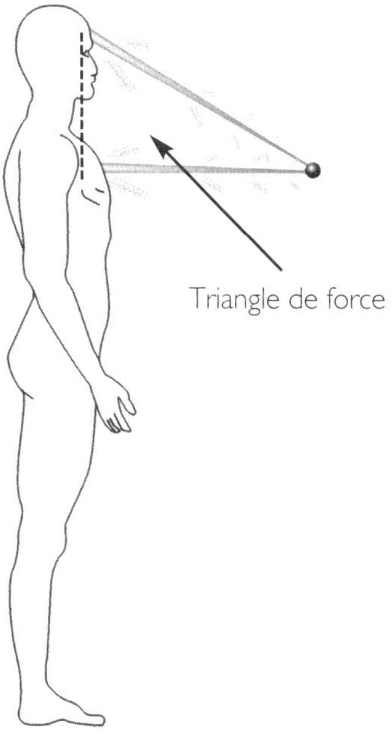

Champ magnétique

Ce triangle de force est intensément vibrant d'énergie. Lorsqu'il se met en mouvement circulaire autour de vous, il trace un vortex, soit un puissant tourbillon d'énergie à partir duquel votre champ magnétique s'amplifie.

Le cercle d'énergie créé par le triangle de force autour de vous constitue le champ magnétique naturel de l'humain. La très grande majorité des humains ont un champ magnétique beaucoup plus contracté, souvent à quelques centimètres.

Pour que ce triangle de force puisse vous amener à véritablement amplifier votre champ magnétique, il faille que votre rythme vibratoire s'élève et que la trilogie énergétique soit intensifiée. Plus votre rythme vibratoire s'élève, plus l'énergie subtile est ressentie et plus le vortex est puissant.

Le triangle d'énergie qui tourne autour de vous émane de l'amour et de la conscience, et le champ magnétique qu'il génère autour de vous vous permet d'accéder à d'autres réalités, ultérieurement à différentes dimensions ou à des plans de conscience distincts. Il vous permet en outre de projeter vos intentions et de manifester à partir du subtil vers le concret ou du concret vers le subtil.

Pour accéder à vos pouvoirs, vous devez retrouver, comprendre, mais aussi utiliser, le vortex énergétique que vous êtes.

Maintenant, lorsque le rythme s'élève dans le vortex, des spirales ascendantes et descendantes se créent les unes dans les autres. Ce sont les spirales du Maître en vous. Seuls les Maîtres peuvent créer des doubles spirales.

Les vibrations qui créent et maintiennent le champ magnétique sont à l'image de votre respiration. Vous en êtes conscient, vous en avez la sensation, mais vous n'avez pas à vous concentrer ou vous en préoccuper sans cesse pour en conserver la sensation. La vie autour de vous reçoit continuellement les faisceaux de lumière de votre cœur, ce qui favorise la reconnaissance de sa nature universelle, et les faisceaux de lumière de votre troisième œil privilégient la conscience de la fraternité entre les différentes formes de vie, de son univers.

Lorsque vous vous approchez d'un Sage ou d'un Maître, vous ressentez à la fois sa grande force et son grand amour. Croyez-vous qu'il est toujours centré sur vous ? Il sait que vous approchez, puisqu'il est conscient des multiples réalités, et s'il rayonne vers vous, il rayonne aussi vers votre voisin. C'est que son champ magnétique est puissant et qu'il est aussi sans cesse reconstitué par les faisceaux de lumière qui émanent de lui et qu'il nourrit.

Si une peur émerge en vous, si vous vous êtes laissé happer par la colère, si vous avez été submergé par une mémoire, si vous avez été gouverné par une croyance, alors vous savez que cela a réduit votre champ magnétique.

Pourquoi intensifier votre rythme vibratoire seulement lorsque vous allez méditer, lorsque vous voulez offrir un soin, lorsque vous souhaitez utiliser votre pouvoir ? Pourquoi le rythme vibratoire ne serait-il pas constamment en élévation ? Cela n'entraîne aucune fatigue. Au contraire, cela allège l'être. Alors, élevez le rythme vibratoire, intensifiez la trilogie et réamorcez le mouvement du triangle de force. Sur la voie de la maîtrise, l'être émet de son cœur et de son troisième œil, de manière continue. Son champ magnétique est puissant, ses émanations sont dirigées vers la vie, et son champ s'amplifie à l'infini, sans aucun effort, par son expression naturelle. Bien sûr, lorsque le champ s'amplifie, les intentions sont projetées avec plus de puissance et le pouvoir de création devient aussi plus puissant. Le pouvoir d'autoguérison et la puissance pour stimuler la guérison chez un autre sont également amplifiés.

Sur la voie de la maîtrise, l'être va s'amplifier encore davantage, car, éventuellement, le triangle se formera non pas au niveau du cœur causal mais du corps bouddhique. Voilà pourquoi vous ressentez l'énergie d'amour des Maîtres de béatitude à des mètres et des mètres physiquement et, subtilement, au-delà de toute distance.

Le champ magnétique ne peut s'intensifier s'il n'y a pas eu d'épurations. Son amplification jusqu'à son niveau naturel est une transmutation majeure sur la voie de la maîtrise, car s'il est maintenu, votre regard sur l'existence et le sens de votre vie ne sera plus jamais le même. Votre conscience de la réalité ne sera plus la même. Vous aurez une vision élargie. La réalité terrestre concrète du moment et les réalités subtiles seront présentes simultanément. Ce sera une ouverture vers les multiples réalités captées en même temps, sans ambiguïté ni confusion ou agitation.

Bien que le champ magnétique que vous créez n'ait pas pour but de vous protéger, il agira tout de même comme un filtre des vibrations qui se dirigent vers vous et provoquera un renforcement de votre système immunitaire.

Le vortex va aussi fortifier le cœur physique, lequel, par le sang qu'il propulse, aide à stimuler les cellules, à les régénérer et, éventuellement, à modifier leur codification génétique pour accéder à d'autres dimensions. Le cœur de chaque individu a un rythme personnel, un rythme qui semble similaire d'un être à l'autre, mais qui est légèrement nuancé. Il est possible, ici, d'établir une analogie avec les empreintes digitales.

Le cœur en mouvement produit donc une émanation à une fréquence qui vous est à la fois personnelle et finement nuancée par rapport aux autres. Ceci fait en sorte que vous êtes reconnu lors de communications sur les plans subtils. La pulsation du cœur produit une vibration à une fréquence déjà inscrite en vous. C'est la fréquence fondamentale individuelle. La communication subtile est amorcée à partir du cerveau, en fonction de cette fréquence.

Pour mieux comprendre, établissez un parallèle avec les téléphones portables. Ceux-ci sont programmés en fonction de vos numéros personnels. Eh bien, au niveau cellulaire, en relation avec l'ADN, vous avez aussi une fréquence propre.

Le vortex d'énergie à partir duquel vous émettez sera intensifié lorsque vous retrouverez votre fréquence fondamentale individuelle.

Expliquons ici votre fréquence individuelle par analogie avec un vêtement de couleur. Imaginons que le vêtement de couleur bleue correspond à votre fréquence fondamentale individuelle, mais que pour un ensemble de raisons, de peurs, d'anticipations, vous portez celui de couleur verte, qui, dans cet exemple, représente la couleur de l'ensemble de la collectivité. Et vous faites cela pour vous conformer, vous protéger, vous adapter.

Il n'en demeure pas moins que, ultimement, la vibration du bleu est en vous, même si vous la camouflez derrière le vert. Et il n'en demeure pas moins non plus que même habillé de vert, vous demeurez créateur. Être créateur signifie attirer à soi, mais vous vous laissez attirer par des éléments qui correspondent à la fréquence que vous émettez, soit le vert.

Autrement dit, si, par exemple, la peur de la solitude émane de vous, vous allez créer des circonstances, des situations qui vous placeront face à la solitude, pour mieux la comprendre et la transcender. Vous pouvez aussi créer des tableaux, des livres, des enfants qui seront teintés de cette peur, c'est-à-dire qui exprimeront cette peur avec clarté. Ils en seront teintés, puisque c'est votre création, mais ils seront aussi teintés de votre véritable fréquence.

Lorsque vous serez conscient de votre fréquence, et ce, par une sensation de liberté, votre création sera beaucoup plus pure, beaucoup plus intense. Il n'en demeure pas moins qu'aujourd'hui même vous êtes créateur et qu'il ne faille pas attendre l'état de liberté et de grâce pour créer. Votre ressourcement par la méditation, la contemplation et votre mouvement créateur permettront la retrouvaille de votre véritable fréquence, car le ressourcement et la créativité vont vous aider à dissoudre les « voiles » qui vous assombrissent et à élever votre rythme vibratoire.

Imaginez que vous allez à la rencontre de plusieurs individus qui nourrissent une tension à votre égard et que vous pourriez en être submergé ou déséquilibré. Le champ magnétique que vous créez est un champ de force. Ce n'est pas une force d'opposition, mais une force que les êtres près de vous physiquement ou vibratoirement ressentiront et qui fera en sorte de diluer ce qu'ils projettent vers vous. Le champ magnétique incite les individus à reconnaître votre être. Voilà pourquoi nous parlons ici d'un champ de force.

Imaginons cette fois un séisme où plusieurs âmes cherchant leur voie se dirigent vers vous, attirées par votre champ magnétique. Votre force n'existe pas pour les repousser, mais bien plutôt pour les accueillir sans vous déséquilibrer.

Vous créez un champ magnétique pour qu'il y ait une intensification vibratoire autour de vous permettant une conscientisation, une justesse. Si votre intention naît de votre orgueil, de votre ego, de votre peur, il n'y aura pas de véritable vortex ni de champ magnétique amplifié.

Le vortex se crée par les émanations du troisième œil et du cœur. Plus l'amour de vous-même et des autres s'accroît et plus votre conscience de la réalité s'amplifie, plus le vortex est puissant et le champ magnétique est ample, et plus les êtres le sentiront.

Ce vortex vous donnera la possibilité de créer des situations, de changer des choses dans votre environnement, dans votre vie, à partir de vos intentions.

Si un individu aime ce qu'il est, ses qualités, sa façon de vivre, son être, alors, bien sûr, une certaine puissance se dégage de son émanation en provenance du cœur. S'il aime profondément l'être de lumière en lui, sa puissance s'accroît. S'il aime et reconnaît la lumière et l'être de lumière chez les gens qu'il rencontre, alors la puissance de ses émanations amoureuses s'intensifie encore. Lorsqu'il aime les éléments de la nature, les deva, et qu'il reconnaît la conscience en eux, sa puissance augmente encore. Plus l'individu reconnaît et aime la vie, plus il amplifie son champ magnétique, car la puissance de ses rayons augmente.

Parallèlement, plus il est conscient de la vie et du mouvement créateur de cette vie, plus il est conscient de ce qui a un sens pour lui et plus la puissance de sa projection s'intensifie.

Le champ magnétique, qui peut être mieux ressenti par l'être lorsqu'il l'imagine, ne se crée que par une intensité énergétique, non par la visualisation. La visualisation aide les individus à ressentir, à être en relation avec leur réalité énergétique, mais elle ne crée pas. Elle oriente l'attention et favorise l'intention.

Le champ magnétique de l'être influence ses atmosphères intérieures et aussi, possiblement, l'atmosphère autour de lui.

Transformation des atmosphères

La première atmosphère que vous pouvez transformer est votre atmosphère intérieure. Observez-la. Par moments, elle est triste, lourde, sombre ; à d'autres, elle est ensoleillée, et quelquefois étincelante. Elle est influencée par votre propre relation à ce qui vous habite, même si vous avez l'impression qu'elle l'est par l'extérieur.

Si, par exemple, vous allez dans un lieu où les gens sont tristes et que votre atmosphère devient ombrageuse ou que vous vous sentez las, sachez que ce n'est pas l'extérieur qui crée cela mais plutôt ce qui vous habite, influencé par l'extérieur. L'être doit choisir de ne pas être victime de ce qui l'entoure. Si, par sa façon de s'entretenir avec vous, une personne influence votre atmosphère, c'est qu'elle a éveillé une partie de vous qui était en difficulté ou blessée. L'extérieur ne transforme votre atmosphère que lorsqu'il y a en vous un élément de réponse, une blessure associée à l'extérieur.

Puisque cela provient de l'intérieur, vous avez la capacité de transmuter les atmosphères intérieures non souhaitées sans attendre les transformations extérieures. La transmutation consiste à choisir de vous unir intérieurement aux dimensions de votre être qui sont lumineuses et puissantes, à les honorer et, de là, à amplifier votre champ magnétique.

De votre transmutation et de la force de votre champ magnétique retrouvé, vous serez à même, par votre intention, de modifier de nouvelles atmosphères autour de vous.

Par analogie, disons que si une odeur ambiante désagréable détériore l'atmosphère, vous avez le choix de vous laisser envahir par celle-ci ou de rehausser votre propre parfum afin de retrouver un bien-être et de le répandre autour de vous.

Ce que nous vous proposons n'est pas la maîtrise des atmosphères dans tous les espaces, mais plutôt la retrouvaille de votre pouvoir d'influencer l'atmosphère là où vous sentez qu'il y a une contraction, une « injustesse », qui ne sert pas un parcours lumineux.

Encensez les lieux qui semblent alourdis de votre parfum empreint d'amour. C'est là l'utilisation d'un pouvoir important, mais fort simple. Vous vous rendrez compte qu'il vous est impossible de parfumer un lieu sans d'abord vous parfumer vous-même. Si, par exemple, vous voulez créer une atmosphère de détente dans un espace, elle doit alors exister d'abord en vous.

Vibrez d'amour intensément, et cet amour sera imprégné dans votre champ magnétique et offert naturellement sur votre passage.

3. L'attention, l'intention, l'attraction, la manifestation

Il est important que vous saisissiez bien l'équation « attention et intention » si vous voulez que votre création soit juste. Nous avons déjà transmis comment l'intention est propulsée avec puissance lorsque son rythme vibratoire est élevé, que la trilogie énergétique est intense et que son champ magnétique est déployé.

- *L'attention*

Rappelez-vous qu'il est important que l'être soit attentif. L'attention peut être, ou non, associée à un moment de concentration. Elle fait en sorte que l'individu exprime une reconnaissance. La reconnaissance de la vie en lui ou autour de lui sera toujours essentielle sur le parcours de la maîtrise. Rappelez-vous aussi que l'ultime besoin d'un être est celui de la reconnaissance de sa nature universelle.

L'humain a besoin de ressentir en lui-même qu'il fait partie d'un Tout. Par ses manifestations, il cherchera à exprimer qu'il est uni au Tout. Il en est de même pour toutes les formes de vie. L'attention portée à un être est déjà une reconnaissance importante. Bien sûr, nous établissons une distinction entre le fait de porter attention et de simplement poser un regard. Porter attention signifie orienter sa vibration vers l'objet même de son attention.

Lorsque l'individu oriente sa vibration vers un élément, c'est qu'il reconnaît l'existence de cet élément, que la vie est en lui. En orientant sa vibration, bien sûr, il sert une communion avec la vie. Lorsque nous vous avons entretenu de la nourriture, nous vous avons transmis comment la vie stimule la vie. Nous avons évoqué que vous étiez vivant lorsque vous projetiez votre attention sur la nourriture et la vie qu'elle renferme ; que la vie en vous stimulait la vie dans la nourriture.

Maintenant, nous vous rappelons que dès que vous choisissez de porter votre attention sur un arbre, sur une pierre, sur un animal, sur une fleur, sur un autre humain, vous orientez votre vibration vers cet élément, et la vie que vous manifestez ainsi stimule celle qui existe dans l'élément auquel vous prêtez attention.

Observez une plante dans votre demeure ; elle porte la vie, elle croît. Bien sûr, elle sera nourrie par le soleil, par l'eau que vous lui offrez ou qui est présente dans l'humidité de l'air, par le prâna, par les vibrations de la vie qui l'entoure. La plante peut croître dans un milieu qui ne lui est pas naturel, comme votre demeure, en raison de la vie qui s'y trouve.

Quand vous accordez une véritable attention, non pas un regard distrait, à une plante, une relation se crée, vos vibrations sont orientées vers elle, vous reconnaissez ainsi la vie en elle, et sa croissance sera stimulée. Voilà comment l'être peut collaborer, par ses pouvoirs, à la croissance de toute forme de vie. C'est là un pouvoir de manifestation dans la communion avec la vie.

Imaginons, par exemple, que vous tournez votre attention sur votre enfant en croissance qui apprend à marcher (il apprendra, bien sûr, parce qu'il y a en lui une pulsion de vie et une fibre universelle). En vous focalisant sur lui, vous augmentez sa capacité d'apprentissage, de développement, de croissance et de transformation, ainsi que sa joie. Votre propre pouvoir de transmutation favorise la transformation, la transmutation des éléments de vie autour de vous.

L'attention s'associe à la compassion puisqu'elle participe à l'éveil de la lumière de l'être. À partir de cette attention, donc de la présence et de la stimulation de la vie que vous offrez, vous pourrez ensuite définir une intention.

- *L'intention*

Nous vous avons transmis l'importance de la clarté et de la pureté de l'intention dans le processus créateur (chap. 1.5 et 3.1,2).

L'intention est en soi une vibration très intense. Elle se forme d'abord d'inspirations et d'aspirations qui circulent subtilement en vous et qui, selon l'attention que vous leur accordez, s'articuleront de plus en plus dans votre pensée. Il est très important que la pensée se clarifie jusqu'à ce qu'elle puisse formuler ce qui représente réellement une vibration en vous et le choix réel de l'être de lumière en vous. Vous êtes invité à mettre des mots sur votre intention pour vous assurer de sa justesse et de sa puissance. Bien que ces mots la définissent, elle reste une vibration dont la puissance est celle du mouvement de l'énergie en vous, de la structure énergétique que vous avez intensifiée, et de votre conviction.

L'intention déclenche la transmutation en vous ou autour de vous. Toutefois, soyez conscient de ceci : quelle que soit l'intensité de votre intention, sa puissance provient tout autant de ce qui l'inspire que de ce qui la propulse, et elle doit s'inscrire sous la loi d'attraction (chap. 1.7). Votre amour inspire l'intention et votre champ magnétique (votre énergie) la propulse. Elle ne pourra pas défier et transcender cette loi universelle. Selon cette loi, le processus universel de création ou de synchronicité utilise votre matière première, soit l'intention que vous projetez consciemment et avec puissance, et tout ce que vous projetez inconsciemment.

Ainsi, plus vous vous délivrez de ce qui vous encombre et vous alourdit, plus vos intentions seront l'unique matière à partir de laquelle il y aura attraction.

- *La manifestation et l'attraction*

Votre pouvoir de manifestation est un pouvoir de transmutation, soit de transformation des états de ce qui est, en fonction de ce que vous désirez créer. Le pouvoir de transmutation n'a pour limites que celles que vous lui donnez ou que vous vous imposez. Que ce soit la manifestation d'une circonstance opportune dans votre vie, la dissolution d'une peur, la modification de votre rythme vibratoire, la vivification d'un aliment, la projection de votre esprit dans un autre lieu ou un autre espace, la décorporation, la matérialisation, la transfiguration ou l'ascension, il s'agit chaque fois d'une transmutation qui répond à l'équation du rapport entre l'attention et l'intention.

En théorie, nous pourrions inscrire dans l'attention tout ce qui permet l'élaboration de votre structure énergétique de création, soit un rythme vibratoire élevé, une trilogie énergétique intensifiée, un vortex activé, un champ magnétique amplifié. Et nous pourrions associer à l'intention votre conscience, votre amour et votre volonté profonde de manifester le Tout.

Dans cette perspective, lorsque votre attention et votre intention s'unissent, elles passent par l'attraction pour transmuter.

4. Transmutation et nourriture

[Certains éléments du chapitre 2.3 sont repris ici nuancés dans le cadre du présent chapitre. Ce sont des notions qui méritent de bien s'y arrêter] Le corps effectue chaque jour une multitude de transmutations sous l'éclairage de l'intelligence cellulaire. Quand l'être prend conscience des opérations de transmutation du corps, il peut les faciliter et constater que tous ses corps font appel à sa présence et à sa conscience pour permettre des transmutations susceptibles de les rééquilibrer.

Le processus génère la transmutation des aliments en nutriments qui serviront une partie des demandes cellulaires.

Il est important pour vous de concevoir une chose : dès que vous portez de la nourriture à votre bouche, l'opération alchimique s'enclenche. Votre bouche renferme des glandes salivaires, mais également des microglandes, ou des capteurs d'énergie subtile, qui vont capter non seulement les propriétés physiques de la nourriture mais aussi son prâna ou, si vous préférez, sa qualité éthérique ou subtile, laquelle est plus importante que sa qualité physique. En d'autres termes, lorsque vous effectuez une analyse physique, matérielle et concrète de la nourriture, vous pouvez établir ses différentes caractéristiques, ce que chaque aliment contient. Mais ce qui importe davantage, c'est ce que l'aliment transporte sur le plan subtil, sa qualité éthérique, sa vitalité réelle. Et c'est dans votre bouche que la transmutation s'opère.

La bouche est un four alchimique. Vous pourriez, par exemple, garder des aliments en bouche pendant un court moment avant de les rejeter sans les avoir mastiqués ni avalés. Votre corps physique serait déjà partiellement nourri, car la bouche s'imprègne, par ses capteurs, des propriétés des aliments et permet leur transmutation dans le sang beaucoup plus rapidement que s'ils suivaient le parcours vers l'estomac. Voilà pourquoi, lorsqu'un liquide ou même un aliment solide est avalé rapidement et que le processus alchimique n'a donc pas lieu dans la bouche, vous pourriez être sous l'impression d'avoir faim encore. L'estomac et le tube digestif accomplissent leur fonction alchimique de transmutation des aliments en énergie pour les cellules beaucoup plus lentement que la bouche. Il y a là un mécanisme merveilleux entre l'estomac et la bouche et tout le système de décodage cellulaire.

Ainsi, lorsque les aliments sont en bouche un trop court moment, la demande de nourriture est plus grande, car la nourriture réelle offerte aux cellules leur parvient plus lentement malgré les apparences. Le résultat est un surplus de nourriture qui encombre le système digestif et alourdit l'être physiquement et énergétiquement.

En outre, c'est lorsque les aliments sont en bouche que leurs propriétés subtiles font l'objet de transmutations pour nourrir les corps subtils. Si les aliments sont avalés immédiatement, le processus reste incomplet.

Les capacités de transmutation de la bouche sont très peu utilisées. Il en résulte un affaiblissement du corps physique et une vulnérabilité des corps subtils, sans compter, évidemment, une perte de puissance énergétique.

La première collaboration de l'individu au processus de transmutation est d'être conscient de son importance. Puis, par son intention, de participer à la transmutation des propriétés subtiles des aliments en nourriture pour ses corps subtils. Ainsi, il élève son rythme vibratoire avant même de se nourrir. La communion avec la lumière et le prâna présents dans les aliments sera alors plus naturelle et la transmutation, plus facile.

Par ailleurs, en maintenant plus longuement les aliments en bouche et en les mâchant jusqu'à ce qu'ils se liquéfient, la transmutation des aliments directement de la bouche au sang sera possible. Le système digestif sera allégé. La satiété sera reconnue et la deuxième étape de transmutation dans l'estomac et les intestins pourra être complétée sans entraves causées par le surplus d'aliments et facilitée par la présence de plus de substances enzymatiques transmises par la salive dans le processus de mastication plus élaboré.

La collaboration de l'être à la transmutation dans le processus alimentaire quotidien favorise le maintien d'un rythme vibratoire élevé qui permet d'autres transmutations.

5. Transmutation et régulation de la température du corps

La température extérieure présente des fluctuations auxquelles le corps doit s'adapter pour remplir ses fonctions. Plus les changements de température sont importants, plus le corps a de la difficulté à s'adapter.

Les habitudes de vie des humains font en sorte que leur corps réagit plus difficilement aux écarts de température. Les croyances et les peurs des humains voilent leur véritable capacité d'adaptation aux températures extérieures plus chaudes et plus froides. Même si l'intelligence cellulaire peut assurer une régulation rapide de la température intérieure du corps, le doute quant aux capacités naturelles du corps réduit son expression et sa puissance.

En élevant son rythme vibratoire, l'être voit son corps devenir plus sensible à tous les stimuli, dont ceux de la température. Les mouvements énergétiques intenses générés par cette pratique créent aussi des variations de température intérieure importantes, ainsi que des variations de la tension artérielle.

Derrière le troisième œil, trois glandes se présentent, unies : l'épiphyse, l'hypophyse et l'hypothalamus. Elles facilitent une totale gestion, équilibrent votre corps physique et influencent le corps mental. L'hypothalamus équilibre la température du corps, ou favorise son rééquilibre, en fonction des conditions ambiantes. Bien que son action soit rapide, vous êtes à même, par transmutation, de permettre une adaptation spontanée du corps à la température extérieure et aux variations intérieures causées par des dérèglements physiologiques ou psychiques.

Pour permettre cette transmutation, laissez place au calme en vous et autour de vous pour un moment. Faites en sorte de ne pas être distrait ni de l'extérieur ni de l'intérieur. Assurez-vous que votre posture contribue à la libre circulation de l'énergie dans tous vos corps. Élevez votre rythme vibratoire.

Par votre intention, projetez une vibration, un faisceau d'énergie de votre troisième œil vers l'hypothalamus derrière lui. L'intention claire de l'adaptation instantanée de votre corps à la température, une intention pure basée sur l'importance réelle de cette adaptation immédiate pour déployer l'être de lumière en vous, opérera la transmutation.

Au lieu de résister ou d'être en conflit avec la température, appréciez-la jusqu'à ce que vous ayez la sensation de fusionner avec l'air ou l'atmosphère.

Vous sentirez rapidement un courant d'air frais si la température extérieure est très chaude ou un courant d'air chaud si elle est très froide, associé à une intensité énergétique, soit le passage de la transmutation.

Très rapidement, une sensation de bien-être vous indiquera que la transmutation est achevée. Lorsque les difficultés proviennent d'écarts intérieurs de température causés, par exemple, par un déséquilibre hormonal, du surmenage, le déséquilibre d'une glande, la présence de parasites en vous, des peurs, etc., la transmutation doit accompagner d'autres pratiques d'autoguérison.

2. Création pour soi et pour l'humanité

Tout est énergie en mouvement, et cette énergie en mouvement représente la vie dont les multiples formes sont déterminées par des rythmes vibratoires et des mouvements nuancés. En reconnaissant la vie sous toutes ses formes, vous retrouverez une sensation d'infinité et d'union vous révélant vos pouvoirs de manifestation et de transformation de ce monde par le biais de l'amour.

Lorsque tous les humains reconnaîtront la vie en chacune de ses manifestations, ce monde qu'est le vôtre sera un paradis, car ce qui crée le déséquilibre, la souffrance et la destruction est la non-reconnaissance de la nature véritable de chaque expression de vie. Lorsqu'une pierre n'est pas vivante, elle n'existe plus. Elle se dissout, tout comme l'humain, lorsque son corps n'est plus vivant. Tout est ainsi dans l'univers.

Reconnaissant cela, soyez présent, attentif et honorez la vie sous toutes ses formes, même si l'expression de celle-ci diffère de celle des humains. Ces derniers sont désormais appelés à se servir de leurs pouvoirs de création pour équilibrer et harmoniser l'humanité et son environnement.

Lorsque le désert, dépourvu d'eau, semble mourir, une seule goutte d'eau peut de nouveau faire refleurir la plante qui, à vos yeux, n'existait plus. Lorsqu'un lieu est dans l'obscurité totale, une seule bougie suffit à l'éclairer. Lorsque vous ressentez votre impuissance à transformer ce monde, rappelez-vous la puissance d'un seul faisceau d'énergie d'amour pour l'harmoniser.

Nos propos ont pour but d'éveiller en vous la conscience de la puissance créatrice de l'être afin que, ainsi inspiré par votre propre lumière et par la beauté de vos frères, vous ressentiez la pulsion d'œuvrer en vue de réharmoniser et de rééquilibrer votre vie et votre monde, et que vous ne soyez pas dans l'attente ou que vous n'ayez pas une sensation d'impuissance.

Si vous avez pu créer l'être que vous êtes, il vous est possible de lui permettre de vivre et d'émettre sa lumière avec une telle puissance qu'il stimule la vie autour de lui. Si une seule goutte d'eau est capable d'éveiller une fleur dans le désert, combien de fleurs, vous qui êtes composé d'eau, pourrez-vous inciter à exhaler leur parfum ?

En d'autres mots, vous avez des pouvoirs de transmutation de l'énergie.

L'humain peut modifier l'équilibre de la terre en apportant son amour, sa reconnaissance et sa lumière. Il est apte à créer un vortex puissant, énergétique, à créer un champ magnétique et des spirales d'énergie. Il peut nourrir la terre et l'assainir.

En effet, à partir de ces pouvoirs de manifestation, plusieurs créations et transformations énergétiques sont possibles. Chaque fois qu'il voudra se servir de ses pouvoirs, il s'assurera d'élever son rythme vibratoire vers sa fréquence fondamentale, d'intensifier la trilogie énergétique, d'éveiller le vortex énergétique en lui, de rééquilibrer et d'amplifier son champ magnétique, de porter une intention claire et pure, et d'émettre son amour sans condition.

Lorsqu'il s'unit à l'énergie de l'univers, l'être redevient l'univers créateur et ses capacités de transformer son environnement seront aussi réelles et puissantes que son amour pour lui.

1. Manifestation pour soi

Les réels pouvoirs de l'humain sont des pouvoirs de transmutation qui l'amènent à modifier sa vie, à changer aussi l'état des choses, des organisations et des espaces autour de lui. L'humain les change dans une perspective d'amour et de lumière, et non pour son pouvoir personnel, car, s'il est dans l'orgueil et l'égocentrisme, son rythme vibratoire diminue, ses pouvoirs s'amenuisent, et il pourrait alors difficilement manifester ce qu'il désire.

Les hommes ont tous envie de manifester dans leur vie des événements, des situations, des rencontres et des objets qui contribuent à les rendre heureux et amoureux.

Lorsque l'être élève son rythme vibratoire et amorce un processus de transmutation, ce qui émane de lui est de plus en plus lumineux, de plus en plus amoureux, et il peut de plus en plus consciemment manifester un événement, créer une rencontre, provoquer des circonstances ou attirer l'abondance.

Manifester une rencontre ou une situation

Le pouvoir de manifester une rencontre ou de créer une situation est en corrélation avec l'intention pure et claire de créer une occasion de déployer ses talents, de permettre une pacification relationnelle, de se ressourcer dans la lumière et les connaissances de l'autre, ou pour toute autre noble intention.

Pour que ce pouvoir s'exerce, il faut :

- intensifier ses assises énergétiques,
- visualiser la personne avec laquelle l'être veut susciter une rencontre ou créer une situation,
- invoquer la vibration de cette personne dans son champ magnétique,
- définir et projeter l'intention qu'une circonstance se manifeste pour permettre la rencontre dans un but lumineux, et visualiser cette rencontre,
- Par un lâcher-prise, consentir à la manifestation la plus juste.

Il y a une nuance importante entre le désir de rencontrer un être pour combler ses besoins affectifs, sociaux, ou économiques et l'intention d'une rencontre en vue d'une création. L'intention confondue avec l'expression d'un désir, associé à un manque, n'a qu'un très faible pouvoir.

Par exemple, si un individu a envie que quelqu'un se manifeste dans sa vie parce qu'il se sent seul, qu'il a besoin d'aide ou qu'il se sent victime, il constatera que l'éventuel résultat sera davantage en corrélation avec son état actuel qu'avec ce qu'il désire transformer.

Imaginons un individu qui porte en lui une blessure de trahison et qui veut provoquer une rencontre avec un être transparent, car il se sent victime des autres. Si son intention est une réaction à sa blessure, elle aura peu de véritable pouvoir de manifestation. Dès lors, si une personne se présente dans sa vie, il y a de fortes chances que celle-ci l'amène à expérimenter de nouveau ce qui l'alourdit. Ainsi, l'individu projettera une fois de plus la responsabilité vers l'extérieur et le scénario se reproduira dans un décor à peine nuancé !

À l'opposé, lorsqu'il veut manifester une présence dans le but d'une création commune, d'une possibilité de favoriser ensemble un déploiement, une unification, la puissance s'intensifiera.

Lorsqu'un être avance sur la voie de la maîtrise, que ses assises énergétiques sont intenses, son pouvoir de manifester une rencontre est très élevé.

Un sage exprime intérieurement et en toute simplicité son intention et laisse les synchronicités produire les circonstances, sans chercher à définir le moment ou le lieu. Celui qui a vraiment maîtrisé toutes les étapes de l'incarnation et qui se dirige vers l'ascension aura la capacité de manifester une présence sur son passage à un moment précis, dans un lieu précis. S'il a pu développer un tel pouvoir d'attraction, c'est qu'il est totalement libre d'une telle rencontre.

Vous pouvez avoir envie que se manifeste dans votre vie le partenaire idéal pour collaborer à une création, une personne dont les qualités sont différentes des vôtres mais dont la vision est similaire. Cette envie n'est pas égocentrique si vous et plusieurs personnes de votre entourage bénéficiez de votre création commune.

Vous pouvez aussi provoquer la rencontre d'un être de l'invisible. Vous faites alors appel à lui à partir de vos pouvoirs de manifestation, afin qu'il éclaire concrètement votre action communautaire, par exemple, ou votre mandat d'incarnation.

Si votre intention est créée par la curiosité ou l'orgueil, ou si elle définit la forme et le contenu nécessaires de la rencontre, elle n'aura aucune puissance.

De même, une « fausse » pure intention pour maquiller son désir est un leurre de la personnalité qui n'a aucune puissance quant à l'énergie et aux vibrations projetées.

Si vous souhaitez manifester la présence d'une personne dans votre vie, vous pouvez bien tenter de justifier cela par un désir de création, d'union, mais si cette intention n'est pas la vraie, elle n'aura pas de puissance de manifestation.

Attirer quelqu'un à soi ou être attiré vers lui est identique et ne fait pas l'objet d'une distinction dans la formulation ou la projection de l'intention.

Le pouvoir de manifestation d'une rencontre exigera de la cohérence par la suite. L'écoute des sensations et des inspirations s'inscrit aussi dans le processus de manifestation. Celles-ci permettent de discerner ce qui est juste dans ce qui se présente et de constater ce qui est la réponse à sa manifestation.

En d'autres termes, lorsqu'un individu a projeté une intention en vue de manifester une rencontre ou une situation, il doit être au rendez-vous, à l'écoute des synchronicités. Les voies par lesquelles le résultat peut se manifester sont multiples et évidemment différentes de ce à quoi il pourrait s'attendre.

Manifester une rencontre ou une situation reste du même ordre. Manifester une situation de vie, c'est manifester la vie. Ainsi, au lieu de chercher à manifester une rencontre, nous vous proposons davantage de manifester des situations qui favoriseront la joie, le jeu, la célébration, l'émerveillement, la résolution d'un conflit, par exemple. Ces situations attireront nécessairement les personnes les plus justes à rencontrer.

Imaginons des tensions entre vos collaborateurs et vous. Celles-ci ont créé de la turbulence dans les couloirs relationnels entre vous, l'atmosphère est moins harmonieuse, et tous ressentent moins de stimulation et de joie à œuvrer ensemble dans un même lieu.

Dans ce cas, vous pourriez vouloir manifester une situation qui contribue à la réharmonisation. Une fois votre intention clairement exprimée, visualisez les collaborateurs œuvrant dans le même espace que vous, et ce, dans une atmosphère de paix. Vous n'avez pas à imaginer la situation qui devra se produire pour réharmoniser le climat. Portez simplement votre attention sur la sensation de paix ou visualisez le résultat, mais non le moyen.

Vous pouvez aussi manifester une situation de création. Imaginons qu'un peu plus de lourdeur existe parmi vos collaborateurs à cause d'une diminution de demandes de la part de vos clients. Il vous est possible ici de manifester la demande d'un groupe, d'un fournisseur, afin de créer ensemble à nouveau ce que vous avez toujours créé, ou de créer dans une perspective différente qui encourage aussi votre union, vos retrouvailles, votre créativité.

Plusieurs tenteront de manifester un client à partir de la peur et de l'insécurité, mais ils auront avantage à le faire à partir de l'envie profonde de déployer leurs talents, de permettre à leur client de goûter le fruit de leur création, de mieux s'unir, etc.

L'important, c'est que vos collaborateurs ne soient pas attachés à leur vision du résultat et que l'intention soit pure, c'est-à-dire que tous puissent bénéficier de la situation qu'ils souhaitent manifester.

Quand le rythme vibratoire s'élève, les intentions se purifient nécessairement et le pouvoir de manifestation s'intensifie et se libère. Vous serez tous souventes fois confrontés au sens de ce que vous voulez manifester. L'orgueil, la peur ou le besoin de contrôle sont-ils présents, ou y a-t-il vraiment une pulsion de création et d'union ?

Manifestation de l'abondance

L'abondance matérielle et affective, l'abondance d'aliments ou toutes autres formes d'abondance peut être manifestée. La manifestation de l'abondance choisie doit répondre aux mêmes questions déjà soulevées.

Pourquoi manifester cette abondance ? Quel en sera l'usage ? Pour servir le mouvement créateur et unificateur, voilà la réponse qui intensifie le pouvoir de manifestation.

L'abondance existe sur cette terre. Il est fondamental de le concevoir. Ce qui s'avère essentiel pour l'humain – la lumière, le prâna, l'air, l'eau, la présence des autres pour que tous puissent se stimuler, s'inspirer et vivre la fraternité, ainsi que la matière pour répondre à plusieurs exigences de l'incarnation terrestre – est déjà offert à foison.

Cependant, cette abondance n'est pas actuellement distribuée dans votre monde de manière équitable. Les hommes ont instauré des hiérarchies, des rapports de force entre eux. Ils ont établi des différences, des iniquités par leur peur du manque, leur besoin de contrôle. Qui plus est, par leurs comportements et leurs attitudes. Une diminution de l'abondance et une abondance plus restreinte en faveur des privilégiés en découlent.

Devant cette réalité, certains, dans une ouverture de conscience ressentent un malaise ainsi qu'un appel à l'unification et au respect de la vie. Une question se pose alors : Pour répondre à ce malaise, ont-ils à collaborer à une humanité où tous doivent souffrir du manque, ou bien à créer une humanité où tous se réjouiront de l'abondance ? Autrement dit, vous faille-t-il vivre dans des conditions de pauvreté, de difficulté pour vous trouver dans des situations similaires aux pauvres, ou vous faille-t-il collaborer pour que les pauvres bénéficient davantage de l'abondance ?

L'abondance existe sur cette terre. Elle est si importante que tous les humains peuvent vivre une grande abondance. Il y a suffisamment de denrées alimentaires sur cette terre pour que tous les humains soient bien repus, jour après jour. Il y a suffisamment d'eau sur cette terre pour que tous les humains soient abreuvés. Il y a suffisamment de ressources naturelles pour que l'air y soit pur. Il y a suffisamment de possibilités de création pour que tous puissent se déployer.

Maintenant, il faille cesser de souiller les ressources. Il faille les utiliser avec conscience, vous unir aux éléments de la nature, conscientiser qu'ils sont aussi la vie, créer des façons de vivre dans lesquelles vous êtes en équilibre et en harmonie avec les éléments de la nature, et distribuer cette abondance. Les pouvoirs de manifestation servent surtout à recréer une humanité en équilibre sur une planète en santé.

Tout humain est invité à collaborer à la recréation d'une sainte fraternité humaine au sein de laquelle tous se réjouissent de la vie sur terre et de l'abondance. Ce n'est pas l'abondance qui crée l'iniquité et le déséquilibre. C'est la peur et l'envie qui créent la comparaison et la division.

Par exemple, la justesse d'une demeure s'exprime par sa capacité à servir le maintien de la vie harmonieuse, le ressourcement et l'expression créatrice en accord avec son environnement.

Il s'agit simplement de concevoir que tous, en fonction des ressources de la Terre, pourraient vivre dans un très grand confort. L'évolution de l'humanité est d'abord une évolution spirituelle et énergétique. Plus les êtres évoluent spirituellement et énergétiquement, plus ils se rendent compte que leurs pouvoirs de création et de transmutation font en sorte qu'ils sont tous à même d'avoir une vie très confortable, en harmonie avec les éléments de la nature.

Soyez chacun conscient que tant et aussi longtemps que vous servez le processus créateur et l'union, et que vous collaborez vraiment à la fraternité humaine, vous serez dans la justesse.

Plusieurs cherchent souvent à manifester l'abondance pécuniaire. Pourtant, toute tentative de se servir des pouvoirs énergétiques pour manifester un pécule risque d'être limitative, car c'est l'intention pure de son utilisation qui doit être projetée.

Imaginons un individu qui cherche, par ses pouvoirs énergétiques, à manifester de l'argent. Pourquoi cela, lui demanderons-nous ? Parce qu'il veut se procurer une nouvelle demeure. Pourquoi, lui demanderons-nous encore ? Parce qu'il souhaite une demeure plus grande. Pour quelle raison ? Afin d'y créer un cabinet de soins. Mais pourquoi ? Parce qu'en offrant des soins, il déploie vraiment ses talents et cela le remplit de joie. Et qui plus est, il accompagne la guérison, et cela le réjouit d'être utile. Les personnes à qui il offre ses soins sont plus heureuses !

Devant ses réponses, nous lui proposons alors de manifester des situations où il offre des soins, au lieu de manifester de l'argent, son intention réelle étant que se concrétisent des occasions d'offrir de tels soins. Un ensemble de synchronicités feraient alors en sorte qu'il puisse offrir des soins sans changer de demeure. En voulant manifester de l'argent ou une demeure, il limite l'éventail des possibilités de création d'occasions pour répondre à son intention.

Orientez vos pouvoirs vers la manifestation de ce que vous voulez faire de l'argent, non vers l'argent lui-même.

Pour manifester l'abondance dans votre vie :
- prenez conscience que l'abondance existe sur terre,
- intensifiez vos assises énergétiques,
- projetez l'image de votre être qui se réjouit dans l'expression qui le fait vibrer,
- définissez et projetez une intention claire et pure,
- par un lâcher-prise, permettez la manifestation la plus juste.

2. Faisceaux d'énergie et manifestation pour d'autres

L'offrande de la vibration que l'être offre à la vie sans condition de même que la gratitude qu'il exprime pour l'abondance de nourritures de toutes formes qu'il reçoit assurent l'intensification de ses pouvoirs. Toutes les formes de vie – humaine, animale, végétale, minérale et subtile – émettent sans condition des vibrations nourrissant la vie. Plus l'être exhalera ses vibrations d'amour et de conscience avec puissance et de façon continue, plus il sentira qu'il collabore à transformer ce monde à partir de réels pouvoirs.

Les faisceaux d'énergie

Le moyen le plus naturel pour un individu d'utiliser ses pouvoirs énergétiques consiste à projeter des faisceaux de lumière depuis son cœur et son troisième œil. C'est aussi le présent le plus lumineux, le plus empreint d'amour qu'il puisse offrir à tout être et à l'humanité.

Les faisceaux de lumière sont les faisceaux qui constituent le triangle de force, lequel, une fois en mouvement, éveille le vortex de l'humain et permet de reconstituer le champ magnétique de l'être.

Pour cela, ils sont orientés vers un point focal, celui du cœur énergétique, dans le cœur causal (chap. 3.1,2).

Depuis le cœur et le troisième œil, ces faisceaux peuvent être orientés vers des individus ou toute forme de vie que l'être veut stimuler. Ces faisceaux de lumière ne sont pas que des symboles. Ce sont des concentrations de vibrations que vous émettez naturellement.

Vous propulsez des faisceaux de lumière non pas pour que la personne s'intéresse à vous, pour qu'elle réponde à vos besoins ou à vos désirs, pour qu'elle soit guérie parce que sa souffrance est difficile à supporter pour vous, ou pour qu'elle cesse de pleurer parce que vous ne pouvez endurer son passage de transformation, mais pour que la puissance des faisceaux l'incite véritablement à se reconnaître et à retrouver le sens de sa vie et de l'existence. Quand, par votre intention, vous projetez ces faisceaux avec puissance, les courants vibratoires concentrés qui émanent de votre être peuvent être ressentis et mêmes vus.

- *Les faisceaux d'énergie du cœur*

Exhalez votre puissante énergie d'amour et offrez votre reconnaissance de la vie et des humains en projetant de votre cœur un faisceau de lumière vers les êtres sur votre passage.

Dans la projection de faisceaux de lumière à partir du cœur, l'intention vise à faciliter, chez les êtres vers lesquels sont orientés ces faisceaux, la reconnaissance d'eux-mêmes.

Les faisceaux de lumière du cœur proviennent du centre de votre poitrine, centre énergétique du cœur, le cristal d'émeraude.

Lorsque vous projetez votre vibration du cristal d'émeraude, vous stimulez chez l'humain la reconnaissance de lui-même. Ce faisant, vous stimulez l'élévation de son rythme vibratoire et participez à l'intensification de son champ magnétique. Comme si, extérieurement, verbalement, vous lui transmettiez un aspect de sa beauté.

Quand l'être se reconnaît, il y a déjà une diminution de ses peurs, de ses projections associées à ses attentes, de ses dépendances et du contrôle de ses mémoires, car il y a reconnaissance de sa lumière. Son rythme vibratoire s'élève, ses résistances sont moins grandes, il est plus vibrant et son champ magnétique s'intensifie.

Vous êtes aussi invité à transmettre verbalement ce que vous avez reconnu chez un être, sans flatter son orgueil ou son ego. À simplement partager une sensation empreinte d'amour pour collaborer à l'éveil et à l'intensification de son expression. Il est si simple, par exemple, de dire à une personne que vous appréciez son sens de l'harmonie, par les couleurs qu'elle porte.

Si la communication verbale est possible et importante, il en est de même pour la communication subtile, celle de la projection du faisceau de lumière, lequel va directement au cœur de l'être sans que son ego ou son orgueil ne soit affecté, sans qu'il n'en soit gêné, sans que sa timidité n'augmente.

Ainsi, lorsque vous projetez un faisceau de lumière vers un être, ses émanations sont plus intenses, plus puissantes, d'une plus grande amplitude et vous les captez alors davantage, ainsi que sa beauté.

Lorsqu'un arbre répand son parfum et que vous le secouez gentiment, voilà que son parfum embaume davantage, se projette avec plus de puissance. Lorsque vous projetez un regard amoureux, vous secouez gentiment l'être. Vous l'incitez amoureusement à émerger de lui-même. Votre intention est pure, simple, nette. Elle vise à favoriser sa reconnaissance en le reconnaissant, à stimuler sa vie en émettant votre vibration, dont la source est la vie.

- *Les faisceaux du troisième œil*

Offrez la puissante énergie de la conscience et la connaissance subtile en vous, en projetant de votre troisième œil un faisceau de lumière vers les êtres sur votre passage.

Dans une telle projection, l'intention tend à stimuler chez ces derniers la conscience d'eux-mêmes et de la vie ainsi que des états et des expressions qui ont du sens pour eux.

Les faisceaux de lumière de la conscience ont pour origine le troisième œil, la perle bleue.

Ils provoquent l'ouverture de la conscience, éveillent l'intelligence universelle de chacune des cellules et stimulent une vision claire d'une réalité plus vaste.

Vous pouvez les diriger vers une humanité entière, une collectivité, une famille ou un individu. Et lorsque vous faites cela, non pas à partir d'une intention intellectuelle, mais plutôt d'une force énergétique, vous collaborez à manifester une nouvelle conscience sur terre.

- *Réalité des faisceaux d'énergie*

Les faisceaux d'énergie projetés sont réels et non pas seulement symboliques. Ils peuvent être vus par les personnes dont la capacité de double vision est éveillée, et ressentis par les personnes sensitives. Ils seront bientôt captés par les instruments que votre science est à élaborer. En outre, ils contribuent à l'autoguérison puisqu'ils intensifient la réunification de l'être à lui-même.

Ces faisceaux de lumière sont l'expression de vos plus grands pouvoirs énergétiques. C'est à partir de ceux-ci que les Maîtres incarnés stimulent la vie. Les faisceaux du cœur, faisceaux de l'Amour, portent l'énergie christique, et les faisceaux de troisième œil, faisceaux de la conscience, portent l'énergie de l'Esprit.

Un Maître incarné porte la vie à un rythme vibratoire si élevé qu'il est à la fois l'expression du corps et de la pure énergie universelle de la Présence Je Suis. Il lui est possible de réanimer un individu dont les fonctions physiques viennent de s'arrêter.

Même si le corps physique semble avoir connu un arrêt de ses fonctions vitales, son champ magnétique existe toujours, ce qui signifie que la vie existe autour de lui.

Le Maître peut stimuler la vie dans les corps subtils, à partir des faisceaux de lumière, à un tel point que le corps peut se réanimer.

Le processus est le même que celui que vous déclenchez lorsqu'une personne a une douleur à l'épaule. La douleur exprime la contraction, le ralentissement, ou le blocage énergétique. À partir de la vie en vous, vous élevez votre rythme vibratoire et vous stimulez la vie présente dans ses cellules. En projetant les faisceaux simultanément vers la personne, vous provoquez chez elle une élévation de son rythme vibratoire, et la douleur s'estompe progressivement.

De même, le Maître élève son rythme vibratoire et la puissance de son vortex énergétique à un niveau tel qu'il peut même stimuler la vie présente dans les corps énergétiques et vibrant dans le champ magnétique. Ce prétendu miracle est simplement l'expression d'un pouvoir énergétique.

Pouvoirs de manifestation pour les autres

Les pouvoirs de manifestation de l'individu peuvent aussi être orientés vers les autres. L'individu peut créer pour lui, mais il peut aussi collaborer à créer pour les autres. Son intention de création et d'union doit être claire et pure pour servir le déploiement d'un être et non indirectement ses propres besoins. Il doit entrer en relation concrètement ou vibratoirement avec la personne pour laquelle il veut manifester, et s'assurer qu'elle est en accord avec cela.

Au même titre que vous pouvez attirer l'abondance vers vous pour servir votre amour et votre lumière, vous pouvez aussi œuvrer à manifester l'abondance pour les êtres qui souffrent d'iniquité. Vous avez compris que ce n'est pas en cessant de vous nourrir, et en vous réjouissant de cela, que vous aiderez ceux qui manquent de nourriture, mais plutôt en respectant la vie et en la stimulant partout sur votre passage.

Réjouissez-vous de l'abondance de ce monde en collaborant, par vos comportements, à son respect et à sa distribution, et par vos pouvoirs, à sa manifestation pour tous les êtres en difficulté.

Des humains sur cette terre provoquent l'iniquité. D'autres individus contribuent, jour après jour, à souiller la nature. Dès lors, ils encouragent aussi l'iniquité.

D'une part, respectez la nature et nourrissez-la de votre amour. D'autre part, manifestez pour vous et les autres tout ce qui contribue à la fraternité humaine.

Si tous les hommes consacraient cinq minutes par jour à manifester l'abondance et l'amour pour toutes les formes de vie sur terre, tous vivraient d'abondance et de paix.

Il vous est possible de manifester l'abondance dans un lieu, par exemple dans un village pauvre. Il ne s'agit pas seulement de vouloir recréer dans ce village des situations qui feraient en sorte qu'il y ait plus de ressources. Vous pouvez aussi manifester, par des rayons de lumière qui émanent de votre troisième œil, vers l'humanité entière, la conscience de l'abondance.

Pourquoi ? Parce que vous avez certainement compris que s'il y a la souffrance et l'iniquité, c'est qu'il existe un manque de conscience que tous les hommes sont d'une même fraternité et ne font qu'UN.

Les émanations de lumière de votre troisième œil portent aussi la conscience collective, l'énergie de l'Esprit. Conscientiser signifie éveiller chacun à ce que ses choix fassent sens pour lui, pour la collectivité et pour l'univers.

Si tous émettaient chaque jour des rayons de lumière à partir de leur troisième œil, vers tous les autres humains, dans l'intention que chacun soit plus conscient de l'importance de la fraternité humaine, de l'équité entre les humains et entre les différentes formes de vie, alors il n'y aurait plus de conflits sur terre.

Ainsi, manifester pour d'autres – des individus, des communautés ou un village – signifie aussi vouloir manifester pour l'ensemble des humains. Vous pourriez, par amour, collaborer afin qu'une personne puisse connaître, dans sa vie, une situation qui l'amène à déployer ses talents. Votre manifestation pour cette personne contribuerait à l'humanité entière.

Le processus de manifestation pour les autres est le même que pour vous-même. Vos pouvoirs de manifestation s'expriment souvent avec plus d'intensité lorsqu'ils sont dirigés vers les autres, car ils sont plus facilement libérés du désir et de l'attachement à un résultat. Ainsi, votre rythme vibratoire s'élève davantage, votre rayonnement est plus grand, et votre magnétisme s'en trouve rehaussé.

Lorsque vous utilisez vos pouvoirs inconditionnellement pour les autres dans le but de manifester ce qui privilégie leur santé, leur abondance, leur déploiement, leur joie et leur amour, vous en récoltez les fruits.

3. Transformation de l'environnement naturel

Chaque humain a le pouvoir de purifier et de vivifier les éléments essentiels dont il a besoin pour vivre sur terre : l'air, le prâna, l'eau et les aliments concrets. Chacun de ces éléments participe à la croissance, au maintien, à la régénérescence des cellules et à la circulation énergétique et physique.

Les attitudes et les comportements des hommes, et leur inconscience de la vie présente dans la nature, ont fait en sorte que ces éléments sont moins abondants et plus souillés, et, par conséquent, qu'ils ont moins de vitalité et que leur propension à assurer la vie est diminuée.

Lorsque les hommes éliminent petit à petit les plantes et les arbres de la planète tout en augmentant les émissions de substances chimiques dans l'air et en voilant la lumière du soleil, et qu'ils souillent les eaux et transforment les aliments produits par la nature, ils se sabotent de toutes parts.

Bien que tout cela ne soit pas une révélation, si les habitudes et les attitudes individuelles et collectives ne changent pas plus rapidement, il vous faudra purifier et régénérer l'air de façon artificielle, et vous procurer chez les marchands de l'air enrichi d'oxygène et de prâna, des rayons de lumière enrichis de diverses fréquences lumineuses, comme vous le faites pour l'eau enrichie de minéraux et pour les aliments enrichis de suppléments nutritifs... !

Les conditions actuelles exigent des changements imminents. L'humain est appelé à guérir la Terre et tous les éléments de la nature, soit à la nourrir consciemment de son amour, de son respect pour que ceux-ci puissent continuer à le nourrir, lui. En outre, il doit trouver d'autres façons d'évoluer socialement, économiquement et technologiquement, des façons qui respectent la vie, et se servir immédiatement de ses pouvoirs énergétiques pour revitaliser la nature.

L'homme peut transformer son environnement naturel sur cinq plans, soit ceux de la conscience et de l'émerveillement, de la transmutation, de la canalisation de l'énergie universelle, de la relation avec les deva, et de la contemplation spirituelle des éléments de la nature.

Première transformation : la conscience et l'émerveillement

Les émanations d'amour d'un être face à la nature sont l'expression de son émerveillement, lequel génère une grande quantité de vibrations qui stimulent le déploiement naturel de toute forme de vie. Vous vous émerveillez d'un enfant pour stimuler sa croissance, sa vitalité et sa joie, et il en est de même pour toutes les formes de vie.

L'air

Aimez l'air !

Émerveillez-vous devant sa pureté et la vie qu'il permet en vous. Vous favorisez ainsi le fait que l'air se filtre et se régénère lui-même puisque votre émerveillement stimule sa vitalité. L'émerveillement de l'air s'exprime concrètement dans l'expérience quotidienne de respiration consciente et profonde, une respiration en cinq temps (chap. 4.3).

Vous honorez l'air par la respiration consciente, en l'accueillant par votre présence, votre attention, et votre intention de stimuler en vous la trilogie énergétique (l'énergie de la volonté, de l'amour, de la conscience). Vous respirez, bien sûr, à chaque instant, mais vous n'êtes pas à chaque instant dans la conscience de l'air. Un regard amoureux, rempli de gratitude, qui vogue dans l'air et fait en sorte que l'air se régénère plus facilement.

Le prâna

Aimez le prâna !

Dans l'air, existe le prâna, des particules énergétiques qui stimulent la croissance et la régénérescence de toutes vos cellules, comme celles des autres formes de vie terrestres, qu'elles soient animales, végétales et même minérales.

Partout où la nature vibre intensément, dans les lieux d'une luxuriante végétation, dans les déserts de pierres et de sable, dans les océans, vous retrouvez le prâna en abondance.

Toutefois, dans les lieux où il y a dispersion, agitation et inconscience, l'air, véhicule privilégié du prâna, et ses autres véhicules, l'eau, la lumière et les aliments, sont souillés, et le souffle de vie (prâna) est dès lors réduit.

Lorsque vous vous émerveillez des particules éclatantes de lumière dans l'air, et ce, dans la conscience de la vitalité et de la régénérescence que permet le prâna, vous intensifiez sa présence.

L'EAU

Aimez l'eau !

L'eau est vivante et constituée d'une multitude de particules. Elle a la possibilité de se régénérer elle-même, comme toute forme de vie. Ainsi, lorsque le rythme de l'eau est accentué, le mouvement intensifiera la friction des particules permettant la dissolution ou l'éjection des particules étrangères qui la souillent.

Les humains peuvent vibratoirement ou physiquement intensifier le rythme de circulation de l'eau. Comme vous avez pu le constater sans doute, lorsqu'un cristal est présent dans l'eau, cette dernière a tendance à s'épurer plus facilement et plus rapidement. Lorsque plusieurs cristaux se trouvent dans une mare d'eau, par exemple, ils accentuent le rythme vibratoire de cette eau, d'où son autoépuration.

L'humain est lui aussi un cristal qui, par ses émanations, peut élever le rythme vibratoire de l'eau. En élevant son propre taux vibratoire et en projetant un faisceau d'énergie à partir de son cristal d'émeraude (le cœur) et de sa perle bleue (le troisième œil), ses émanations teintées d'amour et de conscience vivifieront l'eau, lui permettant ainsi son autoépuration. En outre, en aimant l'eau parce qu'il reconnaît qu'elle est la vie, l'humain, par ses comportements et attitudes respectueux, empêchera l'intoxication de l'eau à la source.

Dès que vous rencontrez sur votre passage une source d'eau, un puits, une mare, un lac ou un océan, projetez instantanément les rayons d'énergie du triangle de force qui crée votre champ magnétique vers elle, et vous collaborerez dès lors à l'élévation de son rythme vibratoire et à son épuration.

Si les propriétés d'une eau près de votre demeure ne sont pas suffisantes pour nourrir la vie, allez vers cette eau régulièrement et projetez votre vibration vers elle avec l'intention qu'elle puisse s'assainir. Soyez toujours vigilant dans l'utilisation de vos pouvoirs.

Ce n'est pas vous qui assainissez ; vous stimulez son assainissement. La nuance vous paraît peut-être inintéressante, et pourtant elle est importante. Votre pouvoir énergétique en est un de collaboration, d'accompagnement, d'union, de fusion, et non point de contrôle. Puisque l'homme, par sa force, a voulu maîtriser la nature – animale, végétale et minérale – la Terre est souffrante actuellement. Et parce que la Terre est souffrante en ce qui a trait à la nature, l'homme l'est aussi.

Puisque la température de la Terre et de son atmosphère s'élève, les eaux s'élèvent aussi et de grands changements se font sentir dans la faune et la flore. De nouvelles formes de vie unicellulaires et pluricellulaires microscopiques apparaissent. Une multitude de nouveaux microbes transportés par l'eau affecteront l'humain. L'intensification du système immunitaire humain est désormais essentielle. Les états intérieurs, la trilogie énergétique et l'eau sont les éléments centraux de l'immunisation.

L'eau favorise et transmet de nouvelles formes de microbes, et l'être aura de plus en plus à s'abreuver d'eau pour intensifier son système immunitaire. Il lui est donc essentiel de reconnaître ses pouvoirs de transformation de l'eau. Bien sûr, l'homme pourra scientifiquement créer de nouveaux moyens d'épuration des eaux. À cet effet, il utilisera de plus en plus de substances chimiques. Par ailleurs, de plus en plus de scientifiques sont à reconnaître les pouvoirs énergétiques en l'homme et s'en serviront pour filtrer l'eau. Les êtres sur la voie de la maîtrise n'ont pas à attendre que des formes extérieures utilisent l'énergie pour redynamiser l'eau. Ils peuvent la redynamiser eux-mêmes par leurs pouvoirs énergétiques. Déjà, lorsque vous buvez de l'eau, soyez instantanément en relation avec elle.

Aimez l'eau de pluie. Même si celle-ci est souillée par l'air qui l'est aussi. Sans la conscience et l'amour de l'eau, même celle qui nourrit les animaux et les plantes pourrait devenir inappropriée. N'attendez pas que ce moment survienne, et votre relation à l'eau ne sera pas une réaction de peur, de panique, mais plutôt un mouvement naturel.

La terre

Aimez la terre, les arbres, les plantes, les pierres…

La terre vous accueille et vous offre une abondante nourriture, les arbres purifient l'air, les plantes vous apportent une médecine naturelle, les pierres équilibrent à partir des vibrations qu'elles émettent. Émerveillez-vous de la diversité et de l'intensité de tout ce qui réjouit vos sens.

Première transformation : placer son regard

Lorsque vous voulez stimuler la croissance des légumes dans un champ ou des fleurs dans un jardin, par exemple, portez votre attention empreinte d'amour vers ce champ ou ce jardin et reconnaissez la vie en lui. Émerveillez-vous de sa puissance et de sa diversité.

Ce premier plan d'intervention est à la fois le plus simple et le plus puissant, car il est l'expression la plus naturelle de votre union avec les éléments de la nature. Souventes fois, vous recherchez une technique énergétique plus élaborée en oubliant d'être simplement en relation avec la vie, d'être en reconnaissance de celle-ci.

Deuxième transformation : la transmutation

Ce deuxième plan d'intervention relève de la transmutation ; il nécessite une intensification et une concentration de l'énergie. La transmutation consiste à projeter totalement sa vibration dans l'élément à vivifier pour ne faire qu'un avec lui.

Afin qu'il y ait une réelle transmutation, et non seulement une intention ou une visualisation, vous devez :

- élever votre rythme vibratoire vers la fréquence fondamentale individuelle,
- intensifier la trilogie énergétique,
- amplifier votre champ magnétique,
- provoquer la sensation de l'être de pure lumière que vous êtes,
- vous concentrer sur l'élément (l'air, l'eau ou le champ, par exemple), jusqu'à ressentir que vous existez dans cet élément.

Votre lumière facilitera l'épuration de l'élément.

Troisième transformation : la canalisation de l'énergie universelle
À ce troisième plan d'intervention, vous êtes à même, par vos pouvoirs, d'agir comme un canal d'énergie universelle. Tout à fait centré et animé de votre intention de stimuler la vie, invitez l'énergie cosmique et les êtres de lumière à se servir de vos canaux énergétiques pour aller vers ce que vous souhaitez dynamiser.

Quatrième transformation : la relation avec les deva
Les deva sont les esprits de la nature. Chaque élément de la nature est associé à une conscience universelle dont la connaissance, infinie et instinctive, permet sa croissance et son déploiement, et est représentée par différentes formes d'êtres invisibles.

Lorsqu'en élevant votre rythme vibratoire vous ouvrez votre conscience, vous retrouvez votre dimension lumineuse et universelle, et êtes uni à tous les êtres de lumière. Dès lors, il vous est possible d'utiliser vos pouvoirs de deux façons :

1. Ouvrez votre troisième œil en invitant les deva de la nature à s'intégrer à votre conscience de manière continue. Par la suite, lorsque vous émettrez un faisceau d'énergie du troisième œil pour stimuler chez un être la conscience de lui-même et ce qui fait sens dans sa vie, vous stimulerez aussi sa conscience de la nature et des comportements cohérents. Cet usage de votre pouvoir d'influence vous délivre de toute évaluation et même du jugement des autres et de toute influence inadéquate par la parole, au profit d'une véritable action énergétique consciente.
2. Lorsque vous désirez poser une action concrète d'harmonisation, de vivification, ou même de guérison de la nature qui soit juste, invoquez la présence des deva de la nature et des êtres de l'invisible pour recevoir leur message sous forme d'inspiration. [Sous la rubrique *Vos pouvoirs de communication/projection*, nous vous entretiendrons plus longuement de cette question dans le tome 2.]

Cinquième transformation : la contemplation spirituelle des éléments de la nature

La guérison et le déploiement harmonieux de toutes les formes de vie se manifestent et s'intensifient dans l'union. La contemplation spirituelle (chap 1.6) vous permet, en quelques secondes, une unification concrète vibratoire avec un arbre, une fleur, un rayon de lumière, une brise fraîche, un ruisseau dansant et vous harmonise instantanément. Votre vibration devient alors de plus en plus en harmonie avec la nature et influence les autres individus sur votre passage.

Chaque jour, assurez-vous de contempler un ou plusieurs éléments de la nature. Ainsi, vous sentirez que votre action est réelle et puissante en vue de la transformation de la nature et de son respect par l'homme.

4. Création et réharmonisation du champ magnétique

Comme nous l'avons vu, l'humain est un vortex d'énergie qui crée son propre champ magnétique. À partir de l'intensité énergétique du vortex, il a le pouvoir de magnétiser un espace, c'est-à-dire d'y créer un champ magnétique.

Lorsqu'un Sage ou un Maître incarné choisit un lieu pour y vivre et y offrir ses enseignements et ses vibrations d'amour en vue d'animer et de conscientiser une collectivité, le rythme vibratoire de ce lieu s'élève par son empreinte et un champ magnétique se crée autour de son temple.

De même, un être influence le champ magnétique des lieux où il se pose, en fonction de sa propre intensité. Un champ magnétique puissant peut se créer naturellement sans intention, par l'intensité de l'énergie d'un être ou d'une autre forme de vie, comme un cristal par exemple.

Chaque humain a aussi le pouvoir de créer volontairement des champs magnétiques terrestres ou célestes.

- *Champ magnétique terrestre*

Lorsqu'il découvre un lieu bien en résonance avec lui et qu'il a la sensation que ce lieu, par son énergie, pourrait favoriser chez d'autres la contemplation, l'union ou l'harmonisation, il peut choisir d'y créer un champ magnétique particulier ou d'intensifier le champ magnétique existant.

Les champs magnétiques sont créés par des projections de faisceaux qui s'inscrivent dans la terre et magnétisent un élément que nous appelons cellule centrale, ou pilier central. C'est l'épicentre. Souventes fois, il peut s'agir d'une montagne, d'une pierre particulière ou, encore, d'un champ de cristaux. L'épicentre est une antenne qui émet une forte vibration, tout comme un humain. Le triangle d'énergie formé des faisceaux de lumière que ce dernier émet crée un vortex produisant de fortes vibrations qui génèrent le champ magnétique autour de lui.

Lorsque l'être a identifié un lieu dans lequel il veut créer un champ magnétique, il se rend dans ce lieu afin d'y intensifier son propre champ magnétique. Lorsqu'il a la sensation que son champ magnétique est puissant, il fusionne avec la terre. Cette fusion est en soi une forme de transmutation. Par son attention, son intention et sa concentration l'être pénètre vibratoirement la terre. Pendant le moment de concentration, alors qu'il sent intensément son énergie, il autorise la fusion. À cet instant, l'intention et les vibrations de son champ magnétique s'inscrivent dans la terre, soit dans tous les éléments de la nature minérale et végétale du lieu.

Puis, régulièrement il reviendra dans ce lieu pour revivre la fusion énergétique et y intensifier la magnétisation du lieu. Dès qu'il y a eu une première fusion, il y a déjà un premier niveau de magnétisation du lieu, et à chaque répétition il y a intensification. Par la suite, plusieurs seront attirés à y venir pour communier avec la terre. Chaque instant de communion de chaque individu intensifiera le champ magnétique.

Un champ magnétique peut être créé dans la terre ou dans l'atmosphère d'un espace. Un champ magnétique terrestre facilite la contemplation et la communion de la nature ainsi que la relation de l'être avec sa dimension terrestre. Ce champ est ainsi appelé parce qu'il permet la sensation des forces terrestres, tout comme celles d'un humain, des arbres, des pierres, etc.

Il est intéressant de créer et d'intensifier un tel champ lorsqu'un lieu favorise particulièrement la guérison ou la reconnaissance de la vie terrestre. Son antenne centrale (que vous avez la possibilité de créer selon le cas) est souvent une spirale de guérison.

- *Champ magnétique céleste*

Un champ magnétique céleste est un espace dont l'intensité énergétique procure la sensation de l'invisible et des présences subtiles. Il est ressenti comme un lieu de rencontres vibratoires. Tant les êtres de l'intra-terre et de l'extra-terre que les êtres de l'invisible identifient l'atmosphère de cet espace comme favorable à leurs manifestations. Un tel champ magnétique céleste apporte aux humains les sensations, les perceptions, les inspirations, les ouvertures du troisième œil, les expériences de clairevision ou de claireaudition, etc. Plusieurs endroits sur terre vous offrent des champs magnétiques célestes.

Tout comme l'humain peut créer un champ magnétique terrestre, il peut aussi créer un champ magnétique céleste, soit volontairement par ses pouvoirs de manifestation, soit naturellement par l'intensité et la régularité de sa pratique énergétique.

Pour créer un champ magnétique céleste, il doit procéder comme pour le champ magnétique terrestre, mais en projetant des faisceaux d'énergie dans l'atmosphère autour de lui plutôt que dans la terre, tout en exprimant clairement son intention.

Ce champ magnétique aura pour but d'attirer les gens à venir y vivre des moments de communion et de communication avec les êtres de l'invisible, les Maîtres de lumière, les deva de la nature, et à ressentir les atmosphères de paix et de sérénité. L'antenne centrale sera une spirale d'énergie ascendante déjà existante ou que l'être aura à créer (chap 3.2,6).

- *Périmètres des champs magnétiques*

Si, d'une part, les champs magnétiques se créent à partir d'une puissance énergétique naturelle ou intentionnellement déployée, ils favoriseront, d'autre part, l'intensification des pouvoirs énergétiques.

Qu'il soit terrestre ou céleste, l'épicentre d'un champ magnétique est une antenne centrale qui émet des vibrations dans divers périmètres autour d'elle. Selon la force de l'antenne centrale, le premier périmètre – appelons-le noyau vibratoire central – peut s'étendre de plusieurs mètres jusqu'à quelques kilomètres.

Un champ magnétique est souvent identifié à son noyau vibratoire central, car l'énergie y vibre au taux le plus élevé. C'est dans cette zone que les individus ressentiront une élévation de leur rythme vibratoire et une expansion de leurs pouvoirs énergétiques. Dans les champs magnétiques les plus puissants, l'énergie y est trop élevée pour qu'un être qui n'est pas dans une voie vers la maîtrise y érige sa demeure.

Autour de ce noyau central, une zone de dépression se crée naturellement. Nous la nommerons zone de polarité inversée. Dans cette zone, les individus ressentent et observent souvent des lourdeurs ou des malaises physiques, des inconforts psychiques, des conflits, des variations d'humeur, des blocages énergétiques, etc. Dans les champs magnétiques les plus puissants, la zone de dépression apporte trop de turbulences énergétiques et de conflits pour y ériger votre demeure.

Enfin, la dernière zone couvre un périmètre de plusieurs kilomètres – parfois des centaines – dans lequel l'énergie de l'antenne centrale circule et influence la vie. Cette zone est la plus favorable à votre vie quotidienne. La proximité avec la zone centrale vous permet non seulement de bénéficier de ses influences positives, mais de vous y rendre régulièrement pour des pratiques énergétiques.

Les individus ont avantage à se réunir pour magnétiser ensemble un lieu. Ils auront à harmoniser leurs vibrations dans l'élévation de leur rythme vibratoire, en portant la même vision et la même pure intention.

Lorsque le choix de créer un champ magnétique dans un lieu est davantage associé à un besoin personnel ou à un élan d'orgueil, le champ magnétique ne se créera pas, puisque le rythme vibratoire ne sera pas suffisamment élevé.

- *Réharmonisation des champs magnétiques*

Les champs magnétiques ont avantage à être nourris. Tout comme nous vous avons proposé de vivifier votre champ magnétique individuel, nous vous invitons cette fois à vivifier des champs magnétiques existants qui vous font particulièrement vibrer, et d'autres, sur les lieux que vous avez magnétisés ou dans lesquels vous avez collaboré à inscrire un champ magnétique.

Les lieux très magnétiques attirent naturellement de plus en plus les gens. Si l'attraction est partagée, les visions et les expressions de chacun sont souvent très différentes. Les taux vibratoires des êtres qui s'y présentent sont très variés, de même que leurs intentions. Lorsque l'antenne centrale d'un champ magnétique très attirant n'est pas habitée par un Sage, un Maître ou par un groupe dont les pratiques expansives assurent le respect et l'orientation du lieu, les multiples intentions, rituels et expériences de chacun peuvent créer une turbulence vibratoire, laquelle sera ressentie comme un déséquilibre, une lourdeur, et ce, malgré la puissance du lieu. Vous reconnaîtrez ainsi des lieux dont la puissance ne fait aucun doute, mais provoque aussi de l'inconfort.

Pour réharmoniser les lieux, des êtres vibrant d'un amour inconditionnel viendront y transmuter régulièrement en portant l'intention primordiale du lieu.

5. Magnétisation et transformation de la matière

Par son pouvoir de transmutation énergétique, l'humain peut magnétiser un lieu, mais également un objet ou une forme. La magnétisation aura pour but soit de stimuler la vibration de l'objet, soit d'y inscrire la vibration du magnétiseur ou, encore, une intention précise déjà présente dans la vibration de celui-ci.

- *Processus de magnétisation*
  1. Intensifier les assises de ses pouvoirs énergétiques (élévation du rythme vibratoire vers sa fréquence fondamentale, intensification de la trilogie énergétique, et amplification du champ magnétique).

2. Exprimer l'intention claire de la magnétisation de l'objet à sa fréquence, ou exprimer l'intention à inscrire dans l'objet.
3. Se mettre en contact physique ou éthérique avec l'objet en plaçant ses mains ou son corps devant ou sur l'objet, puis intensifier sa vibration. Une vibration de moins grande intensité, mais pendant un plus long moment, permettra aussi une magnétisation.

Par exemple, lorsque vous voulez magnétiser une petite pierre, vous pouvez la placer dans le creux de votre main pendant un instant de haute intensité, tel qu'on l'a décrit dans les étapes précédentes, ou, encore, la porter sur vous pendant plusieurs jours durant lesquels votre rythme vibratoire sera relativement élevé.

Pour amplifier la magnétisation, concentrez-vous jusqu'à la transmutation, c'est-à-dire jusqu'à la fusion de vos vibrations avec celles de l'objet.

- *Particularités de la magnétisation*

Il arrive qu'un objet soit touché par plusieurs personnes qui le vénèrent lorsqu'elles sont dans un état de gratitude et d'amour profond. Peu à peu, l'objet se magnétise donc de toutes ces vibrations qui, quoique différentes, inscrivent un amour commun en lui.

Comme nous l'avons mentionné déjà, un objet peut être magnétisé non seulement à partir des vibrations d'un ou de plusieurs êtres, mais aussi d'une intention précise. L'intention claire inscrite dans l'objet fera en sorte d'en conscientiser l'être qui le porte sur lui. Plus le rythme vibratoire de l'être sera élevé, plus l'inscription sera profonde et intense.

Certains Maître incarnés méditaient souvent en portant le même châle, ou magnétisaient un objet, lequel s'imprégnait alors de leur vibration. Lorsqu'un Maître offrait l'objet ainsi magnétisé, ce dernier favorisait l'état d'expansion et inspirait la personne qui le portait. Toutefois, souvent les individus abandonnaient leurs pouvoirs au profit des pouvoirs de l'objet et se rendaient vulnérables en imputant à l'objet le résultat de leur guérison ou de l'état de leur transformation. Plusieurs en venaient aussi à honorer davantage l'objet qu'eux-mêmes et à lui attribuer une puissance plus grande que la leur. Voilà pourquoi les Maîtres et les Sages de cette terre et de l'au-delà enseignent maintenant davantage aux hommes à se reconnaître eux-mêmes comme une puissance énergétique, pour leur propre guérison et pour influencer celle des autres.

Si vous souhaitez inscrire la compassion dans un objet, vibrez dans la reconnaissance de la beauté et de la lumière de chaque humain, et ce, dans le processus de magnétisation. Lorsque, par la suite, vous serez en contact avec cet objet, sa vibration vous invitera à vous ouvrir à la dimension lumineuse des êtres. Il sera imprégné de la compassion.

Si, dans un objet, vous souhaitez inscrire une vibration qui stimule l'éveil de la conscience ou l'ouverture du troisième œil de ceux qui seront en contact avec celui-ci, dans le processus de magnétisation élevez votre énergie jusqu'au centre de la conscience, sous la couronne, et projetez-vous dans un espace méditatif ou un état de conscience élargie pendant que vos mains sont sur l'objet. Méditez souvent en contact avec l'objet, avec l'intention que ses vibrations ouvrent la conscience.

Le pendule est un objet magnétisé qui a orienté plusieurs individus au cours des âges. Il capte les vibrations qui émanent de l'être pour lui confirmer une information déjà détenue et vibrant en lui, mais voilée par ses déséquilibres. Il est un éclaireur temporaire dans les choix de l'être sur le parcours de la retrouvaille de soi.

Plusieurs ont néanmoins abandonné leurs pouvoirs au profit du pendule. Au lieu de s'en inspirer pour entrer en communication avec leur esprit, leur âme et l'au-delà par le biais de leurs voix intérieures, ils demandent au pendule d'indiquer la décision juste. Ce faisant, le pendule, dont le rôle était de permettre à l'individu d'oser être à l'écoute de lui-même et de faire confiance à ses voix intérieures et à ses sensations, devient une entrave à l'évolution des pouvoirs individuels.

La puissance d'un objet magnétisé ne peut remplacer les pouvoirs d'un humain. Ses vibrations stimulent un mouvement, éveillent une connaissance, rappellent une intention, accompagnent une guérison, etc. L'objet magnétisé est une aide appréciable et importante pour la retrouvaille et la stimulation des pouvoirs énergétiques.

Transformation de la matière

La magnétisation d'un objet permet l'inscription d'une vibration particulière dans celui-ci. Si une magnétisation douce de surface permet à l'objet de conserver sa vibration de départ et les propriétés qui la représentent, une magnétisation profonde et répétée à partir de la transmutation transforme de plus en plus les propriétés de l'objet.

En outre, la pratique de la transmutation aide un individu à se dépouiller graduellement de ses lourdeurs. L'amour de lui-même et de la vie requis par la transmutation s'amplifie par la pratique et intensifie les pouvoirs énergétiques de l'individu. Ainsi, ce dernier ressent toujours davantage qu'il participe à une œuvre commune, globale, terrestre, mais aussi universelle, et devient donc de plus en plus puissant.

Éventuellement, il pourra même utiliser cette puissance pour modifier les formes, les densités, les structures de la matière. Sa puissance et sa capacité de transmutation le rendront apte à provoquer une transmutation de l'état de la matière.

Vous pouvez imaginer qu'une concentration de faisceaux lumineux génère une hausse de température provoquant une transformation de l'état de la matière. Les pierres, par exemple, peuvent se liquéfier sous l'effet d'une très grande chaleur. Lorsqu'elles se recristallisent, leurs composantes, leurs propriétés et leurs formes ont la capacité d'être modifiées.

Par l'expérience et la centration, l'individu sera en mesure d'augmenter son rythme vibratoire jusqu'à sa fréquence individuelle fondamentale, de telle sorte qu'il puisse concentrer ses vibrations. En projetant ses vibrations comme des rayons de lumière vers la matière, il pourra provoquer l'élévation de son rythme vibratoire et sa transformation moléculaire. L'intention qui accompagne la transmutation indiquera la reconstitution nécessaire, soit le changement de masse ou de forme, par exemple. La matière répondra à la projection et à l'intention pure et empreinte d'amour qui privilégie la vie, l'union, la création, la fraternité.

Voilà comment l'être peut agir sur son environnement en créant de nouveaux matériaux, en modifiant temporairement la masse et le poids, en créant de nouvelles formes dans la matière et en érigeant de nouvelles structures. La transmutation de la matière explique des créations très anciennes qui semblent impossibles pour l'humain de ces époques, compte tenu de sa force physique et de son évolution technologique d'alors. Elle peut même, sous l'effet de la transformation moléculaire, transformer l'apparence de certaines matières.

En comprenant que la transmutation est une décristallisation sous l'effet de projections vibratoires à haute intensité, en imaginant diverses possibilités de déstructuration/restructuration moléculaires et en extrapolant leurs effets, vous saurez qu'il est possible de dématérialiser un matériau en un lieu et de le matérialiser ailleurs, sous une autre forme.

Cette exploration de la transmutation vous entraîne progressivement et nécessairement vers les capacités de « désincorporation » de l'humain ! En effet, le corps humain est composé de divers matériaux. La transmutation du corps consiste en une dématérialisation par l'élévation du rythme vibratoire provoquant une transformation de la structure moléculaire.

La transmutation est ainsi associée à l'ascension, car, lorsque le corps physique retrouve son état d'énergie de lumière, l'être peut s'élever vers d'autres plans ou dimensions. Il peut aussi se projeter vers d'autres lieux de cette même dimension et s'incorporer de nouveau.

L'incorporation et la désincorporation seront abordées dans le tome 2, de même que les pouvoirs subtils de communication et de projection vers d'autres plans de conscience.

6. Création de spirales d'énergie

Un des pouvoirs de manifestation de l'humain est celui de la création de spirales d'énergie, lesquelles ont pour but d'intensifier la dissolution d'inscriptions mémorielles, la destruction des croyances, et de favoriser la guérison et l'élévation du rythme vibratoire qui mène l'être à un état d'expansion. Les spirales d'énergie sont associées à des activations puissantes d'énergie accélérant le cours de l'évolution.

Spirale d'énergie descendante : guérison et vivification

Une spirale d'énergie descendante est un intense mouvement d'énergie du ciel vers la Terre provoqué par l'attraction d'une antenne terrestre, dans son atmosphère, à sa surface ou en profondeur, ou par une force cosmique extérieure. Une antenne, rappelons-le, est le centre d'un vortex énergétique tout comme un humain.

Les spirales descendantes viennent nourrir la Terre et enraciner l'énergie libre dans la matière. Lorsque l'énergie subtile entre dans la matière, cette dernière est dynamisée, spiritualisée. La spiritualisation de la matière signifie une élévation du rythme vibratoire et une libération du mouvement. Ainsi, la spirale descendante aide à la guérison, à la vivification et à la libre circulation de l'énergie des êtres et des lieux dans son rayonnement.

Ces spirales descendantes sont donc très importantes. De grands champs magnétiques sur cette terre sont créés par celles-ci. Plusieurs formes de vie à l'extérieur de votre système solaire créent des vortex qui orientent de telles spirales vers la Terre pour la guérir en facilitant la libre circulation de l'énergie dans sa matrice.

Toutes les spirales descendantes, tant dans la nature luxuriante que dans les déserts, fortifient la nature et contribuent à la guérison des hommes.

Spirale d'énergie ascendante : ouverture de conscience

Une spirale d'énergie ascendante est un intense mouvement d'énergie de la Terre vers le ciel. Son mouvement énergétique est évolutif : il est un mouvement de croissance, de transformation et d'allégement.

La spirale ascendante permet une véritable évolution et une ouverture de conscience de toutes les formes de vie dans son rayonnement. Alors que la spirale descendante impulse la guérison par une fortification, la spirale ascendante impulse l'expansion et la dissolution des lourdeurs et des ombres.

Les spirales ascendantes permettent de recréer la relation avec l'univers infini. L'être qui y vibre ressentira de plus en plus de légèreté, sa relation avec le cosmos, et sa capacité de circuler dans la matrice cosmique. Les lieux d'une spirale ascendante encouragent l'expansion, la méditation, la contemplation.

Spirale d'énergie double : libération et maîtrise

Les spirales doubles doivent être créées par des Maîtres, dans des lieux initiatiques, des lieux d'enseignement supérieur, des hauts lieux d'initiation, des hauts lieux d'éveil des êtres, des lieux de projection vers d'autres plans de conscience. Elles représentent des portes multidimensionnelles qui facilitent l'entrée dans d'autres dimensions. Seuls les Maîtres peuvent créer et maintenir de telles spirales. Lorsqu'il intensifie le vortex d'énergie créé par les faisceaux émis par lui et que son rythme vibratoire s'élève vers sa fréquence individuelle, *l'humain devient une double spirale*.

Création de spirales par l'humain

Vous avez les pouvoirs énergétiques pour créer une spirale.

Avant de la créer, vous devez établir quelle spirale, descendante ou ascendante, est la plus appropriée pour un lieu. Lorsque vous voulez intensifier l'enracinement, ou la guérison physique (ou émotionnelle) dans un lieu ou autour d'un être, pendant un soin ou une pratique énergétique, vous devez créer une spirale descendante.

Lorsque vous souhaitez qu'un lieu stimule l'ouverture de conscience, l'élévation du rythme vibratoire et l'intensification de l'énergie de la kundalini, vous devez créer une spirale ascendante.

Pour déclencher une spirale, il faille créer une force d'attraction énergétique. Unissez-vous physiquement ou vibratoirement à d'autres êtres afin d'augmenter la puissance de la spirale que vous avez créée. Le processus est simple, et il consiste à provoquer un mouvement d'énergie dans un espace à partir de votre propre énergie, par attraction ou projection.

Imaginez, par exemple, un nuage qui flotte juste au-dessus de votre tête. Vous pourriez aspirer l'air en provenance de ce nuage, créant ainsi une succion, et le nuage descendrait vers vous dans un mouvement en spirale.

Imaginez cette fois que vous soufflez en direction du ciel sur le pollen qui émane d'une fleur. Ce pollen s'élèverait aussi dans un mouvement en spirale.

Création d'une spirale descendante et d'un cercle de guérison

Plus le nombre de participants à cette création est élevé, plus la spirale sera puissante. Vous pouvez toutefois être seul, bien que quatre, huit ou treize soient des nombres favorables de participation.

1re étape : La conscientisation de ce qu'est une spirale descendante

Une spirale de guérison, de vivification.

2e étape : L'ancrage

Vous recréez vos ancrages énergétiques au ciel et à la Terre.

3e étape : L'union vibratoire

Vous vous unissez vibratoirement à une spirale descendante dans un lieu, à un Maître de guérison incarné ou, encore, à un Maître de lumière. Le Bouddha de guérison peut être votre référence.

4e étape : L'imprégnation de l'énergie de vie

Centrez-vous sur l'énergie de la volonté, dans votre hara, jusqu'à ce que vous soyez totalement imprégné de celle-ci. Oubliez votre identité et abandonnez-vous dans la sensation d'être entièrement l'énergie de vie dans le hara.

5e étape : La concentration et l'attraction

Respirez profondément et puissamment, concentrez-vous quelques secondes, puis aspirez l'énergie à partir d'une cellule focale imaginaire dans le cosmos. Vous pouvez en même temps projeter un faisceau de lumière de votre troisième œil vers elle, en invoquant le mouvement énergétique.

Sans autres efforts, le mouvement descendant en spirale de l'énergie s'amorcera du point focal du ciel vers la Terre, après quelques secondes d'intensité. Dès que vous ressentirez ou imaginerez le mouvement en spirale, abandonnez-vous à la sensation de la spirale en vous, et de vous dans la spirale.

La concentration n'aura qu'à durer quelques secondes seulement pour attirer ou amorcer la spirale. Elle permettra, avec la fusion dans l'énergie de la kundalini (énergie de vie dans le hara), d'intensifier le vortex d'énergie en vous et autour de vous. Par l'invocation énergétique, vous provoquez le déploiement de la spirale.

Lorsque vous ressentez le mouvement de la spirale en vous et autour de vous simultanément, celui-ci s'inscrit dans le lieu physique où vous êtes, ou autour de la personne à qui vous offrez un soin.

Plus vous aurez développé la capacité d'intensifier votre énergie vitale et de provoquer son ascension, plus vous serez à même de créer une spirale puissante. Bien sûr, si vous êtes dans l'ego ou dans l'orgueil, la spirale ne se créera pas. Certains individus de forte personnalité ont de la difficulté à créer une spirale parce qu'ils n'ont pas d'émanations très puissantes, alors que d'autres, plus réservés, ont une grande capacité de concentration énergétique. La spirale descendante nécessite cette concentration d'énergie et cette invocation.

Si vous avez créé la spirale autour d'une personne en déséquilibre, offrez aussitôt votre soin de médecine énergétique, naturelle ou conventionnelle à cette personne.

Si vous avez créé la spirale dans un lieu, vous pouvez inviter des individus à prendre place au cœur de celle-ci afin d'aider à leur guérison physique ou psychique.

Vous pouvez aussi former un cercle de guérison dans la spirale. Dans ce but, un ou plusieurs individus en déséquilibre prennent place au centre de la spirale ; vous pouvez aussi y appeler la présence vibratoire d'autres êtres en difficulté.

Puis, tous ceux qui ont créé la spirale s'installent autour du cercle pour faire émaner des faisceaux d'énergie à partir du centre énergétique du cœur (chap 3.2,2). Tous doivent cependant se détacher du résultat, car chaque effort mental ou énergétique fourni pour que des résultats de guérison soient atteints diminue la force de la spirale.

Vous êtes invité chacun à créer plusieurs spirales descendantes dans des lieux spécifiques comme votre demeure, un jardin de plantes médicinales, un potager de cultures naturelles, une salle ou un centre de soins, un lieu souillé, une habitation où il y a eu de la souffrance ou de la violence, etc.

S'il est inutile que des sceptiques participent à la création de la spirale, ceux-ci peuvent néanmoins être invités à en bénéficier. Les individus qui ne sentent pas l'énergie sont, bien sûr, invités à cette création puisque c'est la conviction de la puissance de l'énergie et de la spirale qui agit.

Simplifiez votre compréhension en visualisant des spirales d'énergie intense qui, du ciel, amènent la lumière vers un lieu sans autre réserve que l'aspect sacré de sa création.

Création de spirales ascendantes

Plus le nombre de participants à cette création est élevé, plus la spirale sera puissante. Vous pouvez toutefois être seul, bien que trois, neuf ou treize soient des nombres favorables de participation.

De simples nuances de direction de l'énergie différencient le processus de création des spirales ascendantes.

1re étape : La conscientisation de ce qu'est une spirale ascendante

Une spirale d'élévation du rythme vibratoire, d'ouverture de conscience.

2e étape : L'ancrage

Vous recréez vos ancrages énergétiques au ciel et à la Terre.

3e étape : L'union vibratoire

Vous vous unissez vibratoirement à une spirale ascendante existante ou à un Maître ascensionné.

4e étape : L'imprégnation de l'énergie de vie

Centrez-vous sur l'énergie de la volonté, dans votre hara, jusqu'à ce que vous soyez totalement imprégné de celle-ci. Oubliez votre identité, votre rythme vibratoire et abandonnez-vous dans la sensation d'être entièrement l'énergie de vie dans le hara.

5e étape : La concentration et l'attraction

Respirez profondément et puissamment, concentrez-vous quelques secondes, puis, de votre troisième œil, projetez un faisceau de lumière vers une cellule focale imaginaire au sol pour déclencher le mouvement d'élévation de l'énergie en spirale.

Sans autres efforts, le mouvement ascendant en spirale de l'énergie s'amorcera du point focal de la Terre vers le ciel, après quelques secondes d'intensité. Dès que vous ressentirez ou imaginerez le mouvement en spirale, abandonnez-vous à la sensation de la spirale en vous, et de vous dans la spirale.

Vous pouvez aussi créer une spirale ascendante lorsque vous voulez créer des lieux d'inspiration, de création inspirée, des lieux qui privilégient l'élévation ou l'expansion. Ce peut être un temple, un lieu de méditation, une salle d'enseignement, une colline où vous vous adonnerez à des rituels, etc.

Une demeure dans une spirale ascendante, ou une spirale dans une demeure, est très exigeante dans la vie quotidienne. D'une part, vous sentirez continuellement un appel vers l'état d'expansion, la méditation ou la contemplation et vous aurez de la difficulté à vivre d'autres activités. D'autre part, tout ce qui n'aura pas un rythme vibratoire élevé – objet, conversation, invité, etc. – ne sera pas à sa place.

Les spirales et la couleur

L'association des rayons de couleur aux spirales inscrit encore davantage la vibration.

En ce qui a trait aux spirales descendantes, le violet favorisera une conscientisation et une stimulation de la fibre universelle de l'être ou des lieux à guérir ou à renforcer. Le rayon doré permettra la pacification d'un lieu. Le bordeaux y inscrira la compassion. Un rayon bleu – le bleu du ciel ou le bleu roi – inscrira l'amour dans ces lieux. Le rayon émeraude contribuera à la guérison physique et psychique.

En ce qui a trait aux spirales ascendantes, choisissez la lumière blanche, le rayon violet, argenté ou indigo pour susciter l'élévation.

Spirales d'énergie et champ magnétique

Nous vous proposons de créer de nombreuses spirales d'énergie, et ce, partout sur votre passage, afin de rééquilibrer, de guérir et de conscientiser cette terre et l'humanité.

Toutefois, un champ magnétique sera un espace privilégié et puissant pour attirer les êtres à venir y vivre une expérience intense.

Si, par exemple, vous désirez intensifier les vibrations d'une salle de conférences ou d'enseignement, harmonisez-la d'abord avec votre propre vibration : intensifiez vos assises énergétiques et projetez dans le lieu les deux faisceaux de lumière en provenance de votre cœur et de votre troisième œil, et méditez-y un moment. Puis, créez une spirale ascendante pour faciliter l'ouverture de conscience.

La création d'un champ magnétique dans un espace a pour but d'y vivre des expériences fortes et évolutives sur une longue période. Imaginez, par exemple, votre désir de créer un lieu qui incite les êtres à entrer dans la conscience du monde subtil. Dans ce lieu, il y aurait des enseignements, des périodes de ressourcement, des expériences vibratoires. Dès lors, vous cherchez dans le monde un lieu où l'on retrouve un champ magnétique céleste privilégiant cette union. Ou encore, vous identifiez un lieu qui vous convient parce qu'il est inspirant et harmonieux d'une part, et accessible d'autre part. Et vous y créez un champ magnétique qui s'intensifiera progressivement.

Sur cette terre existent déjà des lieux qui sont magnétisés. Souventes fois, en ressentant la vibration d'un lieu où un Maître vit, ou a déjà vécu, l'individu constate une grande force énergétique et conclut que le Maître a choisi ce champ magnétique puissant pour y livrer ses enseignements.

Cela peut s'avérer exact, mais l'histoire des Maîtres nous révèle qu'ils ont maintes fois choisi un lieu qui leur était offert, un lieu disponible, sans doute un peu à l'écart, et même un lieu dont personne ne voulait. Ils y ont immédiatement créé un champ magnétique par transmutation et y ont vécu, le nourrissant de conscience et d'amour. Puis, des décennies plus tard, certains êtres auront l'impression que tel Maître était bien inspiré et guidé pour avoir trouvé un lieu si puissant.

Rappelez-vous que des champs magnétiques naturels existent sur cette terre. Et dans ces lieux, vous ressentez une grande intensité, vous sentez que vous entrez en contact avec la Terre. Dans d'autres champs magnétiques, vous sentez que vous entrez plutôt en contact avec le subtil. Il y a aussi des champs magnétiques qui font en sorte que la vie de l'au-delà, de l'extra-terre, y soit attirée. Ce sont des champs magnétiques particuliers. Et il y a également de nombreux champs magnétiques créés par des hommes et nourris à la fois par eux et par les forces d'autres mondes qui, parfois, s'y présentent.

L'intention de créer un champ magnétique vise à faire en sorte qu'un espace particulier favorise la reconnaissance et la puissance de tout ce qui est terrestre, et la puissance de ce qui est céleste, subtil.

Quand ils ont créé un lieu, un centre d'enseignement, tous les Maîtres sur terre ont créé une double spirale d'énergie afin d'émettre l'amour, la conscience bien au-delà de ce lieu, de ce centre.

Puis, dans ce même lieu où se trouvait une double spirale d'énergie, ils ont créé un champ magnétique qui attirait les êtres de l'invisible et les Maîtres de lumière.

Nous vous proposons de créer des spirales d'énergie dans le plus d'endroits possible sur cette terre, et des champs magnétiques seulement dans les lieux destinés à une expérience profonde de transmutation.

7. Création et neutralisation d'égrégores

Les égrégores sont des masses d'énergie teintées d'ombre ou de lumière, selon leur contenu.

Imaginez-les sous la forme de nuages. Des nuages gris, sombres, ou des nuages d'une lumière éclatante. Les égrégores se créent à partir des émanations d'une multitude d'individus et ils influencent, selon leur nature, les collectivités et les êtres.

Actuellement, sur la Terre, il est possible de ressentir les effets de trois types d'égrégores d'ombre :

Les égrégores de peur sont des masses d'énergie de peur créées par toutes les peurs et les insécurités des individus.

Les égrégores de critique sont créés par toutes les projections négatives des individus qui se sentent toujours victimes des autres ou de leur environnement.

Les égrégores de frustration sont créés par toutes les émanations des individus en conflit avec eux-mêmes et avec les autres.

Les égrégores, à leur tour, influencent les individus. Celui qui ne choisit pas consciemment de suivre la voie de la maîtrise, de reconnaître sa puissance lumineuse est fortement influencé par ces égrégores qui alourdissent ses états d'être, ses attitudes et ses comportements. Il sent souventes fois ses atmosphères intérieures se transformer sans pouvoir en identifier la raison. Souventes fois, il aura aussi l'impression d'être envahi par des entités du monde invisible. Ce que chacun porte en soi émane de lui et crée des égrégores qui influencent les autres.

Les humains créent inconsciemment des égrégores d'ombre, mais ils sont aussi à même de créer inconsciemment ou consciemment des égrégores de lumière. Ces derniers sont des masses d'énergie d'amour et de compassion, de conscience et de pulsion créatrice. Ils incitent les individus à retrouver leur lumière.

Toutefois, au stade où en est actuellement l'humanité, il est évident que les êtres ont nourri plus de peur, de colère et de victimisation que d'amour, de conscience et de création. Il s'avère donc essentiel que les humains nourrissent consciemment les égrégores de lumière.

Pour nourrir les égrégores de lumière :

- portez votre attention sur la Présence Je Suis, l'être de lumière que vous êtes réellement ;
- reconnaissez en vous la pulsion d'amour, l'envie de paix, de joie, de création, d'union ;
- créez une intention claire et pure d'offrir vos vibrations aux égrégores de lumière ;
- vibrez d'amour pour vos frères pendant un moment chaque jour.

Un égrégore peut exister dans l'environnement de l'humanité entière, comme au-dessus d'une petite collectivité.

Par exemple, il vous a déjà été donné de constater qu'un village semblait être pris, envoûté, possédé par une peur, une malice, ou une sensation de grande vulnérabilité, d'impuissance. Dans ce cas, il peut être sous l'influence d'un égrégore qui va conditionner tous les membres de ce village, lesquels pourront alors se sentir possédés.

Des individus ont alors la possibilité d'aider ce village en repoussant l'égrégore de malice, par exemple, et, *surtout*, en nourrissant un égrégore d'amour. Nous appuyons sur le mot surtout, car, dans une perspective créatrice, il est bien sûr important de laisser tout cela se dissoudre, se détruire, de focaliser sur la création, pour reconstruire.

En d'autres termes, il faille bien dissoudre l'illusion, le nuage pour que les rayons puissent passer. Lorsque vous désirez offrir l'amour, il est certes intéressant que vous puissiez œuvrer pour que l'être dissolve ses peurs. Toutefois, il faille encore plus intensément que l'amour émane de vous.

Certains êtres sur cette terre contribuent quotidiennement à nourrir des égrégores. Les moines, par exemple : jour après jour, l'amour, la compassion, la conscience émanent de ces frères, de ces sœurs, pour nourrir des égrégores. Leur œuvre est importante, car ils créent par moments une polarité avec les égrégores d'ombre très lourds de charges.

Lorsque des influences de l'atmosphère terrestre suscitent des ouvertures chez les humains, les égrégores de lumière sont d'autant plus essentiels, car ils viennent renforcer ces ouvertures créées parfois par des rayonnements de l'extra-terre.

Le pouvoir de nourrir des égrégores est naturel chez l'homme. Lorsque ce dernier reconnaît, retrouve et exprime ce pouvoir, jamais il ne se sent impuissant. Il peut, par exemple, créer des égrégores de lumière et les diriger vers certains dirigeants de ce monde qui ont une influence sur la paix ou l'économie mondiale.

Si six milliards d'humains émettaient chaque jour, pendant une minute, des vibrations en vue de nourrir des égrégores de paix pour l'humanité et ses dirigeants, il n'y aurait plus de guerres dans ce monde. Lorsqu'un seul être de cette humanité nourrit jour après jour un égrégore de conscience universelle destiné à influencer les dirigeants de ce monde, l'égrégore est bien léger. Toutefois, une seule émission lumineuse peut dissoudre une multitude d'émissions ombrageuses.

Il est souhaitable, mais non nécessaire, que six milliards d'individus soient conscients et émettent de l'amour afin qu'il y en ait sur cette terre. Chaque être est semblable à une bougie qui éclaire un peu. L'amour libre, sans condition, est celui qu'un être offre parce qu'il se réjouit lui-même d'offrir. À ce moment, il n'est pas soucieux de l'ampleur de l'influence de son amour, car il se réjouit tout simplement d'aimer.

Vous aimez votre enfant non pas parce qu'il vous aime, mais parce que vous aimez la vie en lui. S'il vous aime, c'est merveilleux, mais si vous l'aimez seulement pour cette raison, vous lui demanderez sans cesse des preuves d'amour.

Et si chaque humain de ce monde est pour vous votre enfant, cela signifie que vous serez fort occupé à utiliser tous vos pouvoirs créateurs pour lui offrir un monde de paix et de joie.

Très souvent, vous vous sentez impuissant devant l'ampleur des souffrances et des inconsciences de ce monde. Vous vous interrogez quant à ce que vous pourriez faire de concret pour sa transformation, doutant quelque peu de la capacité de vos pouvoirs subtils à provoquer de véritables changements. Dans ce cas, rappelez-vous que presque tout dans l'univers vaste et infini est invisible et subtil et que l'énergie universelle toute-puissante est subtile. Élevez votre rythme vibratoire et unissez-vous à l'énergie d'amour en vous jusqu'à ce que vous en soyez totalement imprégné et que vos vibrations d'amour soient si intenses que vous ayez l'impression que votre cœur va éclater. À ce moment, projetez de votre cœur des rayons de lumière étincelants vers un nuage d'amour et transmutez dans ce nuage.

8. Progression et concrétisation des pouvoirs

Par Pierre Lessard

De par leur nature et leur essence, les hommes possèdent de puissantes facultés pour se guérir et manifester ce qui est juste pour l'équilibre et l'harmonie de l'humanité et de cette Terre.

Chacune de ces facultés s'éveille peu à peu lorsque l'homme se révèle à lui-même et reconnaît ce qu'il est véritablement.

Si certains de ces pouvoirs, dont la désincorporation, semblent mystiques, fascinants et extraordinaires, d'autres lui semblent beaucoup plus près de lui et accessibles, dont l'autoguérison et la manifestation par l'intention claire et pure. Chacun doit utiliser abondamment les pouvoirs qui sont actuellement à sa portée. Ce faisant, d'autres pouvoirs émergeront naturellement les uns après les autres.

Ainsi, puisqu'il peut reconnaître aujourd'hui l'intelligence cellulaire qui lui a permis de se créer et de croître, de même que la force qu'il déploie naturellement pour transcender les obstacles sur son parcours, l'homme parvient à ressentir la réalité des pouvoirs de guérison. Il ressent la possibilité réelle de stimuler et d'orienter sa régénérescence cellulaire. Sa capacité d'autoguérison devient concrète en raison de sa communication complice avec ses cellules et de son envie profonde de vivre. Cela fait sens pour lui, et il peut en connaître des résultats concrets. De même, il peut constater chez les autres les effets guérisseurs d'une pratique spirituelle et énergétique.

Les premières étapes de sa reprogrammation alimentaire sont elles aussi non seulement simples à appliquer, mais joyeuses et libératrices, et leurs effets se feront rapidement sentir, démontrant à l'individu ses capacités innées.

De même, la pratique des « assises des pouvoirs » permet à chacun de sentir suffisamment de puissance énergétique en lui pour propulser ses intentions et en goûter les effets concrets dans sa vie.

La projection de l'intention générant une véritable sensation de force et de complicité avec la vie rend accessibles et réels les pouvoirs de manifestation pour soi et les autres.

Lorsqu'il réalise qu'il inscrit une vibration naturelle, quoique inconsciente, dans les objets qu'il porte, l'individu voit la magnétisation se démystifier et devenir non seulement possible, mais concrète.

En outre, chacun a pu expérimenter comment ses pensées d'amour et ses projections d'énergie vers d'autres êtres étaient réellement ressenties comme un accompagnement par ces derniers. Il pourra constater très concrètement, par l'émission des faisceaux de lumière émanant du centre énergétique du cœur et celui du troisième œil , qu'il influence positivement la vie qui l'entoure, que ce soit pour stimuler un être à se reconnaître lui-même, pour vivifier l'eau d'un ruisseau ou pour nourrir des égrégores de lumière. Cette pratique et ses résultats sont aussi à la portée de chacun.

L'autoguérison, la reprogrammation alimentaire, la magnétisation, l'attraction de situations ou de personnes et l'influence des faisceaux lumineux relèvent de pratiques simples des pouvoirs énergétiques dont les effets se font réellement sentir.

Elles permettent à tous d'explorer la transmutation sans se croire dans la fiction. La transmutation semble extraordinaire lorsqu'elle est associée à la dématérialisation ou à l'ascension, mais elle retrouve son accessibilité lorsqu'elle est pratiquée ainsi pour la transformation simple des cellules ou, des états intérieurs.

Lorsqu'un être parvient à vivre des transformations réelles dans son corps ou à influencer d'autres gens autour de lui, il peut mieux percevoir sa capacité de modifier profondément son environnement. Il devient plus plausible pour lui de créer des champs magnétiques et des spirales d'énergie sur terre à partir de sa propre énergie. Puisque la possibilité pour lui de stimuler le rythme vibratoire de certaines cellules pour sa guérison et de faire des inscriptions dans la matière devient réelle, il n'y a qu'un pas pour qu'il puisse aussi imaginer sa capacité de modifier l'ADN ou la structure moléculaire de la matière par la force énergétique alliée à l'intention pure.

La pratique quotidienne, amorcée par le changement de ses propres états, attitudes et atmosphères intérieures, et orientée vers un changement dans ses cellules, éveillera tôt ou tard une plus grande puissance non ressentie au départ.

En suivant ce parcours expérientiel progressif, de la magnétisation de la matière à des changements de structure, l'individu en viendra à la dématérialisation et à la rematérialisation, lesquelles consistent en une transformation totale de la structure d'un objet jusqu'à faire disparaître et réapparaître celui-ci. Puis, si l'individu peut envisager de dématérialiser un objet, il n'y a qu'un pas pour qu'il reconnaisse la possibilité de dématérialiser son propre corps, c'est-à-dire de le désincorporer. La désincorporation consiste à transformer totalement la structure du corps humain jusqu'à ce qu'il se dissolve. À l'opposé, l'incorporation vise à reconstituer matériellement le corps. C'est, en soi, la dématérialisation du corps humain.

Qu'il s'agisse de dématérialisation ou de désincorporation, le pouvoir d'arriver à cela repose sur les mêmes assises et le processus en est un de transmutation – une élévation du rythme vibratoire à un très haut niveau, associée à une concentration permettant à l'intention pure d'influencer totalement les structures physique et énergétique. Nous indiquerons ultérieurement (tome 2) comment l'être peut ainsi se projeter dans d'autres lieux et ascensionner.

Ces dernières applications des pouvoirs individuels ne sont pas essentielles sur la voie de la maîtrise. Elles sont toutefois des éventualités à reconnaître puisqu'elles existent. Il n'est pas important qu'un individu matérialise un objet, mais il est essentiel qu'il s'autoguérisse, qu'il crée consciemment sa vie par la manifestation et qu'il participe au rééquilibre de la Terre par ses propres pouvoirs unis à ceux d'autres humains.

PARTIE II

Pratique quotidienne des pouvoirs énergétiques

Conditions naturelles de base pour vivre en équilibre :

Enseignements, exercices et rituels

Le rythme extérieur imposé par la structure de vos sociétés s'oppose à ce que les conditions naturelles de vie puissent exister de façon simple. Il est important pour les humains de retrouver ces conditions naturelles, afin qu'ils puissent satisfaire en équilibre et en harmonie aux conditions terrestres et cosmiques qui vont prévaloir de plus en plus.

L'humanité a évolué scientifiquement et socialement, de même qu'économiquement et politiquement, en privilégiant l'aspect intellectuel et matériel, et en négligeant le monde subtil des sensations, des inspirations et des pouvoirs énergétiques de chacun. L'incompréhension et l'irrespect de cette dimension, la plus importante de l'être, contribuent à ce que ce dernier se sente divisé ou séparé d'une partie de lui-même qu'il identifie avec difficulté. Cette sensation fait naître chez lui des peurs et un besoin de se sécuriser qui l'entraînent vers la possessivité matérielle, affective et intellectuelle. Cela a engendré des conflits de l'individu avec lui-même, des individus entre eux, et des recherches de performance, lesquelles recherches font naître des tensions importantes qui s'opposent aux conditions naturelles et laissent place à une dégénérescence cellulaire prématurée et précipitée.

Les conditions de vie sur cette terre se transforment très rapidement. Étant donné les choix des humains, les conditions de vie et les conditions naturelles ne sont plus les mêmes. Les humains sont souffrants en raison du processus de dégénérescence dont nous avons expliqué toutes les sources, la collectivité humaine est souffrante, et la Terre l'est aussi dans son aspect naturel.

Les humains, dans un mouvement contracté d'une conscience limitée, s'autodétruisent et détruisent la Terre. Par ailleurs, nous vous avons transmis que suffisamment d'individus sur terre sont actuellement conscients pour permettre une bascule, une transformation des conditions de vie, des structures et de l'organisation de l'humanité, et une ouverture à une vie terrestre en relation avec une vie cosmique qui signifierait non seulement une nourriture plus riche, plus vivante, mais aussi des perspectives de déploiement beaucoup plus vastes.

Il est désormais important pour les êtres conscients, et pour tous ceux qui, petit à petit, retrouvent la conscience de leur nature et de leur essence, de recréer les conditions naturelles de vie. Pour y arriver, il faille que chacun puisse recréer ces conditions en lui-même.

Toutes les expériences que nous vous avons proposées ont pour but de retrouver les conditions de base.

L'humain peut rechercher scientifiquement ce qu'est sa nature véritable et, inéluctablement, sur la voie scientifique, il retrouvera la conscience de l'univers comme mouvement d'amour et de conscience. La science et la voie spirituelle ne peuvent que se rencontrer puisque la spiritualité est inscrite partout. Toutefois, bien que la science puisse guider les humains afin qu'ils retrouvent les conditions naturelles de base, il est important que ceux-ci n'attendent point que la science ait atteint cette finalité.

Il est important aussi d'intégrer tout de suite ces conditions de base pour permettre l'émergence des pouvoirs, afin d'éviter les destructions individuelles et collectives. En d'autres termes, l'être ne peut point se nourrir qu'intellectuellement avec fascination de ce que la science lui propose. Il doit intégrer ce qu'il capte, ce qu'il perçoit, et le manifester jour après jour.

Les voies spirituelles ont trop souvent proposé des voies de discipline et d'ascétisme, afin que les conditions naturelles puissent émerger. Ces voies d'ascétisme sont associées à des réalités cosmiques et énergétiques favorisant le pouvoir des hommes. Elles préconisent des expériences et des manières de vivre qui éloignent les hommes des satisfactions du quotidien et des sensations de bien-être à court terme.

Les humains ont en général choisi une autre voie, celle des recherches de satisfaction des désirs qui les met en conflit avec eux-mêmes.

Il n'y a aucun intérêt à être dans l'abstinence ou dans l'abus, car l'un comme l'autre créent des contractions. Dans un état conscient et une intention claire, le corps, au même titre que l'esprit et l'âme, donnera lieu à des choix et des transformations. Toutefois, dans un mouvement plus organique, l'individu se rendra compte qu'en délaissant une certaine nourriture, non pas par obligation mais par inspiration, il accédera à une autre nourriture beaucoup plus satisfaisante.

Ainsi, nous invitons chacun non pas à bannir pour remplacer par autre chose, mais à entrer dans un choix conscient, de telle sorte que la transformation soit progressive et qu'elle apporte des satisfactions.

Le rythme vibratoire planétaire et les nouvelles conditions de vie exigent de plus en plus que les pouvoirs énergétiques soient utilisés pour être en harmonie et en équilibre.

Les individus qui en sont conscients trop souvent souhaitent maîtriser leurs pouvoirs et bénéficier de leurs effets sans les avoir intégrés. Ils souhaitent vivre la paix, la joie pure et même l'illumination en résistant à transformer ou à abandonner ce qui fait entraves.

Nous vous invitons à une pratique qui favorise l'équilibre terrestre et spirituel, l'harmonie et la disponibilité des réels pouvoirs énergétiques dont nous nous sommes déjà entretenus.

L'apprentissage vous présente d'abord une pratique matinale, l'***Éveil énergétique quotidien***, une guidance en plusieurs étapes de votre réveil, avant même que vos yeux ne s'ouvrent, jusqu'à l'éveil de l'être de lumière en vous et de tous ses pouvoirs énergétiques. Chaque étape est un processus ritualisé qui fait renaître l'intensité de la vie en vous et celle de votre relation avec toutes ses formes, terrestres et célestes.

Puis le parcours d'expérimentation des pouvoirs énergétiques se poursuit durant le jour. Il s'intègre à vos activités normales dans l'***Expression énergétique quotidienne***, par des éclairages et des pratiques naturelles que tous les humains doivent retrouver pour une vie équilibrée dans un nouveau monde. Chaque thème suggère la transformation et la mise en place d'une nouvelle programmation dans l'expérience quotidienne.

La synthèse de chaque pratique suggérée vous est présentée dans un encadré au début de chaque chapitre, pour en faciliter la référence.

QUATRE

Renaissance : éveil énergétique quotidien

L'être libre est celui qui, en se réveillant le matin, reconnaît en lui tout l'amour et toute la lumière qu'il peut offrir sans condition.

Chaque jour peut être accueilli comme une nouvelle vie, un nouvel espace pour exister et se déployer afin d'y goûter la joie profonde et l'amour. Au début du jour, l'individu peut naître à nouveau. La naissance est un moment fort particulier durant lequel l'humain déploie la plus haute intensité d'énergie. C'est le moment où il affirme avec le plus de puissance son désir de vivre. C'est aussi le moment durant lequel cette puissance concrète va non seulement se manifester, mais se révéler à lui tant sous la forme d'une pulsion énergétique que d'une inspiration.

Faites du début de chaque jour une renaissance dont chaque instant influencera tout ce que vous vivrez durant le jour.

Le passage de la naissance influence l'être toute sa vie durant. Ce dernier revit dans la joie et les difficultés de ce passage tout ce qui est inscrit dans ses mémoires. Les doutes et les douleurs qui côtoient son effervescence correspondent à ce qui fut vécu et enregistré dans ses vies précédentes. C'est aussi ce qui sera présent dans la vie qui commence.

La renaissance permet à l'individu de revivre consciemment sa naissance. Le jour présent devient le représentant de toute sa vie et il lui appartient d'en choisir l'atmosphère et tout ce qui l'accompagnera.

Lorsqu'il choisit de renaître, l'individu choisit d'utiliser toute sa puissance pour créer sa vie, celle du Maître en lui. Il éveillera toute son énergie et la mettra au service du créateur en lui.

Faites en sorte que l'intention de renaître ne soit pas que des mots ni un simple vœu, mais qu'elle soit nourrie et projetée avec force jour après jour. L'intention de renaître s'exprime concrètement par une disponibilité à vous-même et par ce que vous mettez en œuvre pour exprimer qui vous êtes et ce que vous voulez créer.

Afin que le Maître en vous, votre dimension lumineuse, vive dans toute sa puissance créatrice, nous vous proposons un **Éveil énergétique quotidien** qui vous permettra de passer quotidiennement du réveil à l'éveil.

Éveil énergétique quotidien

Étape 1 : Le choix conscient – L'éveil de l'être
Étape 2 : L'eau purificatrice
Étape 3 : La respiration
Étape 4 : Les ancrages et l'autorégulation des corps subtils
Étape 5 : La salutation au soleil
Étape 6 : La fusion des trois corps
Étape 7 : La trilogie énergétique, la méditation, la rencontre de soi

1. Le choix conscient – L'éveil de l'être

Choisissez de renaître dans toute votre puissance avant d'ouvrir les yeux.

Dès le réveil, avant d'ouvrir les yeux, avant même que la réalité quotidienne de l'être ne l'entraîne vers des activités, tout est présent en lui. Toute sa beauté et sa lumière se manifestent dans son envie de vivre. Il y a l'envie d'exister intensément, de s'unir à tout ce qui vibre dans l'univers vaste et dans son monde. Il y a l'envie de s'exprimer librement pour que chaque personne sur son passage puisse goûter ce qui le fait vibrer. Il y a l'envie de se réjouir de tout ce que la vie apporte de merveilleux et de vivre des aventures fantaisistes, magiques, sans limites. Il y a l'envie d'être heureux, dans toute sa puissance et son humilité !

Mais il y a aussi tous les soucis, tous les échecs, toutes les douleurs, les responsabilités, les exigences de la vie, les conséquences des choix et des erreurs d'hier et d'avant, les peurs, les désillusions… Les lourdeurs sont aussi au rendez-vous !

Le matin, lorsque vous vous réveillez, lorsque vos yeux vont bientôt s'ouvrir sur cette réalité qui est vôtre, ne les ouvrez pas ! Laissez-les fermés un instant sans vous rendormir. Offrez-vous un instant pour atterrir de votre voyage cosmique nocturne avant de vous précipiter, même à un rythme lent, dans la vie terrestre. Assurez-vous d'être bien là, présent, réveillé avant que l'extérieur ne capte votre attention, ne sollicite toute votre présence. Existez durant un court instant sans rien faire, peu importe ce qui vous réclame. Ressentez votre corps et l'énergie qui l'habite sans autoriser le mental et ses exigences.

Prenez conscience qu'un nouveau jour se présente à vous, que vous avez la possibilité d'être incarné et de vivre. Ressentez ce qui vibre en vous.

Puis choisissez de renaître, d'entrer dans ce nouveau jour comme vous entreriez dans une nouvelle vie. Choisissez de vivre vraiment, peu importe ce qui reste d'hier ou d'avant. Choisissez de faire de ce nouveau jour une nouvelle vie dans laquelle la beauté et la puissance du Maître en vous s'exprimeront par votre création.

Choisissez de ne pas être simplement un spectateur ou un touriste dans la vie, mais de suivre le parcours d'une vie intense, une vie non pas exigeante, pressée, urgente, mais vibrante et effervescente.

Le réveil quotidien s'est produit. Maintenant, c'est l'éveil quotidien.

C'est le moment d'être en relation avec ce que vous êtes véritablement, ce que nous appelons la pulsion véritable, lumineuse, cosmique, énergétique, celle du Je Suis, de la réalité de l'être, pour ressentir sa puissance. Laissez circuler en vous une envie profonde que tout ce qui sera de ce jour soit une contribution à la création de l'univers, à l'harmonie sur cette terre. Cela facilitera l'émergence de vos dons, de vos qualités. Un peu plus tard, dans l'éveil énergétique, après la méditation, accordez-vous un moment pour ressentir toute votre essence et lui redonner son espace.

Ouvrez vos yeux, levez-vous et soyez prêt à vous éveiller énergétiquement en mettant en place les assises de vos pouvoirs de manifestation pour ce nouveau jour.

Si vous ne choisissez pas consciemment de vivre et de renaître, d'aller vers ce jour pour en accueillir tout ce qu'il présente, dont des occasions de vous libérer de vos poids et d'exprimer ce qui vous fait vibrer, quel sera alors le sens de ce jour ?

Si **vous** ne choisissez pas de vous éveiller chaque matin après vous être réveillé, **qui** vivra ce jour ?

2. L'eau purificatrice

Douchez ou baignez tous vos corps pour les épurer et stimuler la circulation énergétique.

Buvez de l'eau à la température du corps pour stimuler la circulation et l'élimination.

Dès que le choix de renaître à ce nouveau jour est clairement exprimé intérieurement, l'éveil énergétique s'amorce par le contact avec l'eau.

L'eau, tant énergétiquement que physiquement, stimule la circulation (chap. 2.4). Comme la vie existe par l'énergie en mouvement et que sans mouvement, elle se contracte jusqu'à se dissoudre, et puisque chaque cellule de l'humain est composée majoritairement d'eau, cette dernière assure la vie. Elle permet l'épuration de tous les corps et la régénérescence cellulaire.

Durant le périple nocturne, par votre esprit vous avez vécu une multitude d'expériences qui participent à ouvrir votre conscience et à vous libérer d'inscriptions qui ne servent pas votre évolution. Vous avez en outre rencontré différentes vibrations, selon l'état dans lequel vous vous êtes endormi et ce que vous portiez en vous.

Avec l'intention première de vivifier tous vos corps, de vous épurer et de vous alléger de toutes les expériences nocturnes qui, déjà, selon votre choix, appartiennent au passé, et aussi pour exprimer votre liberté, faites couler l'eau sur votre corps. Le plus souhaitable est d'entrer totalement le corps dans l'eau puis d'en émerger comme l'enfant qui naît émerge des eaux de sa mère. Laissez couler l'eau sur votre corps à partir de la couronne, en ayant conscience que cette eau nettoie tous vos corps et en active la circulation. Ou, pour le moins, prenez de l'eau dans vos mains et versez-la sur votre tête et votre visage.

Ce moment est sacré, puisque vous accueillez ainsi la vie. Soyez présent, orientez votre pensée sur votre intention d'être bien vivant, en imaginant l'eau activer la circulation dans vos corps. Soyez joyeux de ce moment où toutes vos cellules s'animent. Ne vous laissez pas envahir ou troubler par maintes pensées ou des soucis du jour précédent; goûtez pleinement l'instant. Bientôt, des inspirations se présenteront à vous. Vous les distinguerez des préoccupations ; accueillez-les sans toutefois amorcer une réflexion sur elles, sur leur intégration ou sur leur incidence dans votre vie.

Avec la même intention d'épuration et de stimulation de la circulation, buvez de l'eau pure naturellement minéralisée. L'eau tiède, à la température du corps intérieur, permettra un réveil en douceur de vos organes.

Vous pouvez maintenant poursuivre le processus d'éveil énergétique.

3. La respiration

Respiration expansive en cinq temps pour vous nourrir de lumière, de prâna et entrer en relation avec l'énergie de la volonté, de l'amour et de la conscience :

1. **inspirez, mains sur le ventre (hara),**
2. **inspirez, mains sur la poitrine,**
3. **inspirez, mains tendues vers le ciel,**
4. **suspendez le souffle,**
5. **expirez.**

Respiration consciente en deux temps pour vous unir à la vie et élever votre rythme vibratoire :

1. **inspirez en accueillant les vibrations de la vie sous toutes ses formes ;**
2. **expirez en offrant votre vibration, votre lumière, votre amour.**

L'éveil énergétique invite maintenant l'être à s'offrir la nourriture qui permet la vitalité de tous ses corps et la disponibilité de tous ses pouvoirs.

Pour l'existence, la nourriture primordiale dans l'univers est la lumière (chap. 2.6). La nourriture essentielle de la vie et de la régénérescence cellulaire sur terre est composée d'air, de prâna (chap. 2.5) et d'eau (chap. 2.4).

Toute cette nourriture peut être captée en grande partie par la respiration, qui assure la vie de tous les corps.

Les respirations accompagneront avec plus d'intensité votre pratique quotidienne d'éveil et toutes les utilisations de vos pouvoirs énergétiques, et aussi, de manière naturelle, chaque instant de votre vie.

La respiration favorise la relation entre le corps et l'énergie. Elle permet à plusieurs individus de sentir physiquement l'énergie et, à tous, de l'intensifier avec conscience. De tous les temps, la respiration pour le ressourcement, l'augmentation de la vitalité et l'élévation de l'énergie vers la couronne fut enseignée aux hommes.

Il s'agit d'abord de recréer une **respiration naturelle** qui vous accompagnera durant tout le jour, favorisant à la fois le calme intérieur et la puissance créatrice. Puis, une respiration plus intense, que nous nommerons **respiration expansive**, pratiquée par de nombreux humains pour créer l'équilibre, amènera l'intensité énergétique souhaitée. La **respiration consciente** au début des périodes d'intériorisation, de méditation assurera l'émergence de la paix de l'âme. La **respiration puissante**, une intensification de la respiration naturelle, sera celle des intenses utilisations des pouvoirs énergétiques.

Lorsqu'un nouveau-né se présente à la vie, c'est d'abord par la respiration qu'il entre en relation avec elle et avec toute la nourriture qu'elle lui offrira. Nous vous suggérons donc, chaque matin, d'entrer en contact avec la vie extérieure en vous nourrissant par la respiration.

En début de journée, allez à l'extérieur de votre demeure, si cela est possible. Si cet environnement est en relation avec la nature, cela sera encore mieux. S'il vous est impossible d'aller à l'extérieur, ouvrez une fenêtre pour régénérer l'air de l'endroit où vous êtes. Et si l'air extérieur n'est pas sain, en un instant faites émaner des faisceaux de lumière de votre troisième œil et de votre cœur en portant en vous l'intention d'assainir l'air qui vous entoure et d'en vivifier tout ce qu'il vous apporte.

1. La respiration naturelle

Commencez en étant présent, un instant, à votre respiration naturelle.

Lorsque l'être retrouve une respiration naturelle, l'intelligence cellulaire adapte et conditionne cette respiration pour qu'elle soit juste à chaque étape. Cette respiration naturelle est douce et profonde, sans aucun effort. Inspirez doucement et totalement jusque dans la portion la plus profonde de vos poumons, ce qui crée un léger mouvement d'amplification de votre ventre par l'action des poumons sur le diaphragme, puis de la cage thoracique. En relâchant ensuite tout votre corps, vous expirez sans effort puisqu'il s'agit là d'un mouvement naturel de décontraction du diaphragme. Nous qualifions cette respiration de naturelle, car c'est celle que vous devez intégrer jusqu'à ce qu'elle devienne votre respiration de chaque instant du jour et de la nuit.

Il est important pour vous de retrouver votre respiration naturelle. Au-delà des exercices respiratoires permettant une intensification et une élévation de votre rythme vibratoire, la respiration naturelle, celle de chaque instant, peut être rééquilibrée de telle sorte qu'elle apporte le calme en vous.

Ainsi, nous vous proposons d'être plus présent à votre respiration pour que vous puissiez intégrer une respiration qui est douce, mais aussi profonde. En d'autres termes, observez votre respiration et constatez qu'à l'extérieur des moments de respiration consciente ou d'exercices respiratoires, elle est souvent trop courte et insuffisamment profonde.

Quand vous le constatez, assurez-vous de respirer un peu plus longuement. Faites en sorte que votre inspiration et votre expiration soient un peu plus longues et plus totales, afin que vos poumons puissent accueillir l'air assez spontanément, mais totalement, jusque dans le lobe inférieur, et qu'ils puissent évacuer totalement l'air utilisé, permettant ainsi une décontraction totale.

Souventes fois, durant le jour, posez un regard sur votre respiration. Étonnez votre regard en observant votre inspiration, et ajustez votre respiration. Après quelques semaines, vous vous rendrez compte que votre respiration est toujours ainsi ajustée. Cela vous permettra d'offrir à votre corps plus d'air sain et de prâna à chaque instant du jour. Vous serez aussi plus calme.

Sans être à chaque respiration dans la pensée que vous vous nourrissez de prâna, ayez cette conscience d'une respiration complète.

Maintenez en vous, durant tout le jour, la conscience de la nourriture prânique assurant votre puissance énergétique. Dès que vous entrez dans un lieu où il y a plus de prâna, vous ressentez un allégement, une vivification et une joie. À ce moment, respirez un peu plus consciemment le prâna, par votre intention.

2. La respiration expansive

Après l'instant de sensation de vous-même et de la vie dans la respiration naturelle, pratiquez une respiration expansive pendant un moment. Celle-ci vous met consciemment en relation avec la lumière et l'énergie en vous.

Nous vous la proposons en cinq temps :

1. Inspirez d'abord au plus profond de vos poumons en étant présent à l'énergie de la volonté dans vos entrailles, celle de votre hara.
2. Puis, sans transition, sans expirer, inspirez de nouveau dans la partie médiane de vos poumons en étant présent à l'énergie du

cœur, associée à la reconnaissance de l'être, dans l'espace de la poitrine.

3. Toujours sans transition, sans expirer, faites une troisième inspiration immédiate, spontanée, qui permettra de nourrir la partie supérieure de vos poumons, en étant présent à l'énergie de la conscience, celle du troisième œil.
4. Après ces trois inspirations subséquentes, alors que votre présence s'élève des entrailles jusqu'au centre de la conscience, suspendez votre souffle. Goûtez la puissance que la nourriture de l'air vous apporte, crée en vous, et la puissance de l'éveil de la trilogie énergétique que votre présence à chaque niveau d'énergie favorise. Vous constatez ainsi qu'en respirant pleinement, vous permettez une oxygénation totale et un éveil de tous vos corps, et vous intensifiez la trilogie énergétique (chap. 1.1).
5. Puis expirez longuement.

Répétez ce cycle de cinq temps aussi longtemps que vous en avez envie, en faisant pour le moins cinq cycles à votre rythme. Puis retrouvez votre respiration naturelle.

Vous voilà prêt pour la pratique des ancrages et de l'autorégulation des corps subtils.

La respiration expansive peut avantageusement s'accompagner du mouvement des mains et des bras. Lorsque vous inspirez en un premier temps, vos mains sont sur votre ventre (hara), formant un vase d'accueil. Puis, à l'inspiration en un deuxième temps, vos mains et vos bras s'élèvent au niveau du cœur. Et en un troisième temps, ils s'élèvent vers l'univers, comme une coupole accueillant l'énergie du ciel. Et lorsque vous expirez, vos mains et vos bras se détendent.

Allons ensemble vers le passage de la naissance, vers la première rencontre de la vie, par le souffle. L'être s'éveille et respire profondément, rencontrant ainsi l'abondance offerte par la Terre, son atmosphère, cette nouvelle vie. Vos mains au niveau des entrailles, inspirez dans la conscience de l'énergie de la volonté. Inspirez de nouveau au niveau du cœur, puis dans la conscience, et suspendez le souffle. Puis, expirez longuement, sans effort et totalement, et tout le corps se détend. De nouveau, inspirez en un premier temps, en un deuxième temps et en un troisième, puis suspendez le souffle en un quatrième temps et expirez longuement en un cinquième temps. Au rythme de votre respiration accompagnée des mouvements de votre corps, continuez la respiration expansive.

Respiration, relation avec le souffle, relation avec la trilogie énergétique, le corps en mouvement. Que tout votre corps s'ouvre à l'inspiration. La respiration en cinq temps est expansive, unificatrice, stimulante pour l'être.

Elle suggère une présence, un déploiement, une intensité, mais aucun effort. Exercez-vous à votre rythme, et que cette respiration soit l'expression de toute votre puissance. Jour après jour, vous constaterez alors que votre corps est davantage en expansion, que votre puissance s'élève.

3. La respiration consciente

À chaque moment destiné à l'intériorisation, à la méditation, à la contemplation ou à la rencontre de la Présence Je Suis, vous retrouvez une respiration consciente.

Inspirez profondément, sans effort. Suspendez le souffle légèrement, une seconde, et expirez totalement, encore sans effort. À l'inspiration, prenez conscience de tout ce que votre souffle vous apporte, de tout ce que la vie vous offre par son biais, soit la lumière, la nourriture prânique, l'oxygène et l'eau présente dans l'air. Vous inspirez ainsi profondément, sans effort, les vibrations de toutes les formes de vie visibles et invisibles autour de vous.

Et lorsque vous suspendez le souffle une seconde, soyez conscient que toutes vos cellules se nourrissent, s'éveillent, sont stimulées par la nourriture que vous accueillez.

Puis expirez longuement, totalement, toujours sans effort. Par cette expiration, vous vous assurez déjà d'abandonner les préoccupations qui ont pu se présenter. Vous vous assurez d'être là, présent à vous-même. Vous êtes dans la conscience que votre souffle est votre offrande à la vie. Il porte votre amour, votre vibration, vos connaissances. À votre rythme, respirez consciemment. Dans la respiration consciente, l'inspiration profonde est l'accueil de la vie, de la nourriture matinale et l'expiration, l'offrande de votre être. Ensemble, l'inspiration et l'expiration vous permettent d'accentuer la sensation de votre vibration, de la vie en vous et de ressentir en même temps que vous êtes en communion avec la vie qui vous entoure. Choisissez de ne pas vous laisser distraire, sans pour autant vous couper de la vie. Au contraire, la respiration stimule votre être, favorise sa puissance à la suite de sa renaissance et manifeste sa présence unie à ce qui l'entoure. Soyez joyeux. Réjouissez-vous de votre être, de votre corps qui, avec votre énergie, est imprégné de l'âme et de l'esprit unis à la vie. Réjouissez-vous de ce moment de conscience.

Voilà comment, en quelques instants, l'être s'unit à ses vibrations et permet à la paix profonde d'émerger lorsqu'il choisit de ne plus répondre aux sollicitations du mental et du corps physique. Bien sûr, l'individu vit des tensions, des conflits et des peurs dans sa relation avec le monde concret et subtil qui l'entoure. Cependant, dans sa dimension universelle, l'âme est toujours porteuse de paix. C'est pourquoi nous guidons l'être vers la respiration consciente, afin qu'il inspire consciemment la lumière et qu'il accueille tout aussi consciemment, par le souffle, les vibrations de toutes les formes de vie en lui. Lorsque, par le souffle qu'il expire, il offre son parfum, sa vibration et son amour, il communie véritablement. Il choisit d'abandonner ses résistances au profit de l'union véritable. Et par cette union la paix émerge, ne serait-ce que quelques secondes.

Choisissez aussi consciemment d'orienter la nourriture que vous recevez vers chacun de vos centres énergétiques, de vos chakras, afin qu'ils soient tous, ainsi que les glandes qui leur correspondent, totalement stimulés par la lumière et qu'ils puissent équilibrer les organes et les systèmes dont ils sont responsables. Qu'il s'agisse des surrénales, des gonades, du pancréas, du thymus, des glandes thyroïde, pituitaire ou pinéale, respirez chaque matin dans la conscience d'apporter la lumière à chacune de ces glandes.

La respiration consciente générera un mouvement conscient et d'amour de l'être qui transformera toute la vie de ce dernier, lequel sera plus ouvert à d'autres pratiques respiratoires lui permettant d'accentuer un aspect de lui-même, sa clairevision par exemple, ou d'intensifier l'ascension de l'énergie en lui pour se projeter énergétiquement vers d'autres plans de conscience.

Intimité à soi et paix de l'âme. Inspiration et expiration.
Lorsque vous respirez en toute conscience, en abandonnant, pour un moment, les aspects plus contractés, lourds, préoccupants de vous-même, et en vous unissant à la teinte lumineuse, empreinte d'amour, expansive de votre être, vous recréez un espace d'intimité. Uni à votre vibration et conscient que vous inspirez les vibrations de la vie autour de vous, vous êtes à même de ressentir une communion avec votre être et avec la vie environnante.

Comme les déséquilibres de tout humain débutent par la sensation d'une division du Tout, et comme les peurs et la négation de l'être se manifestent à partir de cette séparation, la communion avec votre vibration et avec la vie qui vous entoure crée instantanément l'émergence de la paix profonde de l'être, celle de l'âme.

Dans l'espace d'intimité que vous créez par la respiration consciente, vous retrouvez la sensation de paix de l'âme. Lorsque vous autorisez cette sensation, vous ressentez petit à petit l'énergie vitale, la pulsion de vie, l'énergie de la kundalini à sa source dans vos entrailles, soit la manifestation de l'âme dans l'incarnation.

Cette sensation de l'énergie de vie, l'énergie de l'âme, l'énergie du Je Suis véritable permet à l'individu de ressentir toute sa puissance au-delà de ses inconforts, de ses malaises circonstanciels momentanés. Il entre dans la sensation de sa magnificence, de son amplitude et de ses pouvoirs réels. C'est à partir de cette sensation de l'énergie de la kundalini et de l'énergie du Je Suis véritable dans l'incarnation que l'individu pourra choisir, par la suite, d'aller vers une expansion, vers l'espace méditatif. Cela pourra accentuer la conscience de la connaissance subtile pour, par la suite, la transformer en inspirations. Ces inspirations se manifesteront tant sous la forme de pensées, d'idées, d'images ou de voix intérieures qui guideront l'individu vers l'expression juste et cohérente du choix de son incarnation. Par ailleurs, dans la sensation de l'énergie de vie, l'individu peut aussi choisir à ce moment d'utiliser l'énergie de création pour s'exprimer, se manifester et créer.

Il y a deux mouvements en l'être incarné. Le premier est celui de l'inspiration, c'est-à-dire de la propulsion dans un espace vaste pour que l'être soit en expansion et en réceptivité de la connaissance pure. L'inspiration correspond au ressourcement. C'est donc la rencontre de la Conscience universelle. Le deuxième mouvement, celui de l'expiration, est le mouvement créateur, c'est-à-dire l'utilisation de l'énergie de vie pour s'exprimer en fonction de ses dons et de ses qualités. Entre les deux mouvements, la suspension du souffle correspond à une ouverture de portes multidimensionnelles par lesquelles l'être peut accéder à l'univers.

L'inspiration permettra à l'être de ressentir qu'il est universel à titre de créateur, qu'il participe à l'œuvre commune du plan terrestre, du plan humain, qu'il est une expression de l'univers entier par sa création. Ces sensations lui procureront une véritable joie, la joie pure créée par le mouvement créateur que nous nommerons « amour ».

L'expiration est le mouvement créateur qui l'entraînera vers un état de joie, d'amour et créera certes en lui l'envie de communier dans le Tout, d'aller vers des états d'expansion.

Ainsi, l'état d'expansion le nourrit et stimule sa création, laquelle lui apporte la joie, éventuellement l'extase, et crée l'envie d'aller une fois encore vers l'état d'expansion. Un mouvement naturel, double est donc associé à l'inspiration et l'expiration. Lorsque l'individu se dirige vers des états d'expansion, il va vers l'inspiration, et lorsqu'il va vers son expression, sa création, il va vers l'expiration. C'est le mouvement en polarité de l'univers entier.

Parallèlement, nous observons deux éléments dans l'univers : l'amour, soit le mouvement créateur, et la conscience, soit l'orientation de ce mouvement, une orientation pour la réunification.

Voyez, de façon très simple, cette corrélation tout à fait naturelle. Il ne peut en être autrement. Si l'humain est une manifestation, une création de l'univers et s'il est l'univers par ses cellules, par son intelligence cellulaire, naturellement il répondra aux pulsions retrouvées dans l'univers, soit la pulsion d'expansion/inspiration et la pulsion de création. L'inspiration entraîne un mouvement d'expiration et l'expiration, un mouvement d'inspiration.

Lorsque l'humain a vraiment associé cette logique universelle d'énergie en mouvement, il peut vraiment retrouver des états de paix de l'âme, de joie du cœur, et certes, vivre dans cette incarnation en équilibre.

En cherchant à l'extérieur de lui des informations et des connaissances pour solutionner ses inconforts, il va certainement retrouver des éléments intéressants. Toutefois, rappelez-vous que l'essentiel pour l'être consiste à reconnaître et à ressentir ce mouvement fondamental, logique, naturel, universel afin que l'information captée à l'extérieur puisse vraiment s'intégrer dans cette polarité naturelle de mouvement. La recherche d'une solution extérieure ne permet pas à celle-ci une réelle union avec l'être.

4. Les ancrages et l'autorégulation des corps subtils

- **Respiration naturelle : inspirez au plus profond des poumons, sans effort, le ventre gonflé ; expirez en relâchant.**
- **Ancrage terrestre : projetez un faisceau d'énergie de la base pour créer un pilier de lumière dans la terre.**
- **Ancrage cosmique : projetez un faisceau d'énergie de la couronne pour créer un pilier de lumière dans l'univers.**
- **Autorégulation des corps subtils :**

L'énergie universelle : invoquez-la et faites-la circuler avec les mains de lumière, de la couronne jusqu'aux pieds pour permettre une libre circulation et une harmonisation de l'énergie du corps.

L'énergie tellurique : invoquez-la et faites-la circuler avec les mains de lumière, des pieds à la tête, pour vivifier et recentrer les corps à trois reprises :

- **le corps physique et éthérique,**
- **le corps émotionnel,**
- **le corps mental.**

Position de l'être universel et affirmation de soi.
Mains sur la poitrine, honorez le Maître en vous.
Salutation de la vie autour de vous.

Ancrages terre - ciel

Il est essentiel que les deux aspects de l'individu, la dimension subtile et la dimension dense ou terrestre, soient en équilibre pour que celui-ci puisse sentir le bien-être de l'incarnation et utiliser tous ses pouvoirs de manifestation. Ainsi, puisque l'énergie de la Terre et l'énergie cosmique circulent en lui, il est important que sa relation avec chacune d'elles soit forte. Les ancrages sont des piliers d'énergie que l'individu crée et nourrit de sa base vers la Terre et de sa couronne vers le ciel. La pratique de l'Éveil énergétique quotidien l'amène à recréer et à intensifier sa relation avec chacune.

L'ancrage terrestre consiste à projeter un faisceau d'énergie du centre énergétique, de la base vers le centre de la Terre. Le centre de la base, au bas de la colonne vertébrale, représente l'aspect incarné de l'être. La condition d'être incarné n'est pas celle de victime, mais celle d'un être libre et créateur. Ainsi, en percevant la projection d'un faisceau de lumière du chakra de la base vers la Terre, lequel faisceau établit une relation entre l'individu, l'énergie tellurique et toutes les formes de vie qui vibrent sur cette terre, l'être entre concrètement dans la conscience et la sensation de la Terre, et, réitérant sa relation avec cette dernière, il rechoisit l'incarnation. Vous aurez saisi, bien sûr, que l'être ne peut pas entrer en équilibre avec la Terre et participer à ses transformations s'il ne choisit pas consciemment l'incarnation. Ce choix est très important, car il est associé à une disponibilité de l'être dans le corps et dans la matière. Avec la pratique de cette projection d'un faisceau de lumière vers le centre de la Terre, vous serez à même de constater les effets de cette relation sur l'équilibre et la structure de votre corps. Encore une fois, rappelez-vous qu'il ne s'agit pas seulement de symboliser une image, mais d'en arriver à ressentir cette vibration qui, de la base du coccyx, s'enracine vers le centre de la Terre.

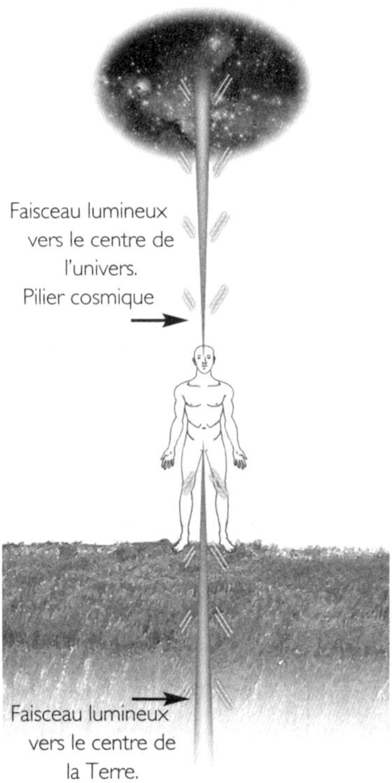

Ancrage

La dimension terrestre de l'être lui permet de vivre sur cette terre et de se propulser vers des espaces subtils tout en étant incarné. Dans toute voie spirituelle, il est fondamental que l'individu soit bien ancré sur terre et que son corps soit souple, fort et en équilibre. Il faille qu'il ait les deux pieds sur terre.

Après cet ancrage terrestre, il y a un ancrage céleste, universel. Il consiste à projeter un faisceau de lumière vers le centre de l'univers, à partir de la couronne. L'individu choisit à nouveau d'être en relation avec sa Source, avec ce qu'il est, une âme. En fait, l'âme est l'expression de l'univers en relation avec l'humain. Par couronne, nous désignons ici l'ensemble de l'épiphyse, l'hypophyse et l'hypothalamus, dont les vibrations sont dirigées vers l'univers. Il y aura, bien sûr, un effet sur le cerveau et, éventuellement, sur l'équilibre hormonal. Nous vous transmettons ces éléments pour que vous puissiez en avoir conscience et, le cas échéant, les observer physiologiquement. Toutefois, l'important n'est pas d'intellectualiser tous ces faits, mais de vivre consciemment et vibratoirement la sensation de cette union.

La dimension subtile et cosmique de l'être lui permet de donner un sens à sa vie. Elle est la source de ses inspirations et de ses motivations réelles. L'ancrage cosmique l'invite à rechoisir de se laisser guider par la lumière de son être.

L'individu est donc ainsi ancré, mais non attaché, en relation intime avec l'énergie de la Terre et avec l'énergie libre, universelle. Il faille qu'il ait la tête, l'esprit dans le ciel.

Autorégulation des corps subtils

Une fois ces relations établies, l'être choisit de rééquilibrer et d'harmoniser tous ses corps, les recentrant dans l'unification avec l'Énergie universelle. Il invoque celle-ci, l'invite en lui. Il faut comprendre que l'humain est une antenne et que comme tout dans l'univers, suivant les lois de l'électromagnétisme, son invocation attire l'énergie libre de l'univers, tel un aimant. Il est conseillé ici d'accompagner cette invocation d'un mouvement physique pour la ressentir plus facilement.

Ainsi, avec ses mains, l'individu symbolise le mouvement de cette énergie en ses corps physique et éthérique, de la couronne jusqu'à ses pieds. Il recentre son aspect physique par l'union avec l'énergie libre, universelle. Il fait de même avec l'énergie de la Terre : ses mains au sol invoqueront, attireront l'énergie de la Terre, de ses pieds jusqu'à la couronne, circulant dans son corps éthérique et favorisant une empreinte pour stimuler, édifier, harmoniser, recentrer les corps physique et éthérique.

Par la suite, il sera invité à faire la même chose dans son corps émotionnel, avec l'énergie libre de l'univers et celle de la Terre. Puis à la refaire une troisième fois, dans son corps mental. Ce faisant, il va recentrer, harmoniser, vivifier les aspects physique, émotionnel et mental afin d'unifier sa trinité et de rencontrer les différentes perspectives de son incarnation, lesquelles seront pour lui des occasions de créer, donc de s'unir.

Les corps physique et subtil sont souvent décentrés par les chocs physiques, émotionnels et mentaux. L'autorégulation des corps permet alors de les recentrer autour de la ligne médiane, soit la ligne centrale de circulation de l'énergie.

Par ailleurs, les blocages énergétiques sont aussi causés par l'influence des peurs, des croyances et des inscriptions mémorielles et génétiques. L'invocation de l'Énergie universelle dans les différents corps permet à l'énergie de circuler naturellement et libère l'individu de poids et de douleurs.

Guidance des ancrages et de l'autorégulation

Inspirez profondément jusqu'au plus profond de vos entrailles, sans effort, et expirez totalement. Présent à vous-même et à la vie qui vous entoure, choisissez de vous inscrire dans la Terre et dans le ciel par des ancrages. Debout, pieds et jambes écartés, vous ressentez que tout votre corps est là, puissant, relié à la Terre. Assurez-vous que les respirations ont permis la détente de tout votre corps, mais que celui-ci reste vivant, vibrant, vivace.

Du centre énergétique de la base, projetez un faisceau de lumière vers le centre de la Terre, créant ainsi un pilier d'énergie tellurique, un ancrage à la Terre réitérant votre lien avec celle-ci. Simultanément, choisissez d'être bien incarné. Pendant un moment, ressentez que tout votre être est bien enraciné.

Puis, de votre couronne, du sommet de votre tête, projetez un faisceau de lumière vers le centre de l'univers, créant un pilier d'énergie cosmique, un ancrage à l'univers réitérant votre relation à la Source. Simultanément, choisissez d'être guidé par votre âme et votre esprit. Pendant un moment, ressentez que votre être est relié à l'univers subtil.

Vos bras et vos mains se projettent vers le ciel et les doigts de lumière, eux, sont une extension de vos mains et de tout votre être vers l'infini. Ils appellent, ils accueillent l'énergie de l'univers et l'apportent maintenant physiquement dans vos corps éthérique et physique. Ils circulent de votre couronne jusqu'à vos pieds, de telle sorte que l'énergie universelle contribue à une circulation libre de l'énergie dans vos corps, à une harmonisation de celle-ci et à une centration de ces corps.

Lorsque vos mains touchent le sol, vos doigts de lumière sont une extension de celles-ci et de tout votre corps, jusqu'au centre de la Terre. Ils appellent, ils s'unissent à l'énergie de la Terre qu'ils apportent dans vos corps éthérique et physique, des pieds jusqu'à la couronne, afin d'y encourager une vivacité, de les énergiser, de bien les recentrer autour de leur axe central.

Vos doigts de lumière retrouvent l'énergie de l'univers, l'accueillent, l'invitent à les suivre dans le corps émotionnel, de la couronne jusqu'aux pieds. Ils distribuent l'énergie universelle afin de permettre une libre circulation de votre énergie, de vos sensations, une harmonisation de celles-ci et une centration du corps émotionnel.

Les mains au sol, vos doigts de lumière s'imprègnent une fois de plus de l'énergie de la Terre et l'invitent, l'apportent dans le corps émotionnel afin que l'énergie y soit vivifiée, stimulée, vibrante et que le corps émotionnel se recentre.

Et vos doigts de lumière, s'imprégnant à nouveau de l'énergie universelle, l'invitent à circuler avec eux dans votre corps mental, de la couronne jusqu'aux pieds, afin d'y faciliter le libre mouvement des pensées, des inspirations, des éclairages, et une centration du corps mental.

Lorsque vos mains au sol permettent à vos doigts de lumière de s'imprégner encore de l'énergie de la Terre, vos doigts invitent l'énergie à circuler dans le corps mental, des pieds jusqu'à la couronne, pour y stimuler et vivifier l'énergie, et recentrer le corps.

Puis, pendant un moment, exprimant la vie en vous dans la position de l'être universel (debout, jambes écartées, bras aussi écartés mais levés au-dessus de la tête), projetez avec puissance vos jambes vers le sol et vos bras vers le ciel, et affirmez intérieurement avec conviction que vous êtes un être universel.

Au-delà des fatigues ou des malaises que vous pouvez ressentir, sachez reconnaître, affirmer votre pouvoir de guérison, de création, d'union. Que l'affirmation intérieure ne soit pas que mentale ; qu'elle stimule la sensation de l'énergie puissante dans votre corps physique et dans vos corps subtils tout autour. Affirmez, ressentez votre force, la puissance de vie en vous.

Puis, posez vos mains sur votre poitrine et offrez-vous un instant pour reconnaître, honorer et aimer profondément la Présence Je Suis en vous. Aimez votre être. Aimez l'être de lumière en vous qui, malgré les entraves, les obstacles, les difficultés, les vicissitudes mêmes de la vie, continue de vous guider vers les sensations de joie, d'amour et d'union.

Permettez que l'énergie d'amour envers vous s'intensifie jusqu'à ce que vous sentiez votre cœur s'ouvrir à la vie.

Ouvrez alors vos yeux, vos bras et votre cœur, et offrez tout votre amour à la vie qui vous entoure.

5. La salutation au soleil

- **Présentez les mains en coupole au soleil et créez un pont vibratoire avec le cœur.**
- **Apportez le soleil et présentez-le au hara à trois reprises pour l'union symbolique du soleil extérieur et du soleil intérieur.**
- **Apportez le soleil et présentez-le au troisième œil à trois reprises pour l'union symbolique du soleil avec la lumière de la conscience.**
- **Apportez le soleil et présentez-le au cœur en recevant le thème juste pour la journée.**
- **Saluez le soleil comme représentant de la lumière universelle.**

Salutation au Soleil,
Akhenaton / Maître Saint-Germain

Le soleil qui s'offre à vous sur cette terre est nourricier et guérisseur.

Il symbolise l'Amour pur. Jour après jour, sans se lasser et sans attendre de reconnaissance, il projette ses rayons dans toutes les directions. Ses rayons éclairent et réchauffent d'ailleurs les plus pauvres comme les plus fortunés, les plus doux comme les plus durs, les plus pacifiques comme les plus guerriers, les plus honnêtes comme les plus voleurs, ceux qui aiment comme ceux qui détruisent, et ce, sans jamais de discrimination.

Le soleil représente la puissance créatrice de vos entrailles. Chaque jour, il s'élève dans le ciel pour déployer ses rayons et s'offrir, majestueux.

Lorsque vous saluez le soleil, inondé de gratitude et de joie, vous reconnaissez l'astre pour ce qu'il vous apporte par ses rayons et vous le remerciez d'éclairer votre nature et votre essence.

Suivant l'autorégulation des corps subtils, après avoir ouvert vos yeux, vos bras et votre cœur pour offrir votre amour à la vie qui vous entoure, unissez-vous au soleil, qui vous offre sa lumière sans condition.

Vos yeux se projettent vers le ciel et y voient la lumière, le soleil. Même lorsque votre être est conscient qu'il ne s'est pas libéré encore de tous ses voiles, de toutes ses ombres, de toutes ses difficultés, il voit la lumière, le soleil, ainsi que sa nature véritable. Au-delà des voiles, des nuages, l'individu voit qu'il est un être de lumière dans sa vie incarnée. Il sait, il sent qu'il n'a pas à attendre d'être un Maître ascensionné pour réaliser qu'il est un Maître de lumière.

- *Création du pont vibratoire*

Dirigez vos mains vers le soleil, perçant ainsi tous les voiles. Les bras et les mains deviennent des couloirs qui permettent à la lumière de la vie qui vous entoure de rencontrer la lumière en vous et de faire UN.

- *Union du soleil extérieur avec votre soleil intérieur*

Dans vos mains formant un calice, cueillez symboliquement la lumière de l'univers, représentée par le soleil. Voyez ce dernier dans vos mains et, symboliquement et énergétiquement, apportez-le à votre hara, sur votre bas-ventre. Laissez ce soleil de feu extérieur vous pénétrer et s'unir à votre soleil intérieur, l'énergie vitale, le feu de la kundalini en vous. Votre puissance créatrice en sera décuplée, dans l'union avec la puissance de l'univers.

De nouveau, allez de vos mains cueillir le soleil et apportez-le au hara, dans vos entrailles. Sentez la puissance et choisissez d'unir votre mouvement créateur au mouvement créateur de l'univers, du soleil de la vie.

Puis, une troisième fois, de vos mains, allez cueillir et inviter le soleil à se présenter dans vos entrailles, à s'unir à votre soleil intérieur, sachant qu'ensemble ils s'élèveront, ouvrant la voie jusqu'à votre cœur.

Lorsque vous invitez la lumière de l'univers dans votre hara, vous reconnaissez qu'elle existe aussi au plus profond de vous. Vous êtes un être de lumière. Dans le graal de vos entrailles, cette énergie est la lumière de votre âme.

Lorsque, à trois reprises, vos mains vont puiser le soleil et l'apporter dans vos entrailles, respirez profondément en gonflant votre bas-ventre pour ressentir la puissance de vos entrailles, votre soleil intérieur, et offrir de l'espace à celui-ci. Ainsi, la nourriture apportée par votre souffle stimulera votre soleil intérieur.

Ces trois reprises représentent toujours les trois aspects de l'être, sa trinité, soit le véhicule terrestre, l'esprit et l'âme.

- *Union du soleil extérieur avec la lumière de la conscience*

Vos mains en calice, allez retrouver le soleil et puiser sa lumière, et apportez-le au troisième œil, situé au centre de votre front, à la source du nez, afin que la lumière de l'univers participe à son ouverture et stimule votre clairevision.

Une deuxième fois, allez de vos mains cueillir le soleil pour l'apporter doucement à votre troisième œil, afin que la lumière de l'univers vous pénètre par ce troisième œil et s'unisse au soleil de votre conscience, à la lumière de votre esprit, pour en être éclairée. Le soleil est l'un des représentants de la lumière de l'univers. Le troisième œil est une porte d'entrée de la connaissance, laquelle saura guider, orienter votre mouvement créateur.

Une troisième fois, de nouveau, allez puiser le soleil et l'apporter au troisième œil afin que sa lumière s'unisse au soleil de votre conscience et qu'ensemble ils ouvrent la voie de la conscience vers le cœur. Du troisième œil vers le cœur, le soleil se dirigera alors.

La lumière de votre hara s'élève vers le cœur, la lumière de la conscience s'oriente aussi vers le cœur, et c'est du cœur illuminé que vous aimerez et que vous serez à même de vous déployer.

- *Union du soleil extérieur avec la lumière du cœur*

Vos mains retrouvent le soleil et, très lentement, elles l'apportent maintenant vers votre poitrine, centre énergétique du cœur, pour que la puissance de votre amour soit décuplée en s'unissant à la puissance de l'amour du soleil.

Soyez à l'écoute d'un message de l'âme qui vous transmet, par vos voix intérieures, votre thème du jour. Ne choisissez pas ce message ; entendez-le spontanément. Par exemple, vous pouvez entendre qu'il faille être patience, tolérance, compassion, plus paisible ou plus vivant, etc.

Ne croyez point que le soleil est un dieu extérieur qui vous parle. Il s'agit, dans ce moment ritualisé, d'une ouverture totale à la lumière que vous êtes et à celle qui vous entoure et qui vous offre son message. Par ce thème, elle vous indique un élément qu'il vous sera intéressant et important d'intégrer dans votre vie en ce jour pour faciliter votre évolution et votre création.

Joignez vos mains l'une sur l'autre et saluez les soleils intérieur et extérieur, remerciant la lumière de l'univers d'exister en vous et autour de vous.

À la suite de ce rituel de communion avec le soleil, vous ressentirez comme il est à la fois simple et grandiose de laisser se recréer les états les plus justes pour vous. Vous sentirez un appel à vous unir, par la méditation, à l'univers entier.

6. La fusion des trois corps

Visualisez et ressentez le corps physique, véhicule de l'incarnation dans toute sa perfection.

Visualisez le corps invisible au-dessus de la couronne, véhicule de l'esprit.

Visualisez le corps de lumière dans le ciel étincelant de ses rayons, véhicule de l'âme.

- **Visualisez les trois corps en relation dans des cylindres de lumière.**

- **Ressentez la descente du corps de lumière vers le corps invisible de l'esprit, et l'union des corps âme-esprit.**
- **Ressentez l'âme-esprit qui pénètre le corps physique par la couronne.**
- **Ressentez la fusion des trois corps dans un éclat de lumière.**

La fusion des trois corps est un rituel individuel sacré durant lequel l'humain revit le moment de la conscientisation. Avant même la naissance, l'âme et l'esprit unis s'inscrivent dans la chair pour la conscientisation de l'être. C'est la fusion de la lumière et de la matière. Il y a alors un éclat de lumière si intense qu'un champ magnétique se crée autour de l'être. Ce champ sera suivi d'un équilibre énergétique

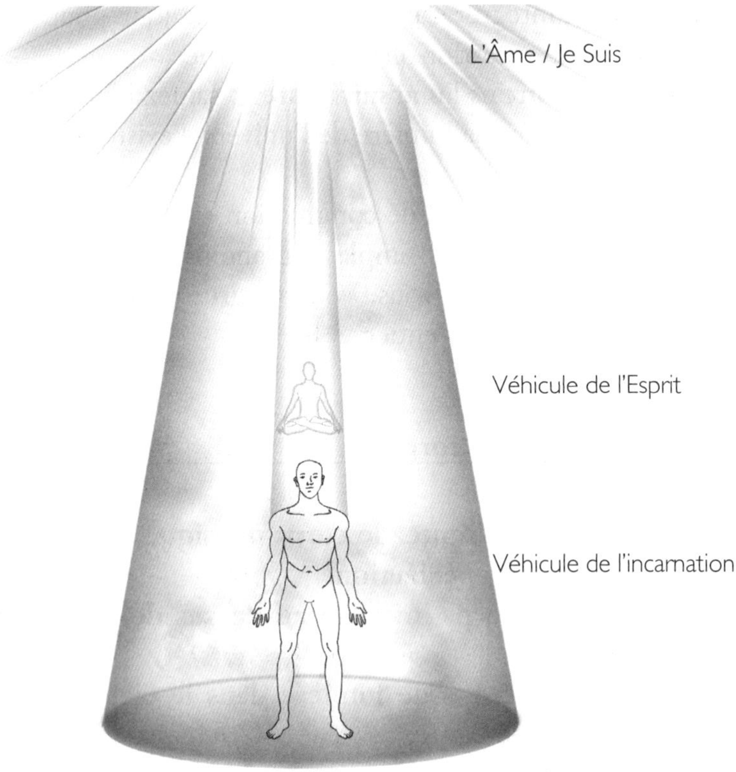

Fusion des trois corps

permettant la croissance des cellules porteuses de l'intelligence universelle.

Nous vous invitons à revivre chaque matin cette fusion et toute son intensité à la suite des ancrages et de l'autorégulation des corps subtils, après ou avant la salutation au soleil.

Asseyez-vous en vous assurant que votre colonne vertébrale est bien alignée dans toute sa verticalité.

Fermez vos yeux et respirez naturellement.

Accentuez votre relation à votre corps physique en portant votre attention sur lui.

Assurez-vous que le corps physique est bien détendu et tentez de relâcher les tensions, si possible. Par exemple, des tensions à la nuque peuvent se dissoudre par votre attention tandis que d'autres tensions, à une épaule ou à une hanche, ne se dissolvent pas. Dans cet espace, il n'y a ni jugement ni culpabilité. Vous êtes présent à votre corps, accueillant et autorisant sa dimension incarnée.

Visualisez votre corps physique souple et fort dans toute sa beauté, sa perfection. C'est le véhicule de l'incarnation.

Puis, imaginez une autre expression de votre corps, cette fois énergétique, prenant place au-dessus de votre couronne. Il s'agit d'un corps invisible, un corps d'énergie, siégeant en position du lotus au-dessus de vos corps physique et éthérique. C'est le véhicule de l'esprit qui se révèle à vous.

Percevez ensuite un autre corps, tout en lumière, qui rayonne intensément dans le ciel, en provenance du cosmos. C'est le corps de lumière, l'expression du Je Suis véritable, le corps divin ou christique. Ses rayons de lumière étincelants se projettent dans toutes les directions, sans discrimination. Ils forment des faisceaux ou des cylindres de lumière qui unissent les trois corps. Il s'agit ici du véhicule de l'âme.

Puis le corps de lumière descend lentement vers le corps de l'esprit, au-dessus de la couronne, pour s'unir à lui. Vous pouvez l'imaginer ou simplement invoquer cette union. Le duo âme-esprit se manifeste.

Voyez-le ensuite pénétrer votre corps physique par votre couronne. Soyez présent dans la sensation, ne soyez pas que dans la symbolisation. Vous serez étonné de ressentir l'intégration et l'imprégnation de ces corps dans le corps physique. C'est l'union de la trinité, celle de l'esprit, de l'âme et du corps.

Totalement présent, vous recréez la fusion énergétique et l'éclat de lumière en vous. Ressentez la puissance énergétique déclenchée en vous par cette fusion consciente.

Abandonnez-vous à la sensation, sans résistance.

Après l'intensité de la fusion des trois corps, vous ressentirez la détente énergétique et l'équilibre. Cette détente est un allégement énergétique, soit l'élimination instantanée de tensions existentielles. En se sentant séparé de sa nature véritable, l'individu vit dans un effort continuel pour se retrouver et se reconnaître. La fusion des trois corps entraîne un relâchement de cet effort.

Les réactions physiques et psychiques provoquées par cette unification sont nombreuses et variées, en fonction des résistances de l'individu et de sa disponibilité à ressentir.

Plusieurs ressentiront l'intensification du rythme cardiaque et une grande intensité d'énergie d'amour dans la poitrine. D'autres, au contraire, entreront dans un état de détente inhabituel pour eux et connaîtront même une diminution du rythme cardiaque.

La fusion des corps permet à l'être de sentir sa grandeur et sa beauté de l'intérieur sans avoir à rechercher des preuves extérieures de sa nature et de son existence.

7. La trilogie énergétique, la méditation, la rencontre de soi

La respiration consciente : inspirez les vibrations de toutes les formes de vie en vous ; expirez en offrant vos vibrations d'amour et de conscience.

- **La trilogie énergétique : intensifiez l'énergie de la volonté dans le hara, l'énergie de la conscience dans le troisième œil et l'énergie de l'amour dans le cœur.**

- **La méditation :**
- **La rencontre de soi : ressentez votre pulsion de vie dans le hara et votre élan de création, votre mandat d'incarnation, votre essence.**

L'éveil énergétique matinal vous a conduit à la salutation au soleil et à la reconnaissance de la lumière en vous. Cela vous invite évidemment à vous intérioriser pour un moment. Votre rythme vibratoire est déjà très élevé à cette étape. Durant ce moment, nous vous proposons de débuter par la respiration consciente, d'intensifier la trilogie énergétique et de vous projeter dans l'espace méditatif. Par la suite, vous vous offrirez un moment pour être éclairé par l'énergie du Je Suis dans la sensation de votre essence, soit votre pulsion de vie, votre mandat d'incarnation, vos dons et qualités, et la voie pour les déployer.

Rappelez-vous que les explications sont plus longues et plus complexes que l'expérience elle-même.

La respiration consciente

Derrière vos yeux clos, respirez consciemment. Inspirez la lumière, la luminosité du violet dans tout votre être en ayant conscience que cette lumière du violet favorise une élévation du rythme vibratoire. À l'expiration, abandonnez toute tension, toute attente, toute résistance et goûtez votre propre vibration. Autorisez-vous un moment ou un espace d'intimité au cœur duquel vous pouvez ressentir votre être, l'énergie dans le corps physique et tout autour, et ce, dans toute son intensité et sa légèreté.

Inspirez dans la conscience que le souffle apporte en vous les vibrations de toutes les formes de vie qui vous entourent, et expirez dans la conscience que le souffle est votre offrande, l'expression de votre connaissance et de votre amour à toutes les formes de vie. Par la respiration consciente, communiez avec votre être et avec la vie autour de vous, favorisant ainsi l'émergence d'un état de paix qui se manifeste de plus en plus quand vous êtes en communion avec le Tout, et la reconnaissance de votre être universel.

C'est à partir de cet espace d'intimité, dans l'état de paix, que l'individu peut se projeter vers un espace méditatif. Il y sera alors dans la sensation de son être à la fois universel et incarné, vibrant de son âme, inspiré par son esprit, se réjouissant de son incarnation. Auparavant, il réactivera sa trilogie énergétique.

L'intensification de la trilogie énergétique

Pour réactiver la trilogie énergétique, il vous faille être présent et prêt à ressentir l'énergie en vous. Posez votre attention sur votre hara et votre énergie de vie. Vous ressentirez cette dernière même physiquement. Alignez bien votre colonne vertébrale et respirez profondément. En gonflant votre ventre à l'inspiration, vous sentirez une force de vie. Ressentez et exprimez intérieurement avec puissance votre envie de vivre, de créer, d'être heureux, d'aimer et d'être aimé. Ainsi, vous intensifierez l'énergie de la volonté.

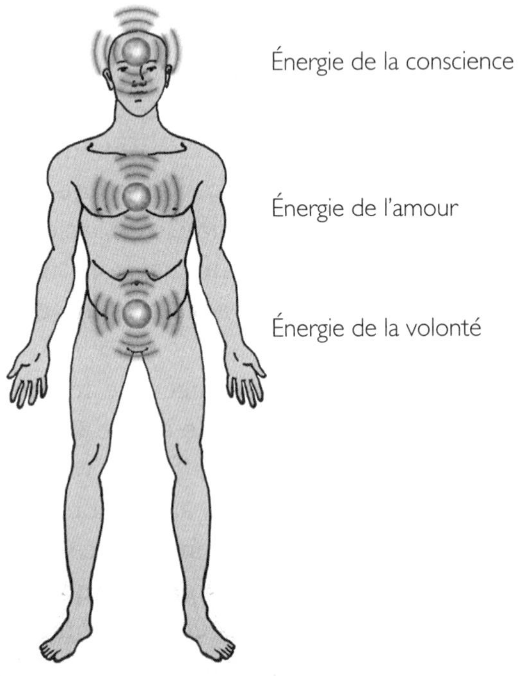

La trilogie énergétique

Puis dirigez votre attention vers votre troisième œil et permettez-vous de ressentir l'ampleur et la beauté de vos idéaux sans les intellectualiser. Retrouvez simplement la conscience qu'ils sont grandioses, qu'ils vous font vibrer, qu'ils donnent sens à votre vie.

Les idéaux sont si grandioses que vous avez par moments l'impression de ne pas progresser vers eux. Sur la voie de la maîtrise, créant une complicité avec ses idéaux, l'être sait que les difficultés, les obstacles, les vicissitudes du quotidien créent parfois des lourdeurs, des découragements, des dispersions, des déviations, des lassitudes, sans que cela remette en question ces idéaux. Pour intensifier l'énergie de la conscience, ravivez les idéaux et votre envie que tout ait un sens dans votre vie.

Puis, ouvrez votre cœur et votre poitrine et retrouvez la conviction que vous êtes un Être universel, l'énergie de l'amour, de l'union, de la sainte fraternité humaine. Propulsez vos épaules vers l'arrière, votre poitrine vers l'avant, et respirez. Ensuite, exprimez intérieurement avec force l'amour de l'être lumineux que vous êtes et l'amour de la vie autour de vous. Vous intensifiez ainsi l'énergie de l'amour, une puissante pulsion de reconnaissance et de conviction de votre être véritable.

En quelques secondes, la trilogie énergétique s'est intensifiée en vous.

La méditation

Quand votre rythme vibratoire se sera élevé et que la trilogie énergétique se sera intensifiée, vous sentirez une invitation à la méditation.

Votre respiration sera alors douce et profonde. L'énergie de vie intensifiée s'élèvera jusqu'au centre de la conscience, sous votre couronne, et vous vous abandonnerez simplement dans l'espace méditatif. Il n'y aura plus rien à faire, à visualiser ou à penser, il n'y aura qu'à vibrer pendant un moment.

Pour éviter d'être distrait par l'extérieur ou de vous laisser emporter par vos pensées, dirigez votre attention sur votre respiration naturelle.

Ne tentez pas de faire le vide. Soyez simplement dans un espace de tranquillité et de vastitude dans lequel vous vous sentez uni à tout, sans limites. Devant des choix ou des problèmes de votre réalité quotidienne, ne cherchez pas de réponses de la part de l'âme ou de l'univers. Elles viendront ultérieurement, sous la forme d'inspirations.

Autorisez-vous à exister et à vibrer dans toute votre beauté. Goûtez la sensation d'être soi jusqu'à ce que la sensation du Soi se révèle à vous. Redevenez un être de lumière libre dans l'univers, l'énergie universelle, le Tout.

Les moments de méditation sont des moments de ressourcement. Vous vous rendrez compte que pendant un ressourcement et après, vous vous sentiez disponible pour vous-même et la vie sous toutes ses formes, réceptif, et dans un état de bien-être.

Pour maintenir et retrouver l'état qui vous permet d'être dans la sensation de votre réelle dimension universelle, nous vous suggérons de méditer plus souvent. Nous vous invitons à trois périodes de méditation chaque jour si possible – au lever en début de journée, avant le coucher du soleil, et avant le sommeil. Ces périodes viseront à vous unir à la connaissance universelle vaste et infinie. Par cette union vous serez dans la sensation de votre grandeur et dans l'inspiration de votre vie terrestre. Si vous refusez de vous accorder tout ce temps, méditez alors à la fin du processus d'éveil énergétique et avant le parcours nocturne cosmique, soit le matin et le soir avant d'aller dormir. Et si vous ne choisissez qu'un seul moment de méditation, nous proposons que ce soit le matin, à la fin du parcours d'éveil énergétique.

Plus vous inscrirez tout naturellement la méditation dans votre vie, plus il vous sera simple de vous poser quelques minutes, où que vous soyez. Tant et aussi longtemps que la méditation sera pour vous un rituel exigeant un espace particulier, une ambiance spéciale à créer, vous aurez de la difficulté à l'inscrire dans votre vie.

Plus vous l'inscrirez dans votre quotidien, plus vous vous rendrez compte de la possibilité de méditer quelques instants n'importe où et n'importe quand. Il faille, bien sûr, que la méditation soit un moment privilégié et joyeux. Tant et aussi longtemps qu'elle sera un labeur, un poids, une obligation ou, pour certains, un mal nécessaire, elle ne vous sera pas vraiment bénéfique. Et toutes vos autres activités seront prioritaires.

Plusieurs redoutent que tout le parcours vers l'espace méditatif mette en lumière ou crée la sensation que leur vie n'est pas équilibrée, et ils craignent de se rencontrer, de sentir et d'entendre intérieurement qu'ils doivent apporter des changements. La méditation permet à l'être de se ressourcer, de se nourrir d'une connaissance universelle.

Sensation de soi et du Je Suis véritable

Chaque matin, avant ou après la méditation, vous êtes invité à un rendez-vous avec vous-même, à une retrouvaille de la sensation d'exister ici et maintenant. Avant d'ouvrir les yeux, contactez et ressentez votre pulsion de vie, de création. Par votre présence, votre attention et votre volonté, vous permettez que du plus profond de vous-même l'énergie de vie s'exprime. Le Je Suis véritable se manifeste dans votre corps par une énergie qui lui révèle son essence.

Ce moment d'intimité avec vous-même, qui peut être de courte durée, est essentiel puisqu'il vous amène à vous reconnaître.

Pendant ce moment, soyez à l'écoute de vous-même et retrouvez la sensation de ce que vous êtes venu faire dans cette incarnation, ce à quoi vous êtes venu participer, ce qui vous permettra de vous aimer réellement. Entendez quels sont vos dons et vos qualités, quels sont vos véritables outils de lumière. Affirmez vos pouvoirs de création. Durant ce moment, ne vous opposez pas mentalement à ce que vous ressentez et ne tentez pas de justifier quelques difficultés à vous manifester ainsi.

Il ne s'agit point d'être à l'écoute de messages quant aux activités auxquelles vous devrez vous adonner durant les prochaines heures. Il s'agit plutôt de baigner dans la sensation de votre mandat d'incarnation et de vos outils personnels pour le réaliser en vous réjouissant, et ce, chaque jour. Le rendez-vous doit être quotidien afin que vous ne soyez pas sous l'emprise d'une image de vous-même et que les situations du jour ne vous éloignent pas de votre parcours réel. Il assure que vous demeurerez en relation avec ce qui vous aidera à vous aimer et à vous réaliser.

L'intimité avec soi, dans la sensation de soi, est ce qu'il y a de plus important dans un parcours d'évolution spirituelle et énergétique. Elle rend possible une véritable reconnaissance de vous-même à partir de laquelle l'union aux autres prend tout son sens.

8. L'adaptation à l'Éveil énergétique quotidien

1. L'Éveil énergétique quotidien : un rituel sacré

L'Éveil énergétique quotidien (que nous venons d'aborder dans les parties 4.1 à 4.7) est l'expression de l'être de lumière en vous, au commencement d'un jour nouveau. Vous choisissez de lui permettre de naître à nouveau, libéré de toutes les influences intérieures et extérieures qui exercent une pression sur vous depuis votre naissance.

Assurez-vous de vivre cet éveil dans toute la présence, l'intensité et le sacré qui représentent le respect de vous-même. Si vous ne choisissez pas de vous accorder toute cette attention garantissant à votre être de pouvoir émerger dans sa beauté et ses pouvoirs, qui le fera ?

N'allez pas de façon mécanique vers cette pratique ritualisée. Au contraire, autorisez-vous ce moment en étant dans la sensation de vous-même, du mouvement, de la communion, car, de façon mécanique, cela ne servira point ou cela servira peu. Soyez sensitif, présent, et joyeux !

Imaginez que vous vous préparez en vue d'un bal auquel des êtres extraordinaires sont invités. Vous pourrez non seulement valser, mais aussi vous présenter dans toute votre beauté et vivre des rencontres merveilleuses, peut-être même une rencontre avec l'âme sœur. Vous ferez en sorte que votre parfum le plus agréable émane de vous. D'être bien reposé et dans toute votre beauté, et ce, pour vous-même, pour sentir une aisance, une fluidité, pour ressentir une présence, une force et pouvoir les offrir aux autres. N'est-ce pas naturel ?

Concevez votre journée comme un bal donnant lieu à des rencontres et à des créations joyeuses favorisant votre accomplissement et votre participation à l'équilibre humanitaire et cosmique ! La pratique matinale en est votre préparation dans la sensation de vous-même, la joie et l'intensité.

2. Le temps alloué à l'Éveil énergétique quotidien

Le rythme idéal de tout ce moment de début de jour, que nous présentons comme le commencement d'une nouvelle vie puisqu'il s'agit chaque jour d'une renaissance, est celui que vous choisissez. Il peut être plus lent parce que vous avez envie d'une sensation qui se prolonge. Vous pouvez alors vivre lentement la fusion des trois corps, méditer longuement, alors que d'autres jours, le rythme s'accentuera. Ce moment de reconnaissance de votre être est sacré. Dès lors, quand, pour une raison ou pour une autre, des activités semblent plus urgentes ou le réveil du corps a été plus tardif, il vous est possible de varier la durée des différentes étapes de la pratique.

Une journée, par exemple, il peut y avoir deux ou trois cycles de respirations en cinq temps, alors qu'un autre jour il y en aura douze ou treize. Le rythme, la durée, la longueur ne sont pas en corrélation directe avec ce que cela crée en vous, lorsque la pratique régulière a permis ses inscriptions. Cependant, si vous court-circuitez toujours l'expérience, vous ne l'intégrerez pas et ne sentirez pas sa puissance.

Une période de trente minutes peut être allouée au rituel matinal sans l'altérer. Si, un matin, vous avez moins de temps à consacrer à l'Éveil énergétique quotidien à un rythme vous amenant à ressentir avec satisfaction tout votre être vivant et inspiré, il est préférable que vous choisissiez certaines étapes pour les vivre au rythme juste et que vous repoussiez les autres à un moment ultérieur, au lieu de précipiter toutes les étapes sans vivre vraiment la sensation et l'intensité que chacune éveille en vous. Bien sûr, lorsque cette situation se présentera, vous vous rendrez compte de la difficulté de déterminer quelles étapes sont plus importantes. Vous réaliserez qu'elles sont toutes essentielles à l'éveil. Et lorsque vous les vivez toutes, chaque matin, ce qu'elles éveillent en vous est encore vivant le lendemain. Ainsi, vous saurez que si une étape n'est pas vécue concrètement ce matin-là, elle existe tout de même en vous. Si vous vivez l'Éveil énergétique quotidien de manière sporadique seulement, il est donc préférable de le vivre totalement.

Bien que l'éveil s'insère idéalement dans une séquence continue, des moments d'arrêt sont possibles pour que vous puissiez prendre soin du jeune enfant qui vous réclame ou répondre à une situation fortuite, par exemple.

Quand vous disposez de plus de temps – imaginons qu'il y ait moins d'exigences une journée –, assurez-vous de suivre une séquence complète, puissante, avec plus de présence. Ainsi, votre rythme de vie et ses exigences ne seront pas les seuls guides de votre pratique, avec de multiples adaptations. Il vous revient, intérieurement, de vous assurer qu'un véritable compromis veille à ce que l'expérience concrète s'harmonise à votre vie, tout en y étant présente.

3. L'ordre des exercices énergétiques

Les diverses étapes de l'Éveil énergétique quotidien s'enchaînent avec logique. L'expérience vous permettra de bien le ressentir. Il n'en demeure pas moins que certaines étapes peuvent être vécues dans un ordre différent. Votre sensation vous guidera d'une étape à l'autre.

4. L'usage des mains dans les rituels

Les mains représentent le cœur et la création, soit tout le mouvement créateur empreint d'amour dans votre dimension incarnée. Lorsque vous bougez les mains et les bras, vous vous sentez mieux dans votre corps et dans votre cœur.

L'utilisation du corps dans une pratique subtile entraîne aussi une sensation plus concrète. Ainsi, vous pouvez avantageusement vous servir de vos mains et de vos bras de manière plus expansive pour illustrer ce que vous visualisez et ressentez.

Dans la respiration expansive en cinq temps, le mouvement des bras et des mains aide à fixer votre attention et facilite le processus. En un premier temps, alors que vous inspirez au plus profond de vos poumons, vos mains, sur le hara, vous accompagnent. En un deuxième temps, vos mains s'élèvent jusqu'au cœur, et en un troisième temps, jusqu'au troisième œil. Puis, vous suspendez votre souffle, mains tendues vers le ciel, et lorsque vous expirez, vos mains redescendent. Cet accompagnement contribue à la puissance de l'expérience.

À l'étape des ancrages, vous projetez un faisceau de lumière à partir de votre base. Bien sûr, il ne s'agit pas d'une simple visualisation. C'est une intention réelle qui fait en sorte que votre vision du faisceau de lumière s'intensifie. Une réelle vibration (ou une onde) est émise par le corps à partir de sa base. Or, vous pouvez aussi projeter vos mains vers le sol, entre vos jambes, illustrant un pilier de lumière. Ce faisant, vous ressentirez davantage ce que les ondes projetées sont à même de provoquer comme sensations.

Vous pouvez de la même façon projeter vos mains au-dessus de la couronne, vers le ciel, lorsque vous faites votre ancrage cosmique. Cela intensifiera la sensation ou, pour le moins, votre attention.

À l'opposé, certains lieux ou certaines situations suggèrent plus de discrétion. Par exemple, la salutation au soleil pourrait être totalement vécue intérieurement, pendant que votre regard remplace le mouvement des mains et des bras

5. La programmation dans la joie

Lorsque vous désirez apporter un changement dans la séquence de l'Éveil énergétique quotidien, assurez-vous que ce n'est pas par complaisance, pour répondre au personnage en vous, mais en réponse à une véritable inspiration qui servira votre éveil.

Certains individus ont des habitudes au réveil qu'ils ne modifieraient pour aucune raison. Pourtant, ces habitudes ne sont pas nécessairement saines. Soyez conscient des raisons pour lesquelles vous pourriez choisir de modifier, de raccourcir ou de dissoudre la séquence de l'Éveil énergétique quotidien. Puisque votre choix est d'être créateur de votre vie à partir de l'intensité de votre amour, de votre conscience et des pouvoirs énergétiques de votre pulsion de vie, respectez votre être et autorisez-vous à remplacer certaines lassitudes et certaines habitudes par la programmation de l'Éveil énergétique quotidien.

La pratique matinale soutenue de l'Éveil énergétique quotidien, qui n'exige aucun effort physique ni émotionnel ni intellectuel, l'inscrira comme une programmation qui orientera chaque début de journée.

Cinq

Expression énergétique quotidienne

Chaque jour représente un ensemble de circonstances opportunes pour exprimer votre lumière. Les événements que vous attirez vous offrent la possibilité d'utiliser vos pouvoirs de guérison et de manifestation.

Au début de chaque nouvelle journée, vous avez consciemment choisi de renaître et de permettre à la dimension lumineuse en vous de recréer sa vie. L'Éveil énergétique quotidien vous a permis d'élever votre rythme vibratoire, de rééquilibrer, réharmoniser et intensifier votre être et ses pouvoirs naturels. Il vous entraîne dans une sensation de grandeur, dans un état de joie, vibrant d'amour pour vous-même et pour la vie. Vous êtes éveillé, prêt à vivre l'incarnation.

Puis, dans votre réalité quotidienne, vous rencontrez des expériences dont les exigences sont élevées et qui peuvent contribuer à la diminution de votre intensité. Des obstacles sont susceptibles de vous faire perdre votre joie. L'émergence de certaines blessures physiques ou émotionnelles peut provoquer des douleurs. Des situations difficiles au travail, avec vos amis ou dans votre famille risquent de vous alourdir. En définitive, maintes situations font appel à votre puissance lumineuse pour les transformer tout en gardant votre rythme vibratoire élevé.

Parmi toutes les possibilités d'utiliser vos pouvoirs décrites précédemment, certaines se présentent tous les jours et s'inscrivent sur la voie de la maîtrise. Nous vous proposons une ***Expression***

énergétique quotidienne *des pouvoirs importants à utiliser durant le jour pour conserver votre équilibre et collaborer à la transformation de votre monde.*

Expression énergétique quotidienne

1. **Projection de faisceaux d'énergie**
2. **Élévation du rythme vibratoire par l'expression créatrice**
3. **Expression de la paix relationnelle**
4. **Souplesse et tonus corporel**
5. **Contemplation spirituelle**
6. **Stimulation de la perceptivité**
7. **Réorganisation du système nerveux central**
8. **Relation à la connaissance intellectuelle**
9. **Reprogrammation alimentaire**

1. Les faisceaux de lumière, expression du Maître

- **Faisceau d'énergie du cœur vers le cœur de tout être pour stimuler la reconnaissance de soi.**
- **Faisceau d'énergie du troisième œil vers le troisième œil de tout être pour stimuler l'ouverture de conscience.**

Les faisceaux de lumière que vous émettez pour créer votre triangle de force et amplifier votre champ magnétique constituent un des pouvoirs naturels à utiliser durant le jour.

Il vous suffit de projeter vers les individus croisés sur votre passage un faisceau d'énergie à partir de votre cœur vers leur cœur ou un faisceau de lumière de votre troisième œil vers leur troisième œil. Votre inspiration vous transmettra instantanément lequel des deux faisceaux est approprié, ou si les deux le sont. Il n'y a pas d'erreur possible. Même si vous ne ressentez pas lequel est juste, les deux faisceaux provoquent une stimulation lumineuse offerte sans condition et sans attente.

À quelques reprises, au début de cette pratique énergétique, vous aurez sans doute à prendre un instant pour vous rappeler l'intention associée à chacun des faisceaux. Le faisceau du cœur a pour but de stimuler la reconnaissance de vous-même et, ce faisant, de stimuler votre autoguérison physique et émotionnelle s'il y a lieu. L'intention du faisceau du troisième œil est d'éveiller votre conscience et, ce faisant, de stimuler votre autoguérison mentale s'il y a lieu.

Bientôt, l'intention sera profondément inscrite en vous et l'émission des faisceaux vers tous les individus rencontrés sera programmée. Ce sera pour vous une expression spontanée, naturelle, continue de l'amour.

L'intention est l'expression du maître. Le Maître réalisé, de qui vous ressentez une puissance, une beauté, une bonté, un amour, une connaissance, est dans cette expression de manière continue. Voilà pourquoi vous ressentez cela auprès de lui. Même dans sa pensée, vous ressentez cette puissance.

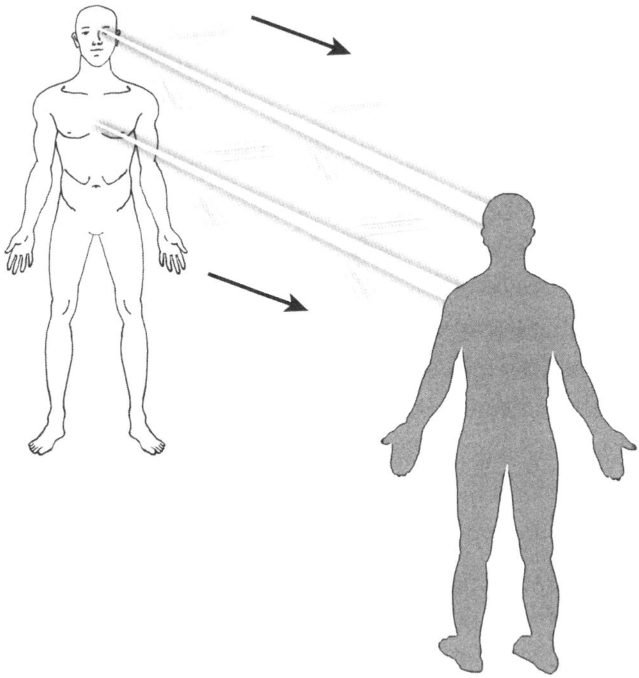

Faisceaux de lumière

L'expression de ces faisceaux de lumière est donc une expression de la pureté de l'être. C'est l'âme et l'esprit qui se manifestent avec pureté, sans ego. Puisque être dans une expression continue de ces faisceaux de lumière signifie être maître, nous vous proposons de le faire maintenant. En émettant ces faisceaux, vous êtes dans une reconnaissance de l'individu devant vous. Non pas une reconnaissance de sa personnalité, de son statut ou de son intelligence, mais la reconnaissance profonde qu'il est lumière, qu'il est un être universel, que sa manifestation sur terre est l'expression d'un esprit et d'une âme.

Au lieu d'évaluer ou de juger celui qui se présente à vous, et avant même d'entrer en relation avec lui, projetez vos faisceaux. Plus ces lumières sont puissantes et naturelles, plus vous accueillez les individus tels qu'ils se présentent à vous.

Par moments, ce sera difficile pour vous, car, malgré votre ego, votre personnalité, vos besoins, vos désirs et les attitudes et comportements de l'individu devant vous, cela supposera une libération de vos attentes et une pure reconnaissance de l'autre.

Cela ne signifie pas que vous accepterez naïvement tout ce qu'il vous dira ou vous demandera. Dans un état de maîtrise, vous pouvez reconnaître un être dans toute sa beauté et entendre sa demande sans nécessairement y répondre, et ce, sans vous placer dans le jugement, car vous savez qu'il a lui aussi des désirs et des besoins non équilibrés.

Il vous paraît souvent plus facile d'émettre ainsi votre lumière vers des enfants ou des éléments de la nature et leurs deva, ou encore vers des êtres de lumière, car vous n'êtes pas alors en présence de personnages. Puisque vous êtes ouvert à leur dimension lumineuse, il est naturellement plus simple pour vous d'émettre aussi votre dimension lumineuse.

Lorsqu'il s'agit des individus autour de vous, vous êtes confronté à leur ego, à leur personnage, à leurs contractions, à leurs peurs. Et cela est exigeant, car, en étant en relation avec leurs ombres, vos propres zones d'ombre sont éveillées.

Par exemple, lorsqu'un individu devant vous manifeste sa colère, vous pouvez choisir d'être calme et plein d'amour, et peut-être même impassible. L'attitude choisie est-elle réelle et naturelle, ou voulez-vous seulement projeter l'image d'un maître ? Veillez à ne pas vous leurrer, car si vous jouez inconsciemment au maître, le piège de l'ego peut se refermer sur vous.

Sur votre parcours viendra néanmoins un moment où vous accueillerez l'autre spontanément, le reconnaissant au-delà de la forme qu'il vous présente. Vous serez compassion, et si vous n'approuvez pas ce qu'il exprime, vous serez inspiré quant au comportement le plus juste à adopter, et ce, à partir de votre état empreint d'amour. Par exemple, vous pourriez lui suggérer de se retirer et d'aller se calmer ou, encore, lui demander avec autorité ou avec douceur de vous expliquer le sens de sa colère.

Mais sa colère vous provoquera tant et aussi longtemps que vous n'aurez pas résolu la vôtre intérieurement.

Nous vous proposons de projeter vos faisceaux de lumière consciemment vers tous les individus, quel que soit leur état. Ne vous culpabilisez pas de votre manque de fluidité pour le faire, car tant d'êtres sont actuellement porteurs de frustrations. Plus vous émettrez ces faisceaux, plus ce sera spontané et naturel, et plus vous goûterez les états d'équilibre, d'harmonie, d'amour et de conscience qu'ils génèrent en vous et autour de vous.

Le parcours du disciple vers la maîtrise est celui d'une voie intérieure nourrie et stimulée par l'extérieur.

2. L'élévation du rythme vibratoire par l'expression créatrice

Élévation du rythme vibratoire en s'exprimant avec puissance, en fonction de ses dons.

Au cœur de ses activités, l'être peut vivre de grands états d'expansion et une élévation naturelle de son rythme vibratoire.

Si votre parcours d'Éveil énergétique quotidien permet l'élévation du rythme vibratoire, votre Expression énergétique quotidienne peut le maintenir et même l'élever davantage. Quelle que soit votre activité, lorsque vous en faites un levier pour exprimer votre essence véritable, votre beauté intérieure, votre puissance dans une intention créatrice et empreinte d'amour, cette activité pourra hausser votre taux vibratoire au même titre que certaines pratiques énergétiques et spirituelles.

Illustrons cela par quelques exemples.

Imaginez un homme ayant un don et une forte inclination pour la peinture. Lorsqu'il choisit de peindre par inspiration et avec passion une scène de vie, il ressent physiquement et subtilement l'élévation de son rythme vibratoire et l'état d'union avec la vastitude.

Un individu mû par la pulsion de chanter et qui se permet de le faire non pas pour plaire, ou par orgueil, mais pour se sentir vivre et vibrer par le chant, élève son rythme vibratoire et ressent des états de pure joie et même d'extase.

Un scientifique qui cherche de nouvelles sources d'énergie non pas par orgueil, pour la performance ou une reconnaissance sociale, mais parce qu'il est mû par une pulsion profonde de vie en lui, une fascination, un amour de la vie et de l'univers, verra son rythme vibratoire s'élever et provoquer des états de pure joie et même d'extase par moments.

De même, un enseignant dont l'intention est vraiment d'établir une communication claire, qui fasse vibrer et qui développe l'autonomie, sentira son rythme vibratoire s'élever et son expression l'entraîner dans une pure joie.

L'élévation du rythme vibratoire est permise par une libération momentanée ou permanente de l'influence des peurs, des insécurités, des désirs, des attentes et des résistances, par l'identification au Maître de lumière en soi. Elle est favorisée tant par les moments de ressourcement en méditation et en contemplation spirituelle que par les actions créatrices pures. Par ailleurs, un rythme vibratoire élevé invite à l'union et intensifie l'inspiration pour la création.

3. L'Expression de la paix relationnelle

Pacifiez toutes les relations en étant compassion pour soi et pour l'autre, en prenant conscience de sa blessure, en clarifiant les choses avec l'autre, en émettant des faisceaux d'énergie à partir du cœur.

La dimension lumineuse de l'être le guide à chaque instant, dans chaque circonstance, vers la joie pure vécue et ressentie dans l'union avec le Tout. Au cœur de sa réalité quotidienne, cette union se présente d'abord comme l'expression du respect de toutes les formes de vie, dont, bien sûr, les autres humains. Il est impossible de vivre en équilibre sur terre dans les conditions actuelles et à venir sans l'union avec les autres.

L'Expression énergétique quotidienne vous invite à assurer non seulement une ouverture, mais une libre circulation dans les couloirs relationnels avec toute autre forme de vie, soit les humains, les deva de la nature et les formes de vie intraterrestres et extraterrestres.

Autrement dit, pour être éventuellement libre en vue de toute forme de transmutation, il faille que votre rythme vibratoire ne soit pas continuellement atteint et diminué par des couloirs relationnels en turbulence. Cela signifie que vous n'êtes ni en attente ni en opposition par rapport aux autres. Dès qu'il y a séparation, votre rythme vibratoire diminue. Vous pouvez observer que certains individus ayant de grandes connaissances spirituelles et vivant de grandes expériences énergétiques et mystiques semblent tout de même avoir de la difficulté à se créer une vie harmonieuse à cause de conflits non résolus avec les autres et parfois même non exprimés.

Si le rythme vibratoire peut s'élever par la méditation, la contemplation, les activités expansives et les expressions créatrices profondes, il peut diminuer quand vous laissez certains couloirs relationnels s'obstruer. Lorsqu'il n'y a pas de clarté, de transparence, lorsqu'il y a des contractions, des malaises, des oppositions qui sont le fruit de la concurrence, de l'orgueil, de mémoires, d'attachements, les couloirs se contractent, se referment.

Pour plus de clarté, établissons ici une analogie. Imaginez que, dans votre corps physique, vous courez à très haute vitesse. Vous êtes inspiré, stimulé par la vie, nourri par la lumière et, en un instant, à la fin de votre course, vous effectuez un bond immense, projeté par cette course. Imaginez-vous donc en train de courir, encore et encore ; vous êtes joyeux, léger, amoureux de la vie et vous courez, puis vous bondissez !

Maintenant, imaginez que vous êtes en conflit avec quelqu'un, qu'il y a une ombre dans votre relation et… un poids sur vos épaules ! Et vous courez pour effectuer le même bond. Si vous le faites physiquement, vous vous rendez compte que vous courez moins vite et que votre bond est moins prononcé parce que votre couloir relationnel n'est pas clair.

Lorsqu'un individu vit une difficulté relationnelle avec quelqu'un d'autre, il n'a pas la même capacité de transmuter et ses pouvoirs subtils sont diminués. Le pouvoir de transmutation nécessite un rythme vibratoire élevé, lequel est lié à l'état d'union avec le Tout. Évidemment, si vous êtes en division avec un être, vous aurez de la difficulté à vous sentir UN avec l'univers entier.

Toutefois, il vous est possible d'être en paix avec un individu qui, lui, ne l'est pas avec vous. Vous permettez cette paix par votre intention, par votre regard, par tout ce qui émane de vous subtilement et concrètement. Vos paroles, vos gestes, vos actions, vos pensées manifestent que vous nourrissez la paix avec cet individu. Si, de son côté, ce dernier est encore incapable de vous accueillir ou non disposé à le faire, votre rythme vibratoire n'en sera pas pour autant diminué.

La paix relationnelle ne signifie pas que tous doivent avoir compris qui vous êtes et le sens de ce que vous faites, mais simplement que vous envoyez vers eux une vibration lumineuse soutenue par un respect réel.

Dès que vous ressentez que votre relation avec quelqu'un n'est pas harmonieuse et pacifique, et que vous sentez une contraction et un inconfort, c'est qu'il y a en vous une attente projetée vers cette personne ou une blessure mémorielle réactivée. Dès lors, permettez-vous simplement de comprendre le malaise qui existe, de bien le ressentir, puis de le clarifier pour vous en libérer.

Si, par exemple, un individu vous heurte par ses propos ou ses actions, cela ne signifie pas que ce qu'il dit ou fait est juste, ni pour vous, ni pour l'humanité, ni pour l'univers. Il y a des gens dont les paroles ou les actions semblent aller à l'encontre de l'équilibre, de l'union des autres. La paix relationnelle ne signifie pas d'endurer ces individus et leurs actions, mais simplement de dissoudre de vous toute forme de projection, d'agressivité, de mécontentement. Vous pouvez être en désaccord quant à ce qui est exprimé, tout en étant dans la reconnaissance de l'autre. Posez sur lui un regard de compassion, c'est-à-dire de reconnaissance qu'au plus profond de lui existe un être qui souhaite exprimer toute sa beauté.

Il vous est possible d'être en désaccord avec des gestes ou des paroles, par exemple, et de l'exprimer sans jugement ni projection négative. Ne nourrissez pas d'amertume, d'insatisfaction, de projection, de haine envers qui que ce soit.

Dès que de la jalousie, de l'attente, de la colère, de l'insatisfaction sont projetées vers l'autre, votre rythme vibratoire diminue instantanément. Dès qu'il y a un conflit, exprimé ou non, vous êtes invité à le résoudre.

L'Expression énergétique quotidienne de libération des couloirs relationnels consiste :

- à exprimer de la compassion pour vous et l'autre, c'est-à-dire à reconnaître que vous êtes tous les deux des êtres porteurs de lumière malgré l'inconfort présent ;
- à comprendre ce qui, en vous, nourrit la difficulté, au lieu de projeter vers l'autre la responsabilité ou la faute ;
- à clarifier le couloir relationnel en exprimant votre inconfort à l'autre et en émettant des faisceaux d'énergie du cœur vers lui.

Rappelez-vous ! Dès qu'un couloir relationnel est en déséquilibre, vos pouvoirs énergétiques sont réduits et tout votre être est vulnérable. Lorsque de l'amour émane de vous dans tous vos couloirs relationnels, vous intensifiez vos pouvoirs de guérison et de manifestation.

4. La souplesse et le tonus corporel

- **Visualisez la circulation énergétique et sanguine dans le corps en action.**
- **Communiquez avec les cellules.**
- **Stimulez par votre attention et votre intention les micro-mouvements cellulaires en position allongée.**

L'Expression énergétique quotidienne invite l'individu à comprendre l'importance du corps physique et à s'assurer d'y retrouver un tonus et une souplesse. Le corps physique constitue une base dans cette incarnation pour ressentir l'énergie subtile, retrouver ses pouvoirs, être en relation avec soi et avec les autres, et se propulser vers différentes dimensions. Autrement dit, si son corps physique n'est pas sain ni en équilibre, l'homme aura de la difficulté à retrouver les véritables capacités énergétiques et vibratoires qui lui permettraient l'équilibre sur terre et la rencontre des autres plans de conscience et des autres dimensions.

L'Éveil énergétique quotidien favorise autant la centration du corps physique que celle des corps subtils et la libre circulation de l'énergie afin qu'elle puisse servir maints desseins.

Pour permettre l'équilibre du corps durant les activités du jour :

- Dirigez votre attention sur un membre ou un organe de votre corps avec l'intention de l'accompagner dans son mouvement naturel et dans la régénérescence de ses tissus, en communiquant avec vos cellules. Par exemple, lorsque vous marchez, visualisez les muscles de vos jambes souples et bien nourris d'une circulation sanguine et énergétique équilibrée. Lorsque vous écrivez, assis devant une table, visualisez dans votre main, votre bras et votre épaule l'énergie et le sang qui circulent naturellement. Puis visualisez votre dos, dont les muscles et les vertèbres sont détendus. Ce sont là des exemples très succincts pour vous inviter à être souvent, pendant deux ou trois secondes, en relation avec des parties de votre corps au travail. N'attendez

pas qu'il y ait un déséquilibre pour être présent. Créez de la complicité avec vos cellules pour assurer leur équilibre.
- Utilisez vos pouvoirs d'autoguérison (chap. 2.2,2) dès que votre corps vous signale un inconfort.
- Soyez à l'écoute de votre corps. Par des inspirations, il vous transmet ses besoins pour avoir souplesse et force.
- Expérimentez le rééquilibre du corps par les micromouvements énergétiques (chap. 2.2,3).

5. La contemplation spirituelle

Contemplez plusieurs fois par jour différents êtres et différentes formes de vie dans la nature.

La contemplation permet l'union à un des éléments du Tout, donc la sensation d'être déjà un peu plus uni au Tout. Elle permet aussi à la connaissance universelle de mieux circuler en vous, et à la vie, de s'intensifier en vous. La contemplation est un moyen de vous nourrir de ce qui est vivant et puissant. Lorsque vous comprenez qu'elle facilite le processus de guérison physique et psychique, elle se pose au cœur de votre vie.

Si vous avez le loisir de contempler un élément de la nature pendant une heure pour votre plus grande joie, quelques secondes suffisent pour créer une relation très intense avec cet élément et vous ressourcer.

Imaginons qu'un enfant joue devant votre demeure. Par votre regard, vous vous réjouissez de le sentir heureux. La contemplation spirituelle encouragera l'intensité de la relation avec lui. Pendant quelques secondes, vous propulsez votre vibration dans la sienne. Il ne s'agit pas de perdre la conscience d'où vous êtes, de ce que vous faites. La contemplation est naturelle et spontanée lorsque, tout à coup, ce n'est plus seulement l'enfant que vous voyez devant vous, mais l'intensité de la vie, sa puissance, sa beauté, sa légèreté. L'enfant qui joue dans le jardin vous permet, en un seul regard intense et centré, d'animer votre propre énergie. Si vous aviez des préoccupations ou quelques lourdeurs, la contemplation provoquera un allégement. Vous vous êtes nourri de la vie alors que des responsabilités, des poids, des fardeaux vous cristallisaient peut-être. La vie existe chez cet enfant, comme elle existe chez un adulte qui se déploie avec passion dans une activité, et ce, non pas par nécessité, par obligation, par responsabilité, mais par une pulsion passionnée de vie. Lorsque vous contemplez un être, vous vous nourrissez de la vie. Vous n'allez pas happer son énergie ni vous en nourrir, mais bien plutôt en être stimulé.

Lorsque les individus s'unissent ainsi, ils se stimulent mutuellement. Si vous observez un adulte qui se déploie avec passion dans une activité réjouissante pour lui, votre contemplation de cet adulte pendant quelques secondes anime votre être et stimule la vie en lui. En vous unissant à son énergie, votre vibration s'intensifie et vous êtes plus animé, plus enclin à développer votre propre activité et non pas, évidemment, à reproduire ce qu'il fait.

Lorsque votre enfant s'amuse en riant avec son petit jouet, son rire éveille la vie en vous. Cela ne crée pas chez vous l'envie de jouer avec son petit jouet, mais bien plutôt de retrouver les activités qui vous réjouissent.

Contemplez un enfant, un adulte, un rire, une fleur. Lorsqu'un parfum émane de la fleur, vous contemplez à la fois la fleur et son parfum. Chez celui qui chemine sur la voie de la maîtrise, ce parfum crée l'envie que son propre parfum émane de lui-même aussi librement, sans condition, puisque la fleur n'impose aucune condition à ce que quiconque se réjouisse de ses émanations.

De la même manière, vous constaterez en contemplant les rayons du soleil que la nature offre sans discrimination. La contemplation nourrit et stimule ce qui existe déjà en vous.

Durant le jour, de deux à cinq petites périodes de 15 à 30 secondes pour contempler un objet, une fleur, un arbre, un nuage, une étoile, un enfant transformeront votre relation à la vie et à vous-même. Lorsque votre voiture est à l'arrêt, la contemplation d'un arbre qui, au milieu de la cité, semble pourtant se déployer sans aucune contraction, sans aucune urgence, participera à votre calme intérieur.

Pour apprivoiser la contemplation, quelques minutes au début vous amèneront à ressentir physiquement, énergétiquement ses effets, ceux de l'union, c'est-à-dire une animation intérieure, une sensation à la fois de légèreté et d'intensité vibratoire.

Par exemple, un individu qui contemple une scène calme de la nature pourra, en un premier temps, ressentir simplement de la joie. S'il pénètre cette scène davantage de son regard, de sa vibration, il sentira en lui une forme de mouvement énergétique, d'élévation de l'énergie, d'allégement qui pourra s'intensifier jusqu'à une sensation d'extase. Or, il y a une progression dans la sensation. Sachez ne pas exiger cette sensation sans avoir suivi le parcours évolutif de la pratique, de l'apprivoisement.

Nous pourrions, sur un plan philosophique, affirmer que la méditation est la contemplation de l'univers entier. L'univers est vaste. C'est la contemplation de l'infinité, un abandon total dans l'espace infini. Mais la contemplation, c'est la création d'une relation vibratoire avec une forme de vie spécifique.

Les deux pratiques sont différentes par leur forme, mais également similaires, car, ultimement, vous parviendrez à contempler un arbre, mais ce ne sera plus que la sensation de l'arbre ou celle de la vie en lui que vous goûterez, tout en demeurant dans l'univers. Dans l'expérience, vous ressentirez bien la nuance entre contempler un arbre et sentir toute la force de vie en lui, et méditer en vous abandonnant à une joie tranquille, à un calme immense tout en baignant dans un océan infini de lumière, tout en voguant.

Comme la contemplation est possible n'importe où, n'importe quand, la « stratégie évolutive » qui s'avère intéressante consiste, en quelques secondes, à contempler le plus de formes de vie possible. Au lieu de contempler un arbre ou le même arbre chaque jour, sinon plusieurs fois par jour, contemplez un arbre, une fleur, une étoile, un enfant qui joue. Contemplez le plus de formes de vie possible sans jugement, en sachant que vous pourrez goûter la moindre parcelle de vie de cet élément. Plus vous rencontrerez de formes de vie différentes, plus vous sentirez que vous êtes vous-même vaste.

Un être qui contemple toujours les arbres se sent de plus en plus uni à ceux-ci et, bien sûr, éventuellement, à l'univers entier, par leur entremise. De la même manière, vous pouvez ici vous unir amoureusement à tous les humains en vous unissant d'abord à un seul. Vous vous unissez à un être, vous l'aimez. Vous aimez sa personnalité, mais aussi son individualité, et vous aimez sa vibration, l'expression de son âme, de son esprit, et cet amour vous entraîne de plus en plus vers un amour inconditionnel. Vous aimez la vie chez cet être. Bientôt, vous aimez tous les humains par lui. Puis vous aimez l'univers en lui.

Le premier élément d'autorégulation du système immunitaire est associé à la contemplation. Le système immunitaire est un système de protection de la vie. Plus il y a une détérioration, une dégénérescence cellulaire causée par des parasites, des présences extérieures, plus le système immunitaire est sollicité et plus il s'affaiblit.

Sur le plan énergétique, la contemplation, ayant pour but de stimuler la vie en l'humain, d'élever le rythme vibratoire, est certes le premier véritable support ou guide du système immunitaire. Plus vous contemplerez la vie, plus vous animerez chacune de vos cellules, plus vous permettrez que la dégénérescence cellulaire soit naturelle et non pas accélérée. La contemplation favorise l'équilibre sur ce plan. Certaines personnes n'ont aucune connaissance technique, scientifique, médicale, alimentaire, ni même spirituelle, et pourtant le vieillissement est beaucoup plus lent chez elles que chez les autres. Ces personnes sont vivantes dans tous les aspects de leur vie. Elles se nourrissent de la vie sur les plans psychique, émotionnel, intellectuel et physique. Elles s'unissent au vivant. Elles contemplent le vivant et délaissent les fardeaux, les responsabilités qui pèsent sur elles, les stress, et leurs rapports à la nature et aux humains sont légers et joyeux. Elles ont intégré la spiritualité.

6. La Stimulation de la perceptivité

- **Communiquez avec les éléments de la nature.**
- **Exercices :**
- Projetez votre regard intérieur vers le troisième œil.
- Effectuez des rotations des yeux et observez les couleurs et les formes.
- Détendez-vous un peu et reprenez deux fois les deux exercices précédents.

La stimulation de la perceptivité permet à l'individu de transformer sa vision de la réalité et ainsi d'utiliser ses pouvoirs plus adéquatement en vue de s'équilibrer et de s'exprimer.

Durant son parcours quotidien, certaines pratiques favorisent la perceptivité. Vous avez la capacité d'entrer en communication avec d'autres formes de vie, qu'il s'agisse, par exemple, des arbres ou des pierres. Les arbres vous communiqueront-ils des secrets de l'univers ou les événements du futur que vous aimeriez connaître ? Bien sûr que non, mais certains éléments de la nature sont à même d'être utilisés par votre âme et votre esprit comme des transmetteurs. Ils seront les amplificateurs de vos voix intérieures, celles de votre universalité.

Nous vous suggérons d'explorer cette communication avec les arbres et les pierres. Pour ce faire, assurez-vous simplement de créer un état de calme intérieur. Puis, laissez-vous attirer par un arbre et appuyez votre corps contre lui. Appuyez en particulier votre dos ou votre poitrine, de manière à créer un contact physique intense. Ne questionnez pas l'arbre, car, ainsi, votre seriez dans le mental. Soyez simplement à l'écoute. Vous entendrez rapidement vos voix intérieures ou vos pensées, qui s'adressent à vous.

Répétez souvent cette expérience afin de découvrir la nuance entre les communications de l'être véritable en vous et le personnage qui récupère souvent l'expérience pour exprimer ses désirs.

Soyez humblement et simplement à l'écoute de l'arbre. Vous serez étonné de la sagesse transmise non seulement sous la forme de voix intérieures, mais aussi de sensations, de couleurs, pour vous alléger et vous fortifier.

Il en est de même pour les pierres. Allongez-vous sur celles-ci. Posez-y votre dos, votre poitrine ou peut-être même vos oreilles, votre visage, vos mains. Accueillez leurs vibrations, ce qui vous semble significatif.

La communication avec les éléments de la nature est en soi une ouverture à des communications plus subtiles. La communication avec la nature et les deva sera présentée avec plus de profondeur dans le traité (tome 2) sur les pouvoirs de communication et de projection. Le plus souvent possible, autorisez-vous à un dialogue intérieur avec la nature sans exiger ou attendre une réponse à vos demandes. Votre perceptivité en sera stimulée.

Parmi tous les exercices visant à stimuler la perceptivité, celui du regard intérieur vers le troisième œil s'intègre facilement à votre parcours quotidien. Cet exercice énergétique a pour but de stimuler le troisième œil. Ainsi, durant le jour, il vous est possible d'être plus perceptif, de ne pas accueillir l'information simplement sur le plan intellectuel. Le troisième œil vous aide à capter, au-delà de ce qui est transmis, une connaissance subtile.

Après une période de méditation ou de contemplation, ou avant un moment de réflexion, orientez vos yeux intérieurs vers votre troisième œil, comme s'ils se projetaient vers celui-ci, à la source du nez, au centre du front, en projetant leur lumière quelques instants.

Derrière vos paupières closes, vos yeux regardent votre troisième œil, votre front et, lentement, ils effectuent un mouvement de rotation. Bientôt, vous verrez des couleurs, puis, au centre de ces couleurs apparaîtra une source focale, un disque de lumière, un disque solaire.

Relâchez ensuite l'orientation du regard et, en gardant les yeux clos, détendez-vous. Reprenez l'exercice à deux reprises.

Par votre intention, votre présence et votre pratique vous stimulez le troisième œil et votre réceptivité. Répétez souvent cet exercice. Cessez l'expérience dès que vous ressentez une douleur, un malaise. Vous serez étonné de capter plus de couleurs, plus d'images et de mieux percevoir le subtil.

7. La réorganisation énergétique du système nerveux central

- **Détente du système nerveux : placez les deux mains sur l'occiput.**
- **Réorganisation cellulaire : placez une main, paume sur le troisième œil. Placez l'autre main, paume derrière la tête, au-dessus de l'occiput.**
- **Stimulation et harmonisation des glandes épiphyse, hypophyse et hypothalamus.**

L'accélération du rythme vibratoire planétaire à laquelle peu d'individus parviennent à s'harmoniser crée de plus en plus de tensions dans le système nerveux.

La concurrence croissante entre les individus et entre les organismes, la recherche de performance tant sur le plan individuel que collectif et l'absence de réponse des individus à ce qui les anime vraiment sont autant de sources de tension directes ou indirectes qui affectent les êtres. Les changements actuels de votre monde augmentent ces déséquilibres, et l'Expression énergétique quotidienne invite chacun à recourir à ses propres facultés pour se rééquilibrer et permettre une « réorganisation énergétique du système nerveux central ».

- *Détente du système nerveux*

Vous pouvez devenir l'hôte de l'énergie en mouvement, du système nerveux central, de l'esprit de l'être. Ce n'est pas qu'un geste physique, mais la conscience que vos mains sont des manifestations de l'antenne d'énergie que vous êtes et qu'en les plaçant sur l'occiput vous permettez à toute l'organisation de se détendre. La détente s'établit généralement avec trois positionnements des mains. Placez d'abord vos mains sur l'occiput, dans la conscience qu'elles sont des manifestations de l'antenne d'énergie que vous êtes, qu'elles forment un panier énergétique, un panier de lumière. Vous pouvez visualiser une lumière dorée, car cela crée la détente, l'ouverture, l'espace.

L'intention d'accueil de vos mains, qui sont des extensions de l'espace du cœur, de l'amour, suscitera une détente des cellules. Au-delà des tensions du système nerveux, lorsque vous avez des difficultés à

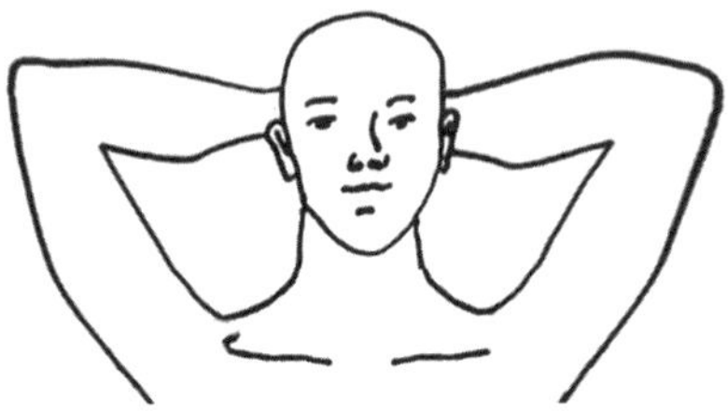

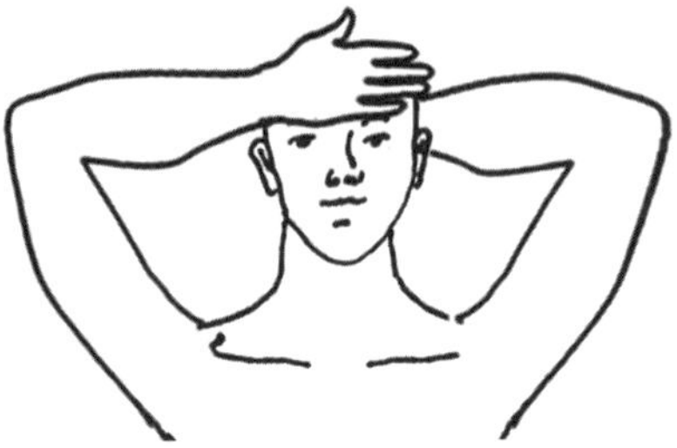

organiser vos pensées, à gérer l'information reçue, à mémoriser, lorsque vous ressentez un état dépressif, lorsque vous sentez un dérèglement à cause d'une surcharge d'informations extérieures, intellectuelles ou subtiles, laquelle surcharge crée de la turbulence, de l'agitation, vous devez non seulement détendre le système nerveux, mais également rétablir l'équilibre.

- *Équilibre et réorganisation du système nerveux*

Puis, placez une main sur le troisième œil et l'autre derrière votre tête, juste au-dessus de l'occiput, dans l'intention d'une réorganisation, d'une centration des cellules du système nerveux central qui auront nécessairement un effet sur le système nerveux périphérique.

Dans cette position, restez centré sur l'intention pendant un long moment, jusqu'à ce que vous sentiez une détente ou que vos bras ne puissent plus garder la position.

Troisièmement, posez une main sur chacune de vos tempes, les doigts vers la couronne, dans l'intention de stimuler les trois glandes – l'hypophyse, l'hypothalamus, l'épiphyse – et d'équilibrer la polarité des hémisphères du cerveau.

Rappelez-vous qu'il ne s'agit pas simplement de placer vos mains. Les émanations, les vibrations des mains, les ondes transmettent votre intention, soit celle d'une réorganisation du système nerveux central. Elles provoquent des micromouvements.

Ainsi, lorsque vous êtes dans un état qui déclenche un tremblement dans votre corps ou qu'il y a une tension près d'un œil, les micromouvements générés par vos mains peuvent entraîner une réorganisation immédiate, une forme de repositionnement.

Nous n'en sommes qu'au début de la compréhension du rapport avec l'intelligence cellulaire. Sachez toutefois que ce que nous vous proposons en ce moment est associé à un pouvoir très important de réorganisation des structures du système nerveux.

Les mains sont les outils dont vous vous servez pour l'instant, mais, ultérieurement, le système nerveux central pourra lui-même voir à cette réorganisation. Tout comme les cellules en général ont la capacité de capter la connaissance d'un aliment que vous ne connaissez pas, les cellules du cerveau ont la capacité de se réorganiser.

Quand vous placez vos mains de manière à favoriser la présence, l'attention et l'intention, une vibration en provenance du cœur vient stimuler cette réorganisation.

L'intention associée à la vibration qui émane de vos mains aura une action très claire. Vous pourrez la ressentir et en observer les effets. L'observation scientifique de l'expérience pourrait révéler les pouvoirs de l'individu qui, un jour, n'aura même plus à placer ses mains pour provoquer les mêmes effets.

Plus vous serez ouvert à l'idée de capter la connaissance subtile, plus vous ouvrirez votre troisième œil, votre plexus, plus il y aura une circulation fluide et importante de connaissances subtiles, et plus il sera important que vous soyez dans l'équilibre et l'harmonie, pour deux raisons entre autres. D'une part, l'ampleur de ces connaissances est infinie, mais elle peut se présenter en vous et être fort exigeante par rapport aux connaissances que vous avez. En d'autres termes, une affluence importante, subite de connaissances peut donner lieu à une turbulence susceptible de créer un dérèglement. D'autre part, l'intensité de cette connaissance a un rythme très différent de la connaissance intellectuelle que vous captez sur terre. Beaucoup plus élevé, son rythme vibratoire est donc plus exigeant pour le système nerveux et les cellules du cerveau.

En définitive, votre capacité de réorganisation énergétique se doit d'être utilisée fréquemment.

8. La relation avec la connaissance intellectuelle

Rayon argent : invoquez, visualisez un rayon argenté du centre de la Terre jusqu'au centre de l'univers, qui traverse le centre de votre corps pour éveiller et unifier la connaissance en vous.

- **Harmonisation de la connaissance : émettez toutes vos vibrations vers la source ou le véhicule de la connaissance dont vous voulez vous nourrir.**

La connaissance intellectuelle vous parvient de multiples façons : par un livre, un propos, une conférence, un partage. Quand vous souhaitez laisser place à cette connaissance en vous, l'enregistrer et la comprendre sans qu'elle crée de turbulence dans le système nerveux, servez-vous de vos pouvoirs pour entrer en relation avec elle et l'organiser en vous.

Avant d'entrer en relation avec cette connaissance intellectuelle, assurez-vous d'élever votre rythme vibratoire. Rappelez-vous que cela signifie abandonner vos aspects contractés et être en relation avec la dimension lumineuse, l'énergie qui circule. Il n'y a ni attentes ni désirs. Il faille que vous soyez vraiment dans un état de pureté d'intention, de relation avec la connaissance.

Puis, imaginez, invoquez un rayon de lumière argenté qui, du centre de la Terre vers l'univers, vous traverse depuis la base de votre colonne vertébrale jusqu'à la couronne. Le rayon argenté facilite l'accès, la compréhension et l'intégration de la connaissance subtile et intellectuelle.

Par votre intention, orientez vos émanations, les vibrations de votre cœur, de votre troisième œil et de tout votre corps vers la source de cette connaissance, soit le conférencier, le livre, le texte, par exemple, comme si vous commandiez aux ondes qui émanent de vous d'aller à la rencontre du véhicule de cette connaissance pour le vivifier.

Cela signifie d'une part intensifier les aspects de cette connaissance qui sont vivants, importants, vibrants, justes, et, d'autre part, les harmoniser avec leur véhicule et avec vous-même. Dès lors, vos vibrations s'harmoniseront et harmoniseront les vibrations de cette connaissance pour que vous puissiez l'accueillir. Votre rôle consiste à élever votre rythme vibratoire et à laisser consciemment vos émanations se diriger vers la source, le véhicule et la connaissance elle-même. Vous entrez ainsi en relation avec cette connaissance. Par la suite, vous accueillerez sans effort les connaissances transmises par le livre, le conférencier ou toute autre source.

Soyez très conscient du fait que ce qui est présenté par ce véhicule est déjà présent en vous, comme si vous aviez déjà su cela. Vous l'avez déjà capté. En réalité, vous l'avez laissé émerger de vos cellules.

Lorsque vous désirez émettre une connaissance, soit dans une conférence, soit dans un écrit, de nouveau vous devez élever votre rythme vibratoire et vous unir à un rayon argenté. Ce rayon de lumière impulse une union instantanée avec la connaissance vaste présente dans chacune de vos cellules et dans l'univers. Par conséquent, il assure la justesse de l'inscription ou de l'expression.

Vous entrez en relation avec ce que vous avez déjà préparé comme nourriture intellectuelle pour que celle-ci vibre en vous. Et au moment de vous exprimer, la diffusion sera inspirée. Vous vous rendrez compte de la fluidité de vos propos et du fait que leur structure, sans être nécessairement conventionnelle, en facilitera davantage la réception, qu'il s'agisse d'une conférence ou d'un écrit.

Vous discernerez ce qui est vrai et juste pour vous et pour l'ensemble, et vous aurez la sensation de savoir tout cela, d'avoir cette connaissance, de l'avoir déjà reçue.

Que l'information vienne d'une étoile, d'un Maître de lumière ou d'un être incarné, la source reste la même. Lorsqu'un individu a une idée, une pensée, d'où viennent-elles ? Pourquoi quelqu'un a-t-il tout à coup une idée concernant une nouveauté, une création ? Cette idée est permise en lui par l'ensemble de ses expériences, de ses connaissances, de ses états, de sa disponibilité, mais d'où vient-elle ? Des cellules de son cerveau ? Qu'y a-t-il dans les cellules de son cerveau ? Toute la connaissance de l'univers, car les cellules d'un humain appartiennent à l'univers.

Lorsqu'un individu a une idée, observez que plusieurs autres, simultanément, sans communiquer entre eux, ont une idée similaire. L'évolution de l'ensemble des humains suscite l'émergence d'une connaissance déjà présente à un moment précis, et quelques individus ayant une disponibilité physique, intellectuelle, énergétique et un intérêt, une intention entrent en relation avec cette connaissance. Cependant, cette dernière était déjà là dans leurs cellules et dans l'univers.

L'évolution actuelle de votre science fait en sorte que vous avez la possibilité d'inscrire une très grande quantité de connaissances dans une petite puce électronique, et vous n'en êtes qu'au début de ces inscriptions.

Il y a à peine trois ou quatre décennies, vous ne saviez pas faire l'inscription électronique d'une connaissance ! Qu'en sera-t-il dans deux siècles ? Non seulement vous pourrez inscrire un volume, mais vous serez à même d'inscrire toute la connaissance intellectuelle humaine en une microscopique puce, et vous n'en serez vraiment que dans deux ou trois siècles ! Comprenez qu'une cellule renferme toute la connaissance de l'univers.

Prenons l'exemple d'un livre. La connaissance y est imprimée avec de l'encre sur du papier. Ce livre fut d'abord pensé. Une relation s'est établie entre la pensée et l'écriture. Ce livre, et la connaissance qu'il renferme, existait donc vibratoirement, dans le monde subtil, avant même d'être rédigé. Actuellement, vous avez inscrit la connaissance sur du papier, mais vous êtes aussi en mesure de l'inscrire dans une puce électronique.

Imaginez que cette puce est maintenant une antenne qui capte la connaissance subtile circulant parmi toutes les ondes, lorsque cela s'avère nécessaire, sans nécessiter d'inscriptions en elle.

Puis, imaginez encore que chaque cellule est ainsi une antenne codifiée en vue d'un travail particulier et qui accède, lorsque nécessaire, à la connaissance circulant dans l'énergie libre.

Bien sûr, cela ne signifie pas que la cellule qui est dans votre foie pourra être utilisée pour aller rechercher une connaissance qui ne lui incombe point. Cette cellule avait cette potentialité à l'origine, mais elle a été codifiée pour agir dans votre foie. La cellule maîtresse en vous a permis la transformation de cette cellule en l'imputant au foie. L'intelligence universelle présente dans chaque cellule constitue le cerveau qui permet la réception et l'émission.

L'effort mental exigé pour accueillir, enregistrer, mémoriser et retransmettre des connaissances intellectuelles n'a pour véritable intérêt que la vivacité mentale qu'il crée, bien qu'il génère souvent une tension du système nerveux.

Au lieu de mémoriser, vous pouvez donc inscrire sur du papier ou dans une particule électronique la connaissance que vous avez reçue, afin d'y accéder au moment venu. Voilà qui est déjà plus intéressant et qui incite à une plus grande détente.

Puisque vous avez reçu cette connaissance, il n'y a plus qu'un pas à franchir pour concevoir qu'elle s'est inscrite et qu'elle sera accessible de manière sélective quand elle sera nécessaire. Nous vous invitons ici à franchir un pas de plus et à réaliser que même si vous ne l'avez pas reçue consciemment, toute cette connaissance est accessible sur demande.

Elle est disponible dans chacune de vos cellules et autour de vous. Où elle se trouve précisément n'a plus d'importance. Lorsque vous souhaitez en disposer par orgueil, par besoin de performance, pour des raisons non expansives, vous n'y avez pas accès. Votre intention influence votre fréquence vibratoire, laquelle, telle une clé, vous donne accès à l'inventaire de toutes les connaissances, ou vous refuse cet accès. En fonction de votre fréquence, il vous sera possible d'accéder à la connaissance de différents niveaux.

Bien sûr, viendra un moment où les enfants seront guidés dans le but de capter la connaissance subtile sans effort, mais pour cela, tout un parcours reste à faire pour les amener à utiliser les sensations, les perceptions, les inspirations.

La nourriture physique permet au véhicule qu'est le corps de se déployer dans des activités qui procurent des sensations. Elle sert donc le véhicule. Il en est de même pour la nourriture intellectuelle, qu'il ne faut pas réfuter, car elle peut aussi servir le véhicule. Vous serez plus tard en mesure d'épurer et d'alléger votre nourriture physique pour vous nourrir plus consciemment de prâna et de lumière. Lorsque vous êtes vraiment nourri physiquement, que votre corps est satisfait de cette nourriture pour un moment, mais que vous continuez de vous alimenter, vous vous alourdissez. Vous créez en vous des difficultés de fonctionnement dues à cette surcharge. En mangeant une nourriture physique « souillée », vous risquez aussi que des parasites créent des difficultés en vous. Et quand la nourriture est morte en grande partie, vous vous sentez non énergisé.

Il en est de même pour la nourriture intellectuelle. Celle-ci vous permet, à cette étape de votre évolution, d'aller vers votre création. Par exemple, si vous peignez, il est intéressant pour vous d'avoir des notions intellectuelles qui vous transmettent que deux couleurs mises ensemble donnent un effet particulier.

Bien sûr, vous pouvez obtenir cette connaissance par l'expérience, ou elle peut vous être infusée par l'univers, mais il n'est pas malsain que vous puissiez la recevoir intellectuellement si cette forme de réception ne crée pas de tensions en vous. L'état dans lequel vous êtes et l'intention nourrie vous amènent à rencontrer la vie sans qu'elle crée de tensions dans votre système nerveux.

Votre nourriture intellectuelle aussi s'allégera pour que vous soyez de plus en plus prêt à capter la connaissance subtile.

Partie III

Un monde en mutation

Six

Un monde en mutation

Ce monde est en transformation depuis déjà longtemps. En fait, puisque tout dans l'univers et dans votre monde est énergie en mouvement, une constante transformation des choses s'opère chaque seconde. Ce qui est propre à cette époque, c'est l'intensité de la transformation en cours.

Votre passé a vu naître des sages et des prophètes guidant les hommes quant à l'importance de reconnaître l'amour en eux et d'exprimer cet amour pour la vie qui les entourait, tout en les mettant en garde, par des prophéties, que moins que quelques siècles étaient à leur disposition pour prévenir des destructions importantes – voire la destruction même de la Terre. Cependant, la recherche de pouvoir et les peurs ont tout de même fait en sorte que les guerres, la famine et les maladies se sont intensifiées. Les Première et Deuxième guerres mondiales du 20e siècle ont créé tant de destruction que l'humanité se dirigeait vers son autodestruction.

Beaucoup ont ressenti l'appel de ce moment critique, et des mouvements de transformation et de conscientisation se sont amorcés partout sur cette planète. Plus que jamais, des êtres s'initiaient et s'ouvraient à un monde d'amour. Ainsi, au tournant du nouveau millénaire, tant d'individus conscients étaient présents sur cette terre que l'on pouvait constater l'entrée de l'humanité dans une véritable bascule, une profonde réorientation. L'autodestruction était évitée. Réjouissez-vous, car cette humanité et cette terre ne seront pas détruites. Suffisamment d'êtres conscients ont réorienté leur parcours et, de ce fait, celui de la Terre.

Ainsi, malgré la violence et l'inconscience toujours présentes, de plus en plus de mouvements d'éveil permettent la grande bifurcation de cette humanité et la création d'un nouveau monde. Toutefois, même si ce nouveau monde est en création depuis le début de ce millénaire, il est important de ressentir que **chaque être en est le créateur**. Demeurer dans un état d'attente fera en sorte que la période de transition ne sera que plus douloureuse. **Ainsi, chacun est maintenant invité à ne plus reporter cette transformation au lendemain et à entrer dans un véritable mouvement conscient jour après jour.**

Comme pour chaque personne, deux voies de transformation s'offrent à l'humanité. La première est lumineuse, expansive et joyeuse. C'est une voie au cœur de laquelle l'être sera présent à lui-même et guidé. Il ira vers une multitude d'expériences de vie. Parfois, ces expériences seront source de douleurs, de blessures pour qu'il puisse transformer et rectifier son expression. Il vivra ainsi des initiations grâce auxquelles il pourra réorienter son parcours afin de s'aimer, d'aimer et d'être aimé.

Bien sûr, sur ce parcours, de façon tout à fait naturelle, comme pour l'enfant, les gens chercheront à se protéger et à protéger leur territoire. Vous avez observé cela chez l'enfant. Dès son plus jeune âge, il protège le territoire qu'il identifie à sa mère, en repoussant même parfois le père. Par la suite, il crée un territoire physique, cherchant à protéger ses jouets. Puis ce sera la demeure familiale, le jardin et plus encore. Il cherche à les posséder.

Dans une voie lumineuse, les membres de son entourage l'incitent à partager son espace, à ne pas le posséder, à se rendre compte qu'ainsi il peut mieux ressentir leur amour. Voilà une voie d'évolution tout à fait naturelle. Il en est de même pour l'humanité et les communautés qui la composent. Elles vivent des expériences qui suscitent des changements comportementaux afin de vivre finalement l'union. C'est là une voie d'expansion, joyeuse et simple.

L'autre voie est plus contractée, douloureuse. Elle en est une de réaction causée par un ensemble de blessures, d'inscriptions mémorielles et génétiques, de mémoires qui entraînent l'être sur la défensive, dans l'insécurité et dans un besoin de protection et de pouvoir. Dès lors, il cherche à avoir des satisfactions personnelles et à posséder. Il se compare aux autres et entre en conflit, ce qui crée des malaises, des blessures, des souffrances. Puis, un jour, ses souffrances deviennent si intenses qu'il comprend que cette voie n'a pas de sens, et il désire en changer.

Aujourd'hui, l'humanité est souffrante. Les moins nantis souffrent de faim, de soif, de maintes maladies, et les mieux nantis souffrent de solitude, de désillusion et de désespoir. La nature souffre. En fait, la souffrance est si présente sur cette terre que les hommes en sont venus à croire qu'elle était partie intégrante de l'incarnation. Certains croient même – et d'autres l'enseignent – qu'il faut souffrir pour évoluer et finalement atteindre le bonheur. Cette **programmation** est très profonde pour un grand nombre.

Cette souffrance, physique, psychique ou spirituelle, est si importante qu'elle va entraîner des éclatements dans l'immédiat. Elle est si présente que l'incarnation perd son sens. De plus, la souffrance vécue dans la nature provoquera elle aussi des éclatements. Quoique cela puisse en apeurer certains, ces éclatements ont l'avantage de stimuler la transformation de ce monde.

Il est désormais nécessaire qu'une bifurcation de chemin se produise. À l'instar de l'œuf duquel le poussin émerge, une déchirure, une rupture des structures et des conditions actuelles de vie doit avoir lieu. Elle se fera par un grand mouvement de conscientisation à l'échelle planétaire ou par la puissance de l'insatisfaction, de la frustration et de la douleur des hommes. En d'autres mots, un nouveau monde naîtra de l'éclatement de l'ancien.

Nous observons que les deux voies, dans la joie ou la souffrance, guident les hommes vers les mêmes buts. Chacun de vous a connu un individu fort, résistant, critique, conditionné à la recherche du pouvoir et qui, un jour, à cause de son mode de vie, d'un accident, d'une maladie ou d'une rupture brutale, transforme précipitamment sa vie. Son regard est dorénavant différent. La douleur profonde vécue l'a amené à un parcours de conscientisation. Toutefois, le chemin a été ardu et parsemé de douleurs. Les deux voies mènent l'être inévitablement au cœur de ce qu'il est, vers sa puissance créatrice et l'union avec ce qui l'entoure. Si cela est vrai pour **un** être, cela est aussi vrai pour une humanité entière.

Ainsi, les conditions de vie actuelles et appréhendées de l'humanité peuvent être vues comme les bases inévitables sur lesquelles un nouveau monde va se construire. Autrement dit, les expressions, les attitudes, les actions et les comportements conscients et inconscients des hommes ont des conséquences actuellement observables, des conséquences que vous appréhendez et que vous allez rencontrer.

Nous vous proposons un regard sur un nouveau monde, sur une nouvelle humanité naissante. Bien sûr, il y a encore un long parcours de transition entre l'humanité que vous avez connue et observée, et l'humanité nouvelle. Vous êtes dans un long couloir de transition. Le changement est imminent et l'humanité ne peut faire marche arrière. Plusieurs annoncent la fin du monde, n'est-il point ? Eh bien, il y a la fin du monde que vous avez connu. La fin d'un monde de souffrances et le début d'un nouveau monde. Or, vous ne pouvez attendre passivement ce dernier puisque, dans l'attente, il n'y a qu'une amplification des douleurs et des souffrances, et ce, jusqu'à l'éclatement. Il faille donc que les humains y participent personnellement.

Nous vous proposons de porter un regard sur ce nouveau monde en émergence sous trois angles : un angle pessimiste, un autre réaliste et un dernier idéaliste. Pourquoi faire l'exercice d'un portrait pessimiste malgré la peur que cela peut susciter ? Vous souvenez-vous du tsunami de 2004 ? De cette tragédie est né un grand mouvement d'union. « Pendant un temps peut-être trop court », direz-vous, mais tout de même, la tragédie, la douleur, la souffrance, l'effroi ont donné lieu à une forme de communion dans toute l'humanité. Cette expérience permettrait-elle de prendre conscience de l'importance de ne pas attendre la prochaine vague pour mieux s'unir ? Si, ensemble, nous observons que des vagues se préparent et que des mouvements conscients **peuvent** faire en sorte qu'il n'y ait pas, ou qu'il y ait moins, de douleur, alors le portrait pessimiste aura été utile, n'est-il point ?

À partir de la situation actuelle, observons donc ensemble une évolution potentielle pessimiste, puis nous irons vers un portrait plus réaliste du potentiel de cette humanité.

Dans une humanité disons « victime et réactive », une petite minorité d'individus est consciente et une majorité est dans l'attente, la critique et la frustration. Bien sûr, le terme « humanité » semble impersonnel. C'est en fait une multitude d'êtres qui projettent à l'extérieur d'eux-mêmes la cause de leurs difficultés, de leurs maladies, de leurs maux. Ils sont impuissants, victimes des autres, de la nature ou même des dieux. Leur réactivité signifie qu'ils s'expriment en fonction de leurs blessures et de leurs mémoires. Au lieu d'être créateurs, ils s'opposent, critiquent, détruisent. En outre, puisqu'ils n'exercent pas leur créativité, ils sont dépendants. C'est là une humanité ayant un respect minimal de la vie, une humanité qui n'a pas encore vraiment compris ni ressenti ce qu'est l'amour. En fait, elle est très submergée par un océan d'émotivité plein de désirs. Pour ces humains, l'amour des autres est en soi associé à un besoin affectif, à un besoin de réponse à leurs désirs. Ils sont dans l'attente et la dépendance, et si leurs désirs ne sont pas satisfaits par les autres, ils sont souvent irrités. Ils vivent beaucoup de turbulence émotionnelle, de dysfonctionnement affectif, et peu d'amour.

De même, le respect de la vie dans la nature est plutôt perçu comme quelque chose de limité à leurs besoins. Ils ont besoin d'eau, d'air, de nourriture pour vivre. La vie autour de cette humanité a pour but de répondre à ces besoins, tels qu'elle les définit. C'est ce que nous entendons par « respect minimal de la vie ». Les êtres **attendent** de la vie. Ils veulent qu'elle leur donne quelque chose. Ils n'ont pas encore saisi l'importance de la communion et de l'accueil dont il a été question dans la respiration consciente. Vous offrez votre souffle, qui porte votre amour, et vous accueillez, par le souffle, les vibrations et la nourriture qui vous sont offertes. Ici, les individus attendent, demandent, exigent même et expriment par l'impatience, l'intolérance et la critique leurs insatisfactions quand ce qu'ils ont reçu n'est pas suffisant.

Voilà donc une humanité très lourde, peu créatrice, vulnérable aux conditions actuelles qui se mettent en place. Quelles sont ces conditions ? Allons-nous vous transmettre de grandes révélations ? Non point. Ce sont des conditions que vous connaissez. Certains nous diront : « Mais pourquoi nous répétez-vous toujours les mêmes choses ? » Nous répondrons ceci. Imaginez qu'un colosse ait posé son pied sur le vôtre. Vous ressentez une certaine douleur, puis une difficulté à vous mouvoir. Vous demandez à ce colosse de bouger un peu. Il ne vous entend pas. La douleur augmente et, votre mobilité n'étant pas retrouvée, vous commencez à avoir faim et soif, votre corps devient de plus en plus contracté. Vous renouvelez votre demande à ce colosse, n'est-il point ? Vous lui expliquez de nouveau que son pied est sur le vôtre. Il ne vous entend toujours pas. Alors, vous répétez plus fort. Vous n'allez certainement pas attendre qu'il enlève son pied, car vous avez de plus en plus mal. En définitive, il finit par se retourner en vous disant : « Mais pourquoi crier ainsi toujours les mêmes mots ? »

Nous vous répétons, par exemple, que si la nature n'est pas respectée elle va réagir fortement. L'eau est vivante, mais lorsque la vie en elle n'est pas entendue, ressentie, comprise et honorée, une contraction s'installe. Imaginez-vous dans un environnement donné où d'autres humains vous utiliseraient, tel un outil. S'ils ne respectaient pas la vie en vous, s'ils ne vous considéraient pas comme vivant, mais plutôt comme une matière inerte ou destinée à satisfaire leurs besoins, vous en seriez irrité, n'est-il point ? Et la force de vie en vous pourrait diminuer, et se révolter avant. Il en est de même pour l'eau ! Considérée comme un simple outil sans conscience, elle se contracte, et cette contraction est une diminution de la vie qu'elle porte. Vous avez besoin d'eau pour vivre, n'est-il point ? Cela signifie que celle-ci est vivante. Sinon, vous n'en auriez pas besoin. L'homme se nourrit de la vie, et c'est cette dernière qui alimente la vie, qui la génère. Tous vos réels besoins sont des besoins d'expressions vivantes de l'univers, afin de stimuler la vie en vous, de vous animer. Dès lors, si la vie dans ce que vous utilisez n'est pas reconnue et honorée, elle se contracte et s'affaiblit. Et si la vie diminue, il y aura des transformations importantes. Ainsi, la non-compréhension de la nature a fait en sorte que l'atmosphère terrestre se transforme.

Bien sûr, l'augmentation du rythme vibratoire de la Terre en est aussi responsable. Cependant, les comportements des humains ont laissé place au réchauffement planétaire, lequel signifie des changements importants des cycles naturels sur terre. De manière générale, les réchauffements permettent aussi d'observer des formes de dysfonctionnement.

Si, de façon générale, la Terre se réchauffe, vous constaterez qu'à certains moments des changements abrupts de température surviennent, soit, dans une même région, un même espace temporel, une même saison, des températures très chaudes et très froides. Les cycles ne sont plus respectés. Le réchauffement de cette planète suppose aussi qu'il y ait de plus en plus d'eau. Les glaciers fondent et l'eau s'évapore davantage à cause du réchauffement, donc il y a plus de pluie. Les contrées les plus nordiques verront, par exemple, une diminution des périodes d'ensoleillement et de plus en plus de nuages, de pluie et d'humidité. Certains endroits désertiques deviendront humides, et des endroits humides, désertiques. L'eau des océans s'élèvera.

Nous ne vous transmettons pas ici des prophéties apocalyptiques. Nous posons simplement un regard sur ce qui est déjà en place. Or, vous savez que l'eau n'a pas été respectée par les hommes et qu'elle est en abondance sur terre. Il y en aura même de plus en plus, mais elle sera de moins en moins potable. Actuellement, une difficulté planétaire existe relativement à l'eau potable. Les habitudes de vie ont fait en sorte de souiller l'eau. Les hommes développeront des façons de transformer l'eau pour la purifier, mais ces transformations en perturberont la constitution même. Des ajouts de produits chimiques ou des manipulations la rendront beaucoup moins nutritive qu'elle ne l'est à l'état naturel, car elle contiendra moins de prâna.

C'est la même chose concernant l'air de votre atmosphère. Il semble abondant. Pourtant, vous serez tous étonnés d'apprendre que d'ici peu, à l'instar de l'eau actuellement, il sera offert commercialement. Les gens achèteront de l'air présumé purifié. Cela vous étonne ?

L'air est de plus en plus vicié. Constatez le cercle vicieux. L'eau de pluie se pollue de plus en plus au contact de l'air. Après son contact avec le sol souillé de contaminants, elle s'évapore et souille l'air. Ainsi, l'eau pollue l'air et l'air pollue l'eau. Mais l'air, c'est aussi le prâna, le souffle de vie renouvelé par le soleil. Aujourd'hui, sa présence diminue de manière importante dans plusieurs de vos cités et même dans la nature. Sans le prâna, les humains deviennent de plus en plus affaiblis. Il y aura des tentatives de dépollution de l'air avec des substances qui représentent une autre forme de pollution et qui ne permettent pas de créer le prâna. Même si de l'oxygène est infusé, le prâna ne sera pas présent et vous verrez alors une dévitalisation générale des végétaux, et certes des hommes, ce qui pourra engendrer de graves conséquences.

Il y aura des transformations dans la flore, mais aussi dans la faune, car des changements dans les milieux humides provoqueront l'apparition de nouvelles bactéries, d'autres microbes et parasites. En fait, vous êtes déjà en mesure de constater la chose. Ce n'est que le début. Vous devez aussi prendre en compte que vos aliments sont de plus en plus modifiés par vos industries de production. Cela affaiblit votre système immunitaire, lequel éprouvera des difficultés majeures à faire face aux nouveaux microbes.

Les semences naturelles, saines, aisément reproduites sont en voie de disparition. Les semences sont à cette heure sous le contrôle des industries alimentaires et pharmaceutiques. La disparition de semences naturelles signifie une transformation de la nourriture à la source, soit génétiquement.

Nous avons déjà transmis que les OGM ne sont pas nécessairement des aliments mauvais. Vous devez comprendre qu'au fil des âges les aliments ont évolué. Ce que vous trouvez aujourd'hui dans les champs n'est pas ce qu'il y avait mille ou deux mille ans plus tôt. Cependant, votre corps, et sa capacité de création d'enzymes, s'est transformé en fonction de ce rythme – de manière naturelle. C'est là une voie équilibrée d'évolution de la vie sur cette planète.

Lorsque les humains transforment rapidement les aliments, leur corps n'a pas cette même flexibilité de transformation. Il réagit donc à ces aliments. Cependant, si ces transformations étaient faites dans une intention de service et d'entraide, afin d'éliminer la famine par exemple, l'énergie d'amour faciliterait l'adaptation et l'ingestion harmonieuse de ces aliments. Toutefois, force est d'admettre que ce n'est pas une énergie d'amour qui guide la manipulation ici, mais bien plutôt un besoin de pouvoir, lequel fait en sorte qu'il y a actuellement de plus en plus de pénuries d'aliments sains sur cette terre, ce qui entraînera des réactions chez les humains.

Par ailleurs, tous les objets de télécommunication sans fil ajoutent un stress au système nerveux – une sollicitation artificielle du troisième œil. Ajoutez à cela l'accélération du temps, la sensation que tout se déroule plus rapidement – en fait, la seconde s'écoule plus vitement –, et le stress devient très important dans l'ensemble du corps.

Il est donc question de difficultés en cours de digestion, dans les poumons (présence bactérienne dans l'air, pollution et faible prâna), de stress du système nerveux et d'une vulnérabilité du système immunitaire. Le stress sera aussi présent dans les institutions créées par l'homme pour vivre en société – les structures économiques, politiques, sociales, médicales, éducationnelles deviendront saturées, submergées et inefficaces. Ainsi, les individus auront besoin d'être instruits et accompagnés afin de faire face aux inconforts physiques et psychiques, car les structures en place ne pourront plus y répondre. Ce sera une forme de chaos, n'est-il point ?

Voilà en somme une perspective pessimiste. Les individus sont de moins en moins heureux, plus souffrants et malades, les structures en place ne sont plus efficaces, ne répondent plus. Les frontières entre les contrées se ferment. Les hommes sont divisés, la discrimination est croissante. Les riches au pouvoir deviennent de plus en plus riches. La classe moyenne disparaît pour laisser place aux pauvres. Tout cela ne peut qu'entraîner des éclatements sociaux importants.

Rappelez-vous l'exemple de l'être possessif et tendu, non présent à lui-même ni aux autres jusqu'au moment de subir un accident qui l'incite à mourir en quelque sorte à cette vie pour renaître à une nouvelle. Il redécouvre les fleurs, les oiseaux, la beauté de la nature, il change son rythme et se rend compte que la vie est merveilleuse. Avant cela, il ne vivait pas. Vous connaissez sans doute une personne dans ce cas ? Nous observons l'humanité suivant un parcours similaire. Elle se dirige dans une voie douloureuse, vers un éclatement important. Cependant, cet éclatement fera en sorte de changer les êtres, de les amener à entrer dans une voie plus consciente. C'est pourquoi nous disons « Enfin ! ». Mais quelles douleurs, toutefois !

C'est ici que nous vous invitons à observer une voie plus optimiste. La voie d'une humanité qui a conscience d'être ce colosse qui a posé son pied sur celui de l'enfant et qui choisit de le lever. Une humanité qui a conscience de ne pas avoir compris, jusqu'à maintenant, qu'il y avait de la vie autour d'elle et que tous cherchent la même chose – l'amour, la joie et le bonheur. Inutile par conséquent d'être en concurrence. Chacun est de même nature, issu d'une même famille, et a ses qualités propres. Ainsi peut-il collaborer à un monde nouveau. Comment ? Pour qu'il y ait une humanité consciente dans ce portrait optimiste, nous vous rappelons que deux voies s'offrent à chacun. Ou bien les individus attendent, critiquent, s'opposent et jouent les victimes, et après quelques décennies de douleurs deviennent plus sages, ou bien ils refusent maintenant la souffrance, la croyance qu'elle est nécessaire.

Mais vous savez que cela est fort incrusté en vous. Il faille donc une décision qui provienne de vos entrailles et qui s'élève avec la puissance d'un refus réel, non pas intellectuel. Cela signifie une reconnaissance de l'abondance de cette terre et une reconnaissance réelle de chacun. Cela suppose une sérénité et un lâcher-prise de la possession. S'il y a abondance, il n'y a plus nécessité de posséder, n'est-il point ?

Hum… Déjà, votre « décision » puissante d'il y a quelques instants s'amoindrit. Comprenez bien que nous ne vous avons pas dit que le modeste pécule acquis doit être distribué. Nous avons simplement souligné qu'il y a abondance sur cette terre et qu'elle est suffisante pour tous. Y a-t-il trop d'humains sur terre ? Dans une perspective consciente, non. Dans une approche pessimiste, il doit y avoir une diminution importante d'humains, car, pour une humanité victime des dieux, la famine et les autres misères sont dues au manque inhérent d'abondance et non au comportement qui fait en sorte que les ressources sont insuffisantes. Dans une humanité consciente, il n'y a pas trop d'humains, il y a simplement abondance.

Rappelez-vous ! Conscience et conviction de cette abondance, sérénité et abandon de la possessivité. En réalité, une répartition équitable des ressources est demandée à chacun. Autrement dit, les humains les mieux nantis se rendent compte que la nourriture qu'ils jettent est largement suffisante pour nourrir les deux tiers de la planète qui ont faim, et cela signifie l'émergence d'une réelle fraternité. Non pas une fraternité d'êtres interdépendants, mais d'êtres vraiment unis et reliés. Cela signifie donc une humanité consciente et respectueuse de la vie en l'autre. Cela signifie aussi voir en l'autre la lumière et la recherche de l'amour, son essence propre, les talents qui le stimulent à laisser émerger ses propres talents et la vie créative en lui. Voilà une humanité qui aime réellement.

L'amour de vos frères ne veut pas dire embrasser chaque personne rencontrée ni offrir le gîte à tous ceux qui souffrent. Il veut dire reconnaître en chacun la lumière, la beauté, la force, le fait qu'il cherche la même chose que vous et que, tout comme vous, il a droit à l'abondance de la Terre. Cette reconnaissance, cet amour fraternel, suppose que les êtres n'acceptent plus qu'un humain souffre de faim. Dès l'instant où vous acceptez que d'autres souffrent de la faim, vous entrez dans une voie fort pessimiste, lourde.

L'amour et le respect de la nature signalent la reconnaissance que cette nature est vivante. Partant, il y aura une recherche de cohabitation consciente avec celle-ci, car elle vous offre tout le nécessaire pour vous nourrir optimalement et pour respirer le meilleur prâna possible. En retour, l'homme peut offrir à la nature tout ce qui lui est nécessaire pour se renouveler, se régénérer. C'est vraiment le don. Une humanité consciente choisit de donner avant de recevoir. Cela ne sous-entend pas que vous devez donner tout ce que vous avez. Donnez plutôt votre amour, votre respect. Cela est-il réaliste ? Certes ! Le monde peut changer ainsi, en sept jours. En voyant l'état actuel de la Terre, les hommes n'ont qu'à s'ouvrir à cette fraternité. Ainsi, cette humanité deviendra active et créatrice. De quelles actions parlons-nous ? Par exemple, de renouveler l'air. Cela suggère d'abord de cesser de le polluer. Vous savez fort bien ce qui le pollue. Alors, cessez toute action en ce sens. Puis chaque personne, sans attendre les autres, cessera de souiller l'air et l'eau, manifestera un refus total des structures discriminatoires, partagera les semences et l'abondance de nourriture.

Nous avons déjà parlé de la capacité de l'humain à se nourrir de prâna. Il faille toutefois que ce dernier soit présent dans l'air. Et avant de pouvoir se nourrir du prâna dans l'air, l'humain doit transformer sa relation avec la nourriture, aller vers une reprogrammation alimentaire et respiratoire, une reprogrammation de ses habitudes de vie pour non pas se priver, mais jouir davantage de tout ce que ce monde lui offre, en permettant à ce dernier de le lui offrir.

C'est avant tout une question d'amour. Aimer l'eau, aimer l'air, aimer les aliments. Exigez cela à partir de **votre** expression, et non de simples critiques. Les individus sont puissants à partir du moment où ils ne sont plus dans l'attente.

Vous avez l'impression que votre humanité connaîtra des problèmes d'insuffisance d'énergie, d'eau et d'aliments. Le paradoxe, c'est qu'il y a abondance de tous ces éléments. L'insuffisance vient seulement du non-respect et des habitudes de vie. Changez vos comportements et vous aurez abondance d'eau et du reste. Ce qui est merveilleux avec cette nature, c'est que dès l'instant où les comportements sont transformés, elle se renouvelle. Dès que l'eau est aimée et respectée, en peu de temps elle se purifie. Il en est de même pour l'air. Il se renouvelle et se purifie aussi. Cessez de les souiller à la source, et déjà tout sera transformé. Par ce simple travail, votre monde se dirigera déjà beaucoup plus rapidement vers un monde de paix et d'amour. Mais il faille que chacun choisisse ses reprogrammations et la reconnaissance en lui de ses dons, de ses qualités et de ses pouvoirs, comme il les reconnaît chez l'autre.

Sur le plan collectif, vous êtes tous invités à revoir votre façon de vivre dans vos cités. Les grandes cités impersonnelles ne sont plus appropriées. Nous vous invitons à considérer ce que nous appelons des « cellules », soit des regroupements à l'échelle humaine, des endroits où les êtres se connaissent et se reconnaissent (reconnaissent en l'autre ses qualités), et partagent. Des cellules qui ne sont pas refermées sur elles-mêmes ni indépendantes des autres, mais plutôt actives, créatrices, joyeuses et en interrelation les unes avec les autres. Nous vous offrons la vision d'une multitude de petits villages, de petites communautés, de cellules où les individus se connaissent et partagent entre eux. Vous verrez que les conditions créées sur cette planète rendront cela nécessaire, voire essentiel. Mais il ne s'agit pas de cellules créées parce que les hommes ont peur, se sentent vulnérables et veulent se protéger. Ce serait dommage, n'est-il point? Il serait beaucoup plus intéressant que ces cellules soient instaurées parce que les hommes souhaitent s'unir et partager, vivre une forme de complément les uns avec les autres, et jouir ensemble de la vie.

Ces cellules de vie sont désormais nécessaires. Mais attention, il n'est pas question ici de communautés fermées sur elles-mêmes. Ce sont de petits villages formés d'individus conscients qui favorisent à la fois l'expression puissante, magnifique, mais humble et naturelle, de qui ils sont. Cela facilitera l'adaptation aux conditions climatiques nouvelles et la collaboration afin de recréer ce qui est requis sur cette terre pour une vie naturelle. Les structures actuelles ne peuvent être maintenues. Si, dans une perspective lourde, les frontières se referment, dans une perspective joyeuse, économiquement légère, les frontières s'ouvrent, au contraire, et les gens se montrent accueillants. Une contrée comme la vôtre (le Canada) devra accueillir des individus d'autres contrées sans que des années de procédures s'avèrent obligatoires. À cause des conditions changeantes, certains lieux de vie actuels ne seront plus viables. Nous parlons donc de réelle fraternité, d'ouverture des frontières, d'accueil, de collaboration et de partage de l'abondance de cette planète.

C'est merveilleux! Toutefois, ce que nous vous transmettons suppose beaucoup de détachement, de disponibilité, d'ouverture et de vibration du cœur. Pour un portrait joyeux, optimiste d'un nouveau monde, il faille que les individus s'élèvent au-dessus de l'océan de l'émotivité, qu'ils relâchent leur possessivité, leurs peurs et vibrent vraiment à partir du cœur, d'un amour réel, d'une reconnaissance pure de la vie, non pas d'une affectivité exigeante. Et là, bien sûr, les humains pourront faire vibrer la Terre qui se révélera créatrice d'une vie nouvelle. Cela nous permet même d'envisager un monde idéal où tous auront reconnu leurs pouvoirs. Dans le monde optimiste dont il est ici question, les êtres se libéreront des secrets. Par exemple, les chefs religieux doivent ouvrir leurs portes et leurs livres afin de transmettre la vérité quant aux enseignements sources spirituels, et non pas des dogmes contrôlants. Ces religions doivent relâcher leur emprise sur les humains pour véritablement jouer un rôle de guidance spirituelle, et non pas de mainmise. Il n'y a plus, ici, de tentatives de contrôle moral ; il y a plutôt éclairages lumineux et spirituels.

Par ailleurs, cette planète a besoin d'énergie pour rendre possible le renouvellement des ressources et faire en sorte que tous puissent en bénéficier. Or, cette énergie existe au-delà du charbon et du pétrole. Des révélations seront faites sur la recherche actuelle de plusieurs pays quant à l'énergie atomique, bien au-delà de la fusion froide. Ainsi, l'énergie atomique guidera la recherche vers l'énergie libre. Il faille délaisser les peurs concernant l'énergie atomique, puisque les hommes iront vers une fraternité, non vers une opposition. Une meilleure compréhension de l'énergie atomique aidera à mieux cerner les particules subatomiques de l'univers, à mieux comprendre les particules énergétiques. Et, dès lors, la science comprendra que l'énergie est libre, infinie et gratuite autour de vous. Dans un monde idéal, l'énergie libre est retrouvée. Dans un monde optimiste, l'énergie atomique guide les êtres vers une meilleure compréhension de l'énergie et permet qu'une énergie non polluante, ne souillant plus la Terre, soit retrouvée. Elle permet aussi l'utilisation de l'énergie universelle pour créer et assurer toute la mobilité ou les fonctionnements que vous désirez.

Cela suppose aussi que les usines de matériel de guerre soient remplacées par des usines de matériel d'art. Bien sûr ! Comment voulez-vous qu'un monde de paix se construise si les hommes, pour garantir la paix, préparent la guerre ? Tant et aussi longtemps que les dirigeants accorderont plus de fonds à la guerre qu'à l'art, il n'y aura pas de paix sur terre. L'art facilite l'harmonie aux choses. La fonction de l'art est actuellement majeure.

À l'époque de la Renaissance, les initiés ont voulu la réémergence de l'art, car il permet non seulement d'exprimer la beauté de l'univers, mais aussi de retrouver l'harmonie dans l'univers et entre les hommes. Bien sûr, tous ne sont pas des artistes, mais tous sont des créateurs. Pour que la création soit harmonieuse, il faille qu'il y ait guidance. Si celle-ci est centrée sur des objets de guerre, il n'y a pas harmonie, mais destruction. Rappelez-vous ce que nous vous avons transmis : unification et expression créatrice. Que la création s'exprime et unisse les gens.

Dans un monde idéal – pour cela, il faudrait une grande secousse, que les humains s'éveillent et retrouvent leurs pouvoirs subtils –, il y a une ouverture dans le respect et l'amour à la vie subtile dans la nature. Il y a la reconnaissance de la conscience à l'œuvre dans la nature. C'est la redécouverte des deva de la nature, de la conscience végétale et animale.

La reprogrammation alimentaire, qui permet d'entrer en relation avec l'intelligence cellulaire du corps dans le choix des aliments, facilite la compréhension et le ressenti des expressions subtiles et invisibles de la vie dans la nature.

Ainsi, dans un monde idéal, les individus se rendent compte que d'autres formes de vie partagent ce monde, des êtres invisibles qui sont là tout autour d'eux, vivant avec la nature. Il y a la reconnaissance du monde invisible, laquelle est associée à celle des pouvoirs subtils chez l'humain. En choisissant véritablement l'amour et la fraternité, les gens découvrent qu'ils sont beaucoup plus sensitifs qu'ils ne le croyaient possible. Lorsque leur but n'en est plus un de possession, de contrôle et de pouvoir, quand ils veulent créer, être en harmonie et amoureux, quand ils ne recherchent plus la performance, mais plutôt l'ultime, ils prennent conscience d'avoir des visions, des prémonitions, une voie intérieure et une capacité de communiquer avec le subtil.

Leurs pouvoirs se révèlent alors non pas mystiques ou spéciaux, mais tout à fait naturels. On entend par là leur capacité de communiquer par la pensée et même de projeter leurs vibrations à partir du cœur et du troisième œil, de stimuler la vie en créant des spirales d'énergie, de favoriser la dépollution, la guérison les uns des autres et de la nature.

En émettant de l'amour, vous contribuez à la guérison de la Terre, de la nature et de ceux qui vous entourent. Par la redécouverte de tous vos pouvoirs, vous constatez ce que signifie le fait **d'être** des enfants indigo. Et d'autres de ces enfants sont aussi autour de vous. Ils appartiennent à un nouveau monde et détiennent des pouvoirs ressentis, et non extraordinaires. Des pouvoirs qui ouvrent sur d'autres dimensions et plans de conscience. Ainsi, la Terre devient un jardin d'où se propulser vers l'univers.

Devenant pleinement conscient des conséquences de ses attitudes et de ses comportements, chacun aborde ainsi l'ère du Fuchsia, où les êtres ressentent la portée de chacune de leurs pensées et de leurs actions, de chacun de leurs gestes. Puis les maladies disparaissent au fur et à mesure que ces êtres entrent dans l'ère de l'Émeraude, celle de la guérison physique et psychique.

Nous sommes bien loin d'une vision lourde et pessimiste, n'est-il point ? Nous sommes plutôt dans un regard idéaliste où tous les humains ont reconnu leurs pouvoirs, leur universalité et où la Terre devient une planète dans un univers vaste et infini qui est en soi un paradis. Toutefois, pour aller vers cet idéal, il faille parcourir un chemin de transition et un chemin de conscience.

Entretien avec le Maître Saint-Germain

Le 30 avril 2008, Québec.

Sept

Les pouvoirs subtils de communication et de projection

Un aperçu du tome 2

Chaque humain est une antenne de réception et d'émission capable de vibrer à une fréquence qui permet une libre circulation de la connaissance et des informations. Lorsque l'être élève son rythme vibratoire et retrouve sa fréquence fondamentale, il peut mieux ressentir et se rendre compte qu'il est en communication avec plusieurs formes de vie et qu'il peut être en communication beaucoup plus libre avec les autres humains, et ce, à partir de couloirs parallèles.

Tout comme les autres appareils que vous avez créés, où vous codifiez un message ensuite transformé en ondes et transmis à un autre appareil qui le décode, vous recevez des ondes qui sont ressenties puis transformées en inspirations ou en actions.

Il ne s'agit pas d'attendre un message dictant une conduite, mais plutôt d'être prêt à recevoir des ondes dont la sensation provoquera une inspiration. À partir de cette inspiration, votre choix d'expression devra faire sens, c'est-à-dire être orienté en fonction de vos idéaux et d'une intention claire.

Dans un premier temps, il vous faut abandonner le besoin mental ou intellectuel d'entendre un message identique à ceux qui proviennent de vos appareils de téléphone. Imaginez que vous êtes dans un salon et que vous entendez des voix d'un salon adjacent. Quelqu'un s'exprime très fort, mais vous n'entendez que des sonorités, et non pas des mots. Or, comment savez-vous que la personne exprime de la colère, de la tristesse, ou sa détresse ? C'est parfois un peu confus, mais parfois très clair. Pourtant, vous ne captez pas les mots. Vous ne captez que des ondes qui créent des sensations, lesquelles sont ensuite interprétées. Il y a là une personne en détresse, et vous le savez. Comment cela est-il possible ? Par l'expérience. Et l'expérience débute dans l'espace intra-utérin. Lorsque l'enfant est dans le ventre de la mère, il capte, comme elle, ces ondes, ces sonorités. La mère, elle, a de l'expérience. Elle détecte la colère ou la détresse et réagit ou agit en fonction de cela. Son état va donc se transformer, et l'enfant va capter l'état de sa mère en corrélation avec les ondes sonores qu'il reçoit. Il commence déjà à pouvoir interpréter des sensations.

Vous allez ainsi amorcer un parcours de communication avec le subtil, comme vous l'avez fait avec la voix humaine, par exemple. Bien avant de comprendre les mots, vous avez été sensible aux impressions ressenties. Il en sera de même pour les ondes vous transmettant d'abord des impressions, des sensations et devenant de plus en plus nuancées, alors que vous lâchez prise par rapport au besoin d'entendre un message dicté. Et dans cette perspective, vous pourrez de mieux en mieux entrer en relation avec les présences subtiles.

La nature vous parle. Elle émet des ondes qui créent des atmosphères que vous captez et interprétez. Dans un premier temps, il s'agit d'un bien-être ou d'un mal-être. Puis, plus vous êtes en relation avec cette nature, plus votre perception s'affine. Le but n'est pas de ressentir où se trouvent des présences invisibles, mais plutôt de voir comment vous pouvez capter leur présence par votre état et comment cet état peut influencer votre propre vie. Plus vous accueillerez ces ondes ou ces émanations, plus vous vous autoriserez à être à l'écoute de cette sensation, et plus vous développerez une relation avec cette forme de vie. Et par la suite, ce sera fort simple. Vous n'aurez pas à vous concentrer pour être à l'écoute ; vous serez instantanément dans une relation complice.

En premier lieu, vous devez donc être présent, à l'écoute, puisque la recherche de la source peut vous éloigner de la sensation et de l'inspiration. Et l'interprétation de cette sensation, la recherche de sa source, vous conditionnerait mentalement. Soyez simplement présent en forêt. Si une sensation se manifeste, vous vous rendrez compte qu'il y a des présences. Évitez alors de chercher immédiatement à en identifier la source. (S'agit-il des deva de la nature, de la vibration des arbres, de personnes invisibles, ou d'esprits qui circulent dans ces lieux ?) Car l'interrogation vous amènerait à délaisser la sensation et vous n'obtiendriez pas de réponse ! La sensation, elle, vous guidera vers l'inspiration, vers une pulsion qui vous expliquera, par l'expérience, la provenance de ces ondes.

La capacité à décoder s'accroît avec la familiarisation, avec la complicité. Au départ, vous êtes plus attentif à vos sensations, à vos inspirations. Par la suite, plus vous êtes familiarisé avec le subtil, plus vous êtes en complicité avec celui-ci. Il faut aussi savoir qu'il n'y a pas que des êtres de l'invisible dans un lieu ; il y a aussi les atmosphères créées par les vibrations de ceux qui furent dans ces lieux auparavant. Par exemple, si vous entrez dans un salon où, au préalable, deux personnes se sont querellées, vous pouvez ressentir la différence par rapport à une situation plus harmonieuse. Il y a aussi les atmosphères qui se sont imprégnées dans le temps. Si vous entrez dans un lieu où des gens ont prié longuement, par exemple pendant des siècles, vous ressentirez une atmosphère bien différente de celle d'un lieu récemment érigé. De la même façon, si vous allez dans une forêt où les arbres ont été fortement ébranlés par un vent violent, vous ressentirez une ambiance qui diffère grandement d'un autre espace où régnaient le calme, une relation d'intimité entre les arbres, une brise clémente et les animaux.

Les atmosphères sont créées par les ondes émanant des formes de vie ayant vécu dans ces lieux. Autrement dit, si vous captez une atmosphère, vous captez aussi des ondes, et cela ne signifie pas nécessairement que les êtres sont toujours présents dans ces lieux, mais que des présences ont influencé ces ondes.

En devenant plus sensibles et réceptifs, les êtres en cours de transition vers le nouveau monde pourront mieux comprendre, mieux communiquer entre eux et avec les diverses présences, pour mieux s'adapter, s'apprivoiser, et connaître plus d'harmonie et de joie.

Les gens sauront, par exemple, que tel lieu est ou n'est pas propice à telle ou telle activité. Ainsi, un recueillement dans un lieu chargé d'ondes ou d'une atmosphère suggérant la paix, le silence, la fraternité peut beaucoup plus aisément créer l'ouverture souhaitée. Il s'agit d'abord de mieux ressentir pour mieux décoder ensuite les ambiances, les ondes, les champs magnétiques. Toute cette expérience en soi a pour but d'amener les individus à être plus sensitifs, plus perceptifs, afin de comprendre les espaces, de les respecter et de les transformer.

Lorsqu'un individu comprend ainsi les espaces, il peut modifier l'atmosphère d'un lieu en étant plus attentif à un arbre blessé, par exemple, à une source d'eau souillée par l'inconscience des hommes et de leurs activités. Les êtres ainsi inspirés pourront transformer leur qualité de vie.

Le but visé est donc de permettre une vie terrestre plus harmonieuse, plus équilibrée, favorisant la manifestation des pouvoirs subtils, et de laisser place à la possibilité de se déployer ou de se projeter dans le subtil. Les gens se sentent souvent seuls. Pourtant, il y a tant de vie partout que lorsqu'ils retrouveront la sensation de la vie dans le subtil, ils seront émerveillés par son ampleur.

Nous vous proposons d'intensifier deux pratiques : une pratique d'écoute et de développement du ressenti des présences ou des ambiances, et une pratique de communication entre vous. Commencez par vous donner des rendez-vous de communication vibratoire. Ces rendez-vous peuvent avoir lieu à des moments très précis ou non. Par la suite, voyez les résultats, et ce, pour le plaisir de la chose, non pas pour évaluer. Pour le plaisir de comprendre les nuances, les subtilités de votre communication.

Lorsque nous vous suggérons d'être présent, par exemple, dans une forêt, un salon ou un bureau, faites comme si vous étiez à l'écoute de quelqu'un durant une conversation. Vous n'êtes pas là simplement physiquement, mais bien à l'écoute, sans être concentré, comme si quelqu'un allait s'adresser à vous. Prêtez attention à vos sensations, à vos inspirations, à vos perceptions. Une présence subtile pourra se manifester instantanément par une idée. Vous aurez de la difficulté à la distinguer au début. « Cette idée a-t-elle germé de moi ? » Vous n'étiez pas à réfléchir à ceci ou à cela, et pourtant une idée particulière s'est présentée. Notez-la.

Il vous sera impossible, dès la première expérience, d'avoir une vision claire de tout ce qui est en jeu, de savoir quel être a émis cette pensée. C'est par l'expérience que vous apprendrez à décoder vos sensations, vos inspirations, et par la suite les présences.

Chère âme, enfant, lorsque vous avez voulu faire vos premiers pas, vous vouliez marcher instantanément, n'est-il point vrai ? Toutefois, il vous aura fallu vivre plusieurs expériences, et souvent vous avez trébuché avant de vous mettre à marcher. Il en est de même dans les communications avec le subtil.

Imaginez que vous voulez explorer la possibilité d'entendre la vibration de l'arbre. Cet arbre vous parle-t-il ? Est-ce plutôt son Élémental ? Allez contempler l'arbre pour fusionner avec lui et le ressentir, puis ressentez en vous l'inspiration associée. Vous vous rendrez compte que, peu à peu, vous entendez une présence. Plus vous êtes dans la conscience d'une présence, d'une énergie, d'une force, plus vous ressentez son influence sur vous.

Vous pouvez, bien sûr, mettre un frein à une influence non souhaitée. Comment ? En modifiant le rythme vibratoire de votre champ magnétique, ce qui vous permet de ressentir un espace sans en être influencé.

Éventuellement, les pouvoirs de communication approfondiront votre relation aux mondes subtils et vous serez alors capable de développer vos pouvoirs de projection, c'est-à-dire de projeter votre conscience et même votre corps physique d'un lieu à un autre. Vous découvrirez la multiple présence et les multiples réalités, et dimensions.

Note de l'éditeur : Ce tome 2 explorera donc en détail ces pouvoirs de communication et de projection avec et sur les plans subtils, dans le but d'apporter la guidance nécessaire à leurs activation et utilisation réelles.

Conclusion

Chères âmes, nous avons pu observer et expérimenter ensemble les différentes expressions de l'être qui favorisent son équilibre et son union avec lui-même et avec la vie qui l'entoure. Les conditions de vie sur cette terre seront de plus en plus exigeantes pour l'humain. Il faille concevoir que ce dernier devra être à la fois plus ancré sur cette terre, dans la physicalité, et beaucoup plus présent aux mondes subtils pour s'harmoniser aux nouvelles conditions de vie et apprécier son passage terrestre. L'individu doit s'unir avec lui-même et avec ce qui l'entoure. Il doit être à la fois puissamment inscrit dans son corps et dans la Terre, et totalement ouvert aux mondes subtils, aux mondes parallèles afin de retrouver, de reconnaître et d'utiliser ses véritables pouvoirs de création et de transmutation, tout comme il vous le fut transmis.

D'abord, sur le plan de la guérison, l'individu doit retrouver une autonomie. Bien qu'il puisse être plus facilement accompagné qu'auparavant par une médecine énergétique, une médecine des plantes, ou tout simplement par une médecine conventionnelle plus performante, chacun doit vraiment retrouver une plus grande autonomie pour se guérir, s'autoguérir.

L'humain doit retrouver, reconnaître et ressentir ce que sont son essence et sa pulsion de vie. Il doit être tout à la fois dans la conscience de sa nature universelle et de son essence individuelle. Par cette conscience, il choisit concrètement de soutenir son expression, son action, en fonction de cette essence et de cette nature.

Par là, nous entendons ceci : dans son quotidien, l'individu fera en sorte, pas à pas, d'exprimer de façon beaucoup plus nette, beaucoup plus claire et beaucoup plus concrète ce qu'il porte comme pulsion de vie, conscient et respectueux de son mandat d'incarnation retrouvé en le mettant en place progressivement.

Dans cette même conscience, il choisira de se nourrir sur les différents plans de sa constitution afin d'exprimer de manière optimale son essence créatrice, et ce, en ce qui touche son environnement, sa collectivité, son humanité et sa planète.

Il aura ainsi à choisir une nourriture intellectuelle lui apportant les connaissances appropriées à sa démarche. Une nourriture saine qui intensifiera sa relation avec lui-même, avec sa vie et avec la vie. Nous référons ici à des émotions grâce auxquelles il pourra goûter davantage la beauté de cette vie et des sensations qui le ramènent à son corps et à toutes les perspectives que ce dernier lui offre de se réjouir de la vie. Des sensations qui l'éveilleront, l'animeront, le réjouiront.

Il aura en outre à se nourrir d'une nourriture vivante qui contribuera à sa force physique et psychique. À se nourrir consciemment de la lumière, des rayons du soleil, du prâna dans l'air et d'aliments vivants qui renferment aussi la lumière et le prâna. Il devra retrouver en lui la puissance énergétique et la conviction nécessaires pour stimuler la vie, le prâna dans la nourriture moins vibrante.

Il aura particulièrement à développer une complicité avec l'eau. À transformer la formule d'équilibre de l'eau et à entrer en fusion avec cette dernière pour la dynamiser avant de la boire et même, de plus en plus, avant de s'en servir pour laver son corps et ses vêtements. De même, lorsqu'il se nourrit de prâna, l'être doit aussi contribuer à l'assainissement de l'air. Ainsi, par son intention créatrice, il réanime, redonne vie et rééquilibre l'eau et l'air en vue de les utiliser pour lui-même et les différentes formes de vie qui l'entourent.

À partir de cette alimentation consciente, il devra faire en sorte que tout ce qu'il intègre dans sa vie soit associé à une intention claire et pure. Dans les nouvelles conditions de vie, si les individus choisissent leurs actions et leurs créations avec nonchalance, insouciance, indolence ou apathie, ils se verront vulnérabilisés. Même avec une nourriture saine sur tous les plans, si l'être se déploie sans véritable intention, il s'affaiblira.

Ainsi, sa force, cette puissance émergeant de son choix conscient d'union à lui-même et d'expression de son essence, est maintenue par une alimentation mentale, émotionnelle et physique vivante, saine, et équilibrée, mais aussi par l'intensification de son intention. Les individus doivent saisir qu'ils attireront de plus en plus, à un rythme beaucoup plus rapide et intense, les effets et les conséquences de leur état, de leurs émanations, de leurs pensées, de leurs paroles, de leurs gestes, de leurs actions.

Autrement dit, le rythme vibratoire étant plus élevé autour d'eux, les conséquences de leur expression se manifesteront beaucoup plus rapidement. Cela exige que les êtres vibrent eux aussi à un rythme vibratoire plus élevé.

Imaginez que vous êtes à voguer sur une rivière dont le rythme s'intensifie et que pour conserver votre maîtrise et jouir de ce parcours, il vous faille vous aussi augmenter le rythme de votre être sur cette rivière.

Lorsque l'humain s'élève près de sa fréquence fondamentale et qu'il est dans la conscience, des rayons émanent de son troisième œil et de son cœur, des rayons qui se joignent et vibrent pour créer un mouvement rotatif intensifiant un champ magnétique puissant associé à sa force de vie, laquelle, en retour, stimulera la loi d'attraction. La puissance de l'intention fera alors en sorte que l'individu, tel un reflet, telle une image de ce qu'il est, harmonisera sa réalité, son environnement. Cette force d'intention, en soi une émanation du cœur et de son être, est aussi associée à sa capacité de guérison physique.

C'est par son intention que l'être s'unit à ses cellules et qu'il permet, par cette union, cette complicité, cette fusion, la régénérescence cellulaire et la reconstruction des structures, des tissus de son corps. C'est ainsi qu'il permet également la restructuration de ses corps subtils.

Par son intention, il suscitera l'équilibre dans son corps physique et dans ses corps subtils. Tout ce que nous vous livrons en ce moment est associé à la force, à la capacité énergétique qui va s'accroître, qui doit le faire, pour que l'être puisse se maintenir dans les nouvelles conditions de vie de la nature et de la société humaine.

En quelques mots, nous avons proposé une organisation de différents thèmes afin de montrer comment l'être peut vivre et apprécier les conditions nouvelles de vie qui sont à se créer.

Il faille comprendre que les humains ne pourront plus faire en sorte que leur environnement s'adapte à eux. Une mutuelle adaptation, un mutuel respect seront nécessaires. La nature, les forces subtiles et les humains auront à s'entendre, et ce, dans le cadre d'un rythme vibratoire élevé.

La vie sur la Terre exigera, pour être joyeuse, inspirante et harmonieuse, que l'être soit en relation avec tous les mondes invisibles qui vibrent avec lui. Il ne pourra plus faire fi de ces mondes et se servir de l'espace comme s'il était seul. Il ne s'agit pas de partager un espace pour être plus restreint. Il s'agit d'unification, d'union consciente avec les diverses formes de vie.

Une complicité très nette doit donc s'établir entre les humains et la nature, car, sans cela, il ne pourra plus y avoir de vie sur terre. Sans cette conscience de la vie dans la nature, les humains risquent, en moins de cent ans, de détruire la vie sur cette planète. En définitive, la conscience de la nature n'est pas simplement le respect d'un espace, mais la compréhension de l'apport de chaque élément de la nature, du besoin de chacun des éléments, et d'une cohabitation sereine.

Par ailleurs, il y a des présences sur cette terre, des formes de vie invisibles à l'œil humain, mais visibles par les yeux intérieurs et susceptibles d'être ressenties. Nous parlons ici de formes de vie conscientes et invisibles similaires aux humains et associées à la nature. Non pas de Maîtres de lumière, mais plutôt d'êtres qui, comme vous, existent sur cette planète et vivent en étant beaucoup plus présents à la nature, dans les forêts, dans les déserts, et aussi auprès des eaux. Les humains s'ouvriront à ces formes de vie et découvriront qu'elles ont une influence importante sur eux puisqu'elles protègent des lieux. Sans cette complicité, certains espaces ne sont pas accessibles aux hommes, et si ces derniers y accèdent de force, ils sont alors dans l'impossibilité d'y créer équilibre et harmonie. Ils doivent donc, par le dialogue, entrer en relation avec ces formes de vie. En ce sens, de plus en plus d'individus sur cette planète capteront, verront, ressentiront ces formes de vie, de telle sorte que les hommes pourront redonner de l'espace à la nature et mieux y harmoniser leur cohabitation.

En outre, dans le bas astral, des êtres sont en difficulté et dans la détresse. Comme ils influencent les états et comportements humains, un véritable accompagnement s'avère de plus en plus important. Celui-ci sera favorisé par l'accompagnement des humains qui vont quitter cette terre, soit les mourants. Il permettra de comprendre que l'être reste « vivant », et fera en sorte que de moins en moins d'êtres circulent dans le bas astral. Accompagnés, ces esprits suivront leur voie beaucoup plus naturellement et deviendront alors des esprits libres qui accompagneront et inspireront les humains à titre de guides et non pas comme des êtres qui les harcèlent ou les sollicitent.

Dans la nouvelle ère, le bas astral est à se dissoudre par la nouvelle conscience des humains. Une conscience d'eux-mêmes, de leur environnement, des êtres qu'ils accompagnent. Une conscience de la vie dans le subtil grâce à laquelle il y aura de moins en moins d'errance, de moins en moins d'attachement, de possessivité de la matière ou des humains.

En somme, les humains auront à rencontrer les mondes subtils de manière beaucoup plus nette, à explorer ces couloirs pour se projeter vers ceux-ci et, éventuellement, vers d'autres espaces de cet univers. Cette habileté débutera par une disponibilité à communiquer d'abord par la pensée. Lorsque les êtres peuvent communiquer entre eux, non pas ce qu'ils veulent de l'autre, mais ce qu'ils souhaitent apporter dans ce monde, ce qu'ils désirent créer s'il n'y a pas de limitations – une libre expression de ce qui les stimule, de ce qu'ils portent en eux, de leur essence –, ils ont des rapports beaucoup plus paisibles et pacifiques. Et dès lors, les facultés d'entrer en relation et en communication avec les mondes parallèles s'ouvriront. Vous observerez aussi une augmentation de déséquilibres mentaux dus à des communications malsaines – psychose, schizophrénie, paranoïa, personnalités multiples, bipolarité.

Ces déséquilibres augmenteront parce que le rythme vibratoire s'intensifie et que les individus doivent aussi élever leur rythme vibratoire et être en relation avec le subtil, et parce que plusieurs d'entre eux ne sont pas, au départ, équilibrés. Tout l'équilibre proposé à partir des exercices donnés jusqu'à maintenant amène l'individu à être bien présent dans son corps, bien en équilibre sur le plan subtil, et à retrouver ses pouvoirs de guérison, d'expression de sa santé, et de création. Ceux qui ne sont pas dans une démarche d'harmonisation pourront plus facilement se déséquilibrer et se perdre dans ces mondes subtils et parallèles.

Une transition d'au moins deux générations sera nécessaire. Voilà, un grand banquet vous sera présenté, lequel vous permettra de vraiment jouir de votre vie, de tous vos sens. Néanmoins, pour jouir de ce banquet sans en faire une indigestion, il faille que vous soyez physiquement et psychiquement, énergétiquement et spirituellement en équilibre. Certains entendent et s'y préparent, d'autres n'entendent pas et se présenteront au banquet mal préparés.

Ce qui se prépare est magnifique. Tout s'ouvre maintenant. Vous vous rendez compte des exigences terrestres, des mouvements de la nature, des mouvements sociaux, des structures devenues trop lourdes, si rigides en fait qu'elles vont se détruire. Vous voyez les ouvertures psychiques et énergétiques des êtres, et tous ces changements intenses et nombreux. Vous en êtes conscients !

Un nouveau monde est là, devant vous. L'humanité est désormais sur le seuil d'un nouveau chemin.

Le cœur énergétique est puissant. Il permet à l'être d'émettre la lumière en lui et de s'exprimer par de véritables pouvoirs énergétiques. C'est cette force qu'il développe dans la nouvelle ère. Ce n'est pas la force des armes extérieures qui sera au cœur de ce nouveau monde, mais celle de l'intention associée à l'intelligence universelle qui s'éveille en l'être, ou la force de l'être qui s'éveille à l'intelligence universelle en lui, donc à sa capacité de transmutation.

Les humains de ce monde doivent transformer leur état de faiblesse en un état de force. C'est ce vers quoi nous voulons vous guider, vers une retrouvaille avec la puissance. Nous entrons dans une phase qui est vraiment celle du recours à vos pouvoirs, lesquels sont l'expression d'un être fort sur cette terre qui crée un nouveau monde et peut subsister avec joie dans les conditions de ce nouveau monde.

Ce n'est pas que la force soit exigée, bien sûr, car le nouveau monde en est un dans lequel les êtres vivent dans la paix, où la concurrence n'est pas. Tous sont dans la création et ont retrouvé leurs capacités de guérison. Ils connaissent des relations d'amitié, d'amour et de partage. C'est un nouveau monde d'union. Certains peuvent penser qu'ils s'y ennuieront, mais, au contraire, dans ce nouveau monde d'union, les êtres créent chaque jour un paradis terrestre et explorent les autres dimensions de cet univers, qui d'ailleurs les fascineront, leur offriront une multitude de perspectives de se réjouir.

Tous doivent se préparer à la transition en cours, comprendre ce qui les équilibre et les harmonise, comprendre aussi leurs pouvoirs afin de laisser place à une transition beaucoup plus rapide, mais aussi de jouir de la vie durant cette transition, et non subir celle-ci. On ne peut aller vers un monde meilleur de joie et de paix dans la douleur. Cela n'aurait aucun sens.

Établissez une analogie avec deux personnes qui, dans leur vie, ne sont pas heureuses et doivent effectuer un changement imminent, à défaut de quoi elles se détruiront. L'une d'elles tente progressivement d'être à l'écoute de ce qui vibre en elle, de ressentir ce qui fait sens et d'imaginer comment elle pourrait changer sa vie. L'autre, à ses côtés, est victime et malheureuse. Toutes deux se dirigent vers un changement imminent, mais l'une mettra en place, par sa volonté de vivre, des changements et l'autre restera apathique. Celle qui est apathique s'attirera des moments douloureux, des moments de rupture, peut-être même des incidents, des accidents, des ruptures violentes et douloureuses qui l'amèneront à changer, mais l'autre a choisi le rythme et la forme de ses changements.

Parallèlement, simultanément, l'une est dans la douleur, mais l'autre est dans une effervescence, même une joie qui exige toutefois un lâcher-prise quant à ses attaches, à ses désirs. Cependant, ce lâcher-prise, qui peut l'inquiéter par moments, est récompensé par une forme de joie, de fébrilité joyeuse, effervescente, devant les perspectives du renouveau, alors que l'autre est dans une cassure, une brisure de sa vie.

L'humanité est actuellement face à ce choix. Une partie de l'humanité cherche une transformation. Tout n'est pas clair encore, mais il y a recherche en ce sens. Les humains savent qu'ils veulent se diriger vers un monde où il y aura dissolution de la douleur, de l'agression, de l'opposition, de la concurrence, de la performance, de la lourdeur, vers un monde de création et d'effervescence.

Nous désirons que ces écrits soient offerts à tous ces êtres conscients afin qu'ils puissent mettre en place, dans leur vie personnelle et dans leur apport au collectif, les éléments requis pour aller vers une forme plus équilibrée et harmonieuse. Ils seront attirés par nos propos, car ils sont déjà dans une démarche de changement – à transformer leur vie.

Remerciements

Ce livre est l'œuvre de notre bien-aimé Maître Saint-Germain, qui nous offre à tous son amour par sa présence vibratoire et ses éclairages. Je me sens choyé qu'il passe par moi depuis plus de vingt ans pour guider les êtres vers les retrouvailles et l'expression de leur divine Présence Je Suis. Je le remercie et l'honore pour la puissante et lumineuse vibration qu'il offre à tous lors des incorporations, que je ressens dans toutes mes cellules et qui se manifeste par une voix intérieure présente à chaque instant.

Je profite de l'occasion qui m'est offerte ici pour exprimer tout mon amour et toute ma reconnaissance à ma compagne Josée Clouâtre. Depuis que Maître Saint-Germain transmet ses enseignements à travers moi, elle les accueille, s'en laisse guider et participe à leur diffusion, si bien qu'elle aurait pu aussi signer ce livre. Je la remercie de tout mon cœur pour son dévouement à l'intégration au quotidien des enseignements tant chez les participants que chez les thérapeutes et les intervenants. De tout son amour, et avec humilité, elle a contribué par sa présence, ses éclairages et ses inspirations à toute la création et à l'orientation de ce livre et du DVD.

Je remercie Marc Vallée. Plus qu'un éditeur, il fut un compagnon de route passionné durant le processus de création de ce livre. Il a proposé à Maître Saint-Germain de nous transmettre ses éclairages pour permettre notre équilibre dans ce monde en mutation. Non seulement il fut présent à chacune des séances de canalisation, mais dès le début il s'est employé à intégrer dans sa vie les pratiques énergétiques quotidiennes suggérées par le Maître. Il s'est personnellement investi dans la création du livre et du DVD, profondément convaincu de la justesse et de l'importance de ces enseignements pour l'équilibre individuel et planétaire.

C'est un plaisir de remercier également Christine Falaise pour son implication inconditionnelle. Présente dès les premières séances de canalisation, elle a participé avec joie et effervescence à chacune des étapes si spontanément. Elle accompagne Josée Clouâtre dans le DVD, toutes deux apportant leur apport avec générosité pour une meilleure compréhension des lecteurs. Je remercie aussi l'équipe des tout premiers débuts qui, par sa présence aux canalisations, a donné le coup d'envoi de ce livre.

Je ne pourrais oublier de remercier Lily Monier, assistée par Élaine Cantin. Toutes deux ont retranscrit les quelque 700 pages d'enseignements dictés par Maître Saint-Germain. Leur dynamisme et leur amour en ce qui a trait aux éclairages du Maître sont imprégnés dans les pages de ce livre. De même, je remercie Monique Riendeau, qui a su si agréablement par ses propositions et ses corrections en faciliter la lecture.

Merci également au réalisateur Phile Beauchemin et à son équipe de tournage pour leur implication passionnée et leurs idées originales dans la partie filmée du DVD, de même qu'à Gabriel Uribe, qui a su recréer virtuellement une personne et tous les mouvements de l'énergie en elle et autour d'elle selon les explications de Maître Saint-Germain.

Pierre Lessard

Quelques exemples de livres d'éveil publiés par Ariane Éditions

Les relations et le but supérieur
La chimie de la conscience
Le serpent de lumière
CosMos
La guérison spontanée des croyances
La santé consciente
L'abondance véritable ?
La petite âme et le soleil
La petite âme et la terre
Matthieu
Révélations pour une ère nouvelle
Entraîner votre esprit, transformer votre cerveau
2009, la grande transformation
Le manuscrit de Marie Madeleine
Science et champ akashique I
Science et champ akashique II
Suivre la voie de la connaissance
Le rapport Campbell
Votre réalité immortelle
Éduquer ses enfants, s'éduquer soi-même
Le Champ
La science de l'intention
L'union de l'âme et la sexualité
Médecine vibratoire
Les enfants du présent
La divine matrice
Un
Le haut conseil de Sirius
2008 au-delà du voile
La levée du voile
Guérir avec les anges (cartes)
Que sait-on vraiment de la réalité ?
Les cartes de l'éveil
La puissance de guérison de l'aura